普通高等教育国际经济与贸易专业系列教材

世界市场行情

张　弛　王金亮　主编

U0361552

机械工业出版社

本书共十章，主要介绍：世界市场行情的概念、范围与研究任务，世界市场行情变化的影响因素与国际传导，经济周期的理论与现实，世界市场行情研究的指标体系与资料，经济行情研究的主要指标，世界商品市场行情及世界市场行情预测。

本书可作为高等院校国际经济与贸易专业的本科生或专科生教材，也可作为相关专业本科生的选修课教材和研究生的选读材料，还可作为一些涉外企事业单位工作人员和世界经济研究人员的参考读物。

图书在版编目（CIP）数据

世界市场行情/张弛，王金亮主编．—北京：机械工业出版社，2022.2
（2025.1重印）
普通高等教育国际经济与贸易专业系列教材
ISBN 978-7-111-70126-2

Ⅰ.①世…　Ⅱ.①张…　②王…　Ⅲ.①国际市场-市场行情-高等学校
-教材　Ⅳ.①F740.22

中国版本图书馆 CIP 数据核字（2022）第 017735 号

机械工业出版社（北京市百万庄大街 22 号　邮政编码 100037）
策划编辑：常爱艳　　　　　　责任编辑：常爱艳　单元花
责任校对：史静怡　张　薇　　封面设计：鞠　杨
责任印制：李　昂
北京捷迅佳彩印刷有限公司印刷
2025 年 1 月第 1 版第 3 次印刷
184mm×260mm・14 印张・346 千字
标准书号：ISBN 978-7-111-70126-2
定价：49.80 元

电话服务　　　　　　　　　　网络服务
客服电话：010-88361066　　机　工　官　网：www.cmpbook.com
　　　　　010-88379833　　机　工　官　博：weibo.com/cmp1952
　　　　　010-68326294　　金　书　网：www.golden-book.com
封底无防伪标均为盗版　　机工教育服务网：www.cmpedu.com

随着我国对外开放水平日益提高，我国经济与世界经济的融合程度不断加深，世界市场对我国经济发展与人民生活的影响越来越显著。因此，了解和判断世界市场行情极为必要。行情本身是错综复杂、瞬息万变的，在世界正经历"百年未有之大变局"的背景下，认识和把握世界市场行情显得尤为重要。只有掌握一定的理论、方法和工具，才有可能揭示行情的变动规律，更好地分析和预测世界市场的变化趋势。在这样一种背景下，我们决定编写一本反映时代发展特征、紧密结合实践、充分纳入学科新变化的《世界市场行情》教材。

本书从对行情影响因素和传导机制的理论分析入手，根据行情研究的基本任务，按照由"行情分析"到"行情预测"的逻辑顺序，构建整体框架，形成了四个基本板块，即世界市场行情研究的理论基础（第二、三、四章）、经济行情分析（第五、六章）、商品市场行情分析（第七、八、九章）及行情预测（第十章）。

第一章为"绪论"。本章主要阐述世界市场行情的基本概念、研究范围与特征，总结世界市场行情研究的任务与程序，分析课程设置的重要意义与学习要求，力求提供一个"概览"，使学生在开始世界市场行情基本内容学习之前对其有一个初步了解。

第二章为"世界市场行情变化的影响因素与国际传导"。本章主要归纳影响世界市场行情变化的周期性因素和非周期性因素，总结行情的各种国际传导渠道，从而为分析行情变化的原因和趋势奠定基础。

第三章为"经济周期：理论与现实"。本章包括两大部分：一部分是对经济周期理论的梳理，包括马克思主义经济周期理论与西方经济周期理论，后者又按时间顺序与主要观点，分为凯恩斯以前的经济周期理论、凯恩斯经济周期理论及现代经济周期理论；另一部分是对第二次世界大战后世界经济概况与经济周期特点的总结。两部分互为支撑，形成理论与现实的比对。

第四章为"世界市场行情研究的指标体系与资料"。本章主要介绍指标体系在行情分析中的作用、指标的基本类型，以及如何搜集资料、怎样鉴别和使用资料，从而为经济行情分析创造必要的条件。

第五、六章介绍经济行情研究的主要指标。这两章主要介绍经济行情研究中最具代表性的一些指标，阐述指标的内涵，分析指标与经济行情的关系。

第七、八、九章介绍微观行情研究。第七章为"世界商品市场行情概述"，主要介绍国际商品市场行情的含义与主要影响因素；第八章为"世界商品市场供给和需求分析"，主要揭示世界市场供给和需求变动的基本规律；第九章为"世界商品市场价格分析"，在概述世界商品市场价格的含义、类型与构成的基础上，通过对世界商品市场价格主要影响因素的分析，揭示世界商品市场价格的形成、变化及其规律性。

第十章为"世界市场行情预测"。本章首先介绍世界市场行情预测的原理与程序，在此基础上，分别介绍世界市场行情预测的定性方法与定量方法。

在内容选取上，本书在继承同类优秀研究成果的基础上，适应世界市场行情复杂多变的特点，纳入世界市场行情变化的新趋势，增加新的行情分析指标，介绍新的行情研究方法和工具，注重引入新数据与具有时代特征的案例，强调理论与实践相结合。

在编写体例上，本书在主体内容外，还设立了导读、知识窗、阅读资料及复习思考题等模块。其中，"导读"旨在引导学生快速掌握对应章节的基本思路与主要问题；"知识窗"主要介绍与主体内容相关的知识点，方便学生自学与教师备课；"阅读资料"旨在通过实例使学生能够更好地理解和掌握行情分析的思路与方法；"复习思考题"则为学生巩固所学知识、强化应用能力提供帮助。这样设计体例目的在于配合研究性教学、线上线下混合式教学等新教学模式，启发学生思考，培养学生自主学习的能力。

本书由沈阳工业大学张弛教授与黑龙江大学王金亮教授担任主编，进行整体框架设计与统纂定稿。具体编写分工如下：张弛负责编写第一、六（第一、二、四节）、七、八、九章，王金亮负责编写第二、三、五章，洪丹丹负责编写第六（第三节）、十章，王成刚负责编写第四章。此外，沈阳工业大学国际贸易专业硕士生陈昕怡、中央财经大学博士生童临风、华南理工大学本科生温铎在图表绘制方面提供了帮助。

为方便教师授课，我们为选择本书作为授课教材的教师免费提供电子教学课件（PPT）、教学大纲及课后习题答案，请登录机械工业出版社教育服务网（www.cmpedu.com）获取。

本书在编写过程中参考了大量的中外文献与网络资料，在此谨对相关作者表示深深的谢意。

由于编者水平有限，书中难免存在不足之处，恳请读者批评指正，不吝赐教。

编　者
2022 年 1 月

目 录
CONTENTS

前言

第一章　绪论 ……………………… 1

　　第一节　世界市场行情概述 ………… 2

　　第二节　世界市场行情研究的任务与
　　　　　　程序 ……………………… 5

　　第三节　世界市场行情的学习意义与
　　　　　　基本要求 ………………… 6

第二章　世界市场行情变化的影响因素与国
　　　　际传导 …………………………… 8

　　第一节　周期性因素 ………………… 8

　　第二节　非周期性因素 …………… 12

　　第三节　行情的国际传导 ………… 25

第三章　经济周期：理论与现实 ……… 31

　　第一节　马克思主义经济周期理论 … 31

　　第二节　西方经济周期理论 ……… 35

　　第三节　第二次世界大战后世界经济概况
　　　　　　与经济周期的特点 ……… 51

第四章　世界市场行情研究的指标体系与
　　　　资料 …………………………… 66

　　第一节　指标与指标体系 ………… 67

　　第二节　资料的来源与收集 ……… 69

　　第三节　资料的鉴别和利用 ……… 73

第五章　经济行情研究的主要
　　　　指标（一）…………………… 75

　　第一节　国民收入 ………………… 75

　　第二节　固定资本投资 …………… 90

　　第三节　就业与失业指标 ………… 93

　　第四节　工业生产指标 …………… 100

第六章　经济行情研究的主要

指标（二）…………………… 114

　　第一节　国内贸易指标 …………… 114

　　第二节　国际贸易指标与国际收支
　　　　　　指标 …………………… 117

　　第三节　综合商品价格指标 ……… 125

　　第四节　股票价格指标 …………… 131

第七章　世界商品市场行情概述 …… 138

　　第一节　世界商品市场行情的含义与
　　　　　　研究任务 ……………… 138

　　第二节　世界商品市场行情的影响
　　　　　　因素 …………………… 139

第八章　世界商品市场供给和需求
　　　　分析 ………………………… 148

　　第一节　世界商品市场的供给
　　　　　　分析 …………………… 148

　　第二节　世界商品市场的需求
　　　　　　分析 …………………… 151

第九章　世界商品市场价格分析 …… 155

　　第一节　世界商品市场价格概述 … 155

　　第二节　国际价值与世界商品市场
　　　　　　价格 …………………… 157

　　第三节　商品供求关系与世界商品市场
　　　　　　价格 …………………… 158

　　第四节　货币因素与世界商品市场
　　　　　　价格 …………………… 161

　　第五节　其他因素与世界商品市场
　　　　　　价格 …………………… 163

第十章　世界市场行情预测 ………… 172

　　第一节　世界市场行情预测概述 …… 172

第二节　世界市场行情预测的定性
　　　　方法……………………176
第三节　世界市场行情预测的定量方
　　　　法——时间序列预测法……184
第四节　世界市场行情预测的定量

方法——回归分析法………199
第五节　其他预测方法……………206
第六节　预测方法的选择…………214
参考文献…………………………217

第一章

绪　论

【导读】

　　行情，主要是指具体形态的社会再生产过程，是生产、消费和流通各个领域具体发展变化的总和。它既包括个别部门的变化，也包括整个国民经济乃至世界经济的变化。世界市场行情学是分析和预测世界经济变迁引起的国别地区市场和具体商品市场各种形式行情波动的特点、原因、规律及其发展趋势的一门学科，根据考察对象的不同，可以分为经济行情研究和商品市场行情研究。世界市场行情的特征主要可以概括为波动性、关联性、不平衡性和复杂性。

　　行情研究的任务主要分为行情分析与行情预测两个方面。行情分析是通过对以往和当前市场状况的研究，描述当前行情变化的特点，说明影响和造成世界或个别国家经济波动或市场波动的原因，掌握其波动规律。行情预测是根据行情分析的结论，依据行情变化的规律，考虑影响行情变化的可能因素，从而对未来一段时期内行情的可能变化进行估计。行情分析是行情预测的基础，行情预测是行情研究的最终目的。

　　对世界市场行情的研究，大体可分为5个基本的环节：①总体方案设计；②考察调研；③整理分析调研资料；④选择目标市场进入方式与途径；⑤综合分析与评价。

　　世界市场行情是世界经济运行的表现，也是了解和判断世界市场变化及其趋势的依据，各国发展对外经济关系必须加强对世界市场行情的研究。学习这门课程应具备政治经济学、世界经济及国际贸易与国际金融的基础知识，还需要具备一定的统计学和计量经济学方面的知识。

【学习重点】

1. 世界市场行情的含义
2. 世界市场行情研究的范围
3. 经济行情与商品市场行情的关系
4. 世界市场行情的特征
5. 世界市场行情研究的任务
6. 世界市场行情研究的程序

第一节 世界市场行情概述

一、世界市场行情的含义

行情作为经济学术语，来源于拉丁文 conjunctus，原意是指相互联系的信息、形势、情况和条件的总和。后来，这一概念逐渐被引入经济科学中并被赋予经济动态的含义。第一次世界大战前，它主要是指市场变化和价格变化。随着经济信息和经济统计资料的丰富，行情的内涵和外延不断发展。当今所谓的行情，主要是指具体历史条件下的社会再生产过程及其在市场上的表现。也就是说，行情是生产、消费和流通各个领域具体发展变化的总和，它既包括个别部门的变化，也包括整个国民经济乃至世界经济的变化。

行情学作为一门综合学科，产生于两次世界大战期间。1929 年—1933 年的世界经济大危机之后，行情和经济发展周期问题获得了广泛的关注与研究。第二次世界大战以来，行情研究更为普遍。在德国，一些经济学家把行情学作为国民经济学的一个分支，着重研究以周期波动为中心的经济现状和趋势。在美国，行情学被称为"商业情况分析""商业循环及预测"，主要研究经济活动的循环波动、季节波动、长期波动、不规则波动和随机性波动。其他西方国家大多与美国相似。日本则强调对经济增长的分析和预测。作为马克思主义经济学范畴，苏联早期经济学家将生产与流通统一，从再生产的角度来考察市场行情动向。

随着科学技术的进步和世界各国经济联系的加强，行情学越来越关注世界市场，世界市场行情作为一门学科逐渐发展起来。世界市场是世界各国进行商品和劳务交换的场所，是世界范围内通过国际分工联系起来的各国市场以及各国之间市场的总和。具体而言，世界市场不仅包括一般的商品买卖活动的运动空间，还包括与对外贸易有关的货币结算、货物运输、货物保险等内容。按地理方向来划分，世界市场在洲别或地区层面可分为西欧市场、北美市场、非洲市场、亚洲市场等，在国别层面可分为美国市场、日本市场、德国市场、中国市场等；按市场对象来划分，世界市场可分为商品市场、劳务市场、科技市场、金融市场等。世界市场行情学是以马克思主义关于社会再生产、经济周期与经济危机的基本原理为指导，分析和预测世界经济变迁引起的国别地区市场和具体商品市场各种形式行情波动的特点、原因、规律及其发展趋势的一门学科。

二、世界市场行情研究的范围

世界市场行情是由经济指标、经济现象、经济发展态势等方面的因素综合在一起构成的，研究的范围比较广泛，涉及社会再生产的各个环节、各个领域及众多的经济变量。根据考察对象的不同，世界市场行情研究可以分为经济行情研究和商品市场行情研究。

经济行情研究是以世界、地区或个别国家的整体经济活动作为考察对象，通常用体现宏观经济动态的一组经济指标体系反映其变化，因此也被看作宏观经济行情研究。商品市场行情研究则是以个别部门或个别商品市场的变动作为考察对象，研究的是某一类商品、个别商品在一定时期的市场动态，经常涉及微观经济学的概念和理论，一般被视为微观经济行情研究。显然，诸如"当代世界经济形势""美国经济发展特点"一类的问题，属于经济行情的研究范畴，而"世界石油市场前景""欧洲的粮食供需动态"一类的问题则属于商品市场行情的研究范畴。

　　经济行情与商品市场行情虽然在性质和内容上存在明显的区别，但二者又是相互联系、不可分割的，都要受到社会再生产具体发展变化的制约。个别部门或个别商品市场的行情变化，必然要受到整个经济活动的影响。在世界经济衰退的时期，很多商品的市场情况也会趋于恶化。因此，商品市场行情的研究应以经济行情的研究为前提和基础，不能忽视经济行情的变化而孤立地研究商品市场的变化。反过来，商品市场行情研究有其特殊性，在不同的时期、不同的条件下，不同的商品会表现出不同的变化特征，国际上一些重要商品的行情动态，也会对相关国家和地区乃至整个世界的经济带来显著的影响。20 世纪 70 年代的两次石油危机就沉重打击了西方各国的经济，并使世界汽车工业、能源工业和化学工业发生了结构性变化。

三、世界市场行情的特征

　　世界市场行情的特征主要可以概括为波动性、不平衡性、关联性和复杂性。

（一）波动性

　　世界市场行情的重要特征是经常波动，具有不稳定性，这也正是行情被关注、被研究的基本原因。马克思在《资本论》中论述市场问题时，多次谈到"行情"变化无常，摇摆动荡。在不同时期，行情呈现不同的状态，总体经济活动不是持续、稳定和均衡地发展，而是时盛时衰、时好时坏、上升与下降交替，如图 1-1 所示。不同的经济领域和个别生产部门也是如此。

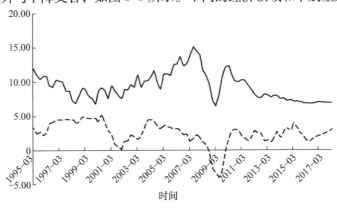

图 1-1　中美经济增速

（资料来源：潘长春. 李晓. 姜龙. 贸易摩擦、贸易依赖与中美经济增长［J］. 经济问题探索，2019（4）：93 – 100.）

（二）不平衡性

　　世界市场行情的波动具有不平衡的特点。不同国家经济的上升或下降在时间上可能不同步，在程度上也可能有差别。

【阅读资料】

　　增速回升在发达经济体和发展中经济体中普遍存在。2017 年，发达经济体 GDP 的增长率从 2016 年的 1.7% 提高到 2.3%，其中美国从 1.5% 提高到 2.3%，欧元区从 1.8% 提高到 2.4%，日本从 0.9% 提高到 1.8%。新兴市场和发展中经济体 GDP 的增长率从 2016 年的

4.4%提高到 4.7%，其中中国从 6.7%提高到 6.9%，俄罗斯和巴西扭转 GDP 负增长趋势，俄罗斯从 −0.2%提高到 1.8%，巴西从 −3.6%提高到 1.1%。全球约有 120 个经济体在 2017 年实现了增速回升，这些国家的 GDP 占世界 GDP 总额的 3/4 左右。增速下降的经济体主要是印度和中东及北非地区。印度 GDP 的增长率从 2016 年的 7.1%下降到 2017 年的 6.7%，中东及北非地区 GDP 的增长率从 2016 年的 4.9%下降到 2017 年的 2.5%。

【节选自：姚枝仲.2018 年世界经济展望.国际贸易，2018（2）：4−7.】

另外，不同部门生产的变动也是不平衡的。

【阅读资料】

联合国《2019 年世界经济形势与展望年中报告》称，受内外因素的共同影响，所有主要发达经济体和大多数发展中国家的增长前景都将转弱。预计大宗商品价格可能仍将震荡运行，波动会有所加大。

1）国际油价波动会有所加剧。美伊紧张关系仍是影响后期国际油价走向的主要因素。一方面，全球原油供需相对平衡，美国库存较高，价格有稳定的基础。另一方面，高油价不符合当前美国的政治诉求，特朗普政府正筹备 2020 年总统大选，已经多次向欧佩克施压，要求其提高产量降低油价。不过，以沙特为首的欧佩克不愿增产，希望继续通过高油价获取收益，其产量政策存在较大的不确定性。如果欧佩克迫于美国压力转向增产，不排除出现油价下滑的局面。

2）铁矿石、有色金属的价格仍将保持坚挺。目前，巴西政府对淡水河谷部分矿山的限制正在逐步放开，发货量逐渐增加，但供应恢复至矿难前水平仍需时日，而国内铁矿石需求稳定，短期内铁矿石价格下跌的可能性不大。有色金属方面，在宏观环境改善、需求向好、库存季节性下滑的背景下，价格获得支撑。据有关机构测算，2018 年全球铜精矿产量为 2050 万 t，增幅 2.1%；预计 2019 年供应收紧，铜精矿增幅将降至 1.2%。我国对铜需求仍有较强支撑，铜价仍将保持坚挺。

3）受天气影响，粮食类价格短期可能上行。目前，美国中西部降雨给农业生产带来一定程度的影响，玉米和大豆的播种进度明显延误。截至 5 月 19 日，美国玉米种植完成比例为 49%，是 1980 年以来最慢的种植速度，远低于 80%的五年均值；美国大豆的种植完成率为 19%，是 1996 年以来最慢的播种速度。天气预报称未来美国中西部大部分地区仍将有较大雨量，投机资金可能借机炒作，推动农产品价格上行。

【节选自：国家发展改革委价格监测中心.国际市场初级产品价格比较：2019 年 5 月中价国际大宗商品价格指数变动分析.价格理论与实践，2019（5）：165.】

（三）关联性

相互联系、相互影响是行情变化的另一个特征，这主要体现在三个方面。

一是社会再生产的各个环节相互关联和影响。生产发展而流通不畅或消费不足，再生产就无法顺利进行，而生产缩减会引起失业上升，收入减少，购买力降低，造成贸易的萎缩和货币金融领域的混乱，这些情况又会反过来加速生产的进一步缩减。

二是世界各国、各地区的经济相互关联和影响。一个贸易大国进口量降低，会引起其主要贸易伙伴国出口量降低，进而可能引发后者生产的萎缩和失业率上升。

三是各种商品相互关联和影响。例如，原油生产和供应的减少，可能引起化工产品生产成本和价格的上升，而原油的低价则使煤炭的消费受到抑制。同样，汽车、船舶制造业的衰落，会引起厚钢板需求的缩减并可能引起其价格的下降。

【阅读资料】

2008 年国际油价一路上扬，7 月 11 日创下 147.27 美元的历史最高纪录，此后便一路回落，11 月 12 日，纽约商品期货交易所原油期货价格最后报收于每桶 56.16 美元，从历史最高点下跌了约 62%。因为全球经济前景日渐黯淡，过去一个月来石油分析师们下调了石油需求预期，美国能源情报署预期 2010 年全球石油需求几乎不会出现增长。国际能源署连续 3 个月调降了对 2009 年全球原油需求增长的预期，预期降幅为 7 年以来最高水平，原因是美国和欧元区经济增长减缓正在削减发达国家的原油消费。原油价格的急剧下降削减了合成橡胶的成本，这一点正不断显现出来。合成橡胶价格将拖累天然橡胶价格反弹。

【节选自：傅新. 国际金融危机对天然橡胶市场的影响. 国际经贸探索，2009（4）：59 – 64.】

（四）复杂性

世界市场行情的变化错综复杂。这其中既有周期性因素的制约，也受各种非周期性因素的影响，世界政治、经济和科技的变化都会作用于行情。同时，世界市场本身的构成也十分复杂，一方面，它是由各种不同经济类型的国家构成的；另一方面，商品市场的类型也具有多样性，既包括以自由竞争为特征的开放性市场，也包括各种封闭市场、半封闭市场，如跨国公司的内部市场、区域性经济集团的内部市场等。这就使世界市场行情十分复杂，难以把握。

总之，行情既复杂多变，又相互联系和影响。只有正确认识行情的这些特征，才能更好地把握行情变动的方向，掌握行情变化的规律。

第二节　世界市场行情研究的任务与程序

一、行情研究的任务

行情研究的任务主要分为行情分析与行情预测两个方面。行情分析是通过对以往和当前市场状况的研究，描述当前行情变化的特点，说明影响和造成世界或个别国家经济波动或市场波动的原因，掌握其波动规律。行情预测是根据行情分析的结论，依据行情变化的规律，考虑影响行情变化的可能因素，从而对未来一段时期内行情的可能变化进行估计。行情分析是行情预测的基础，行情预测是行情研究的最终目的。"人们今天所做的决策是根据他们对未来经济状况的预期以及他们自己和其他人对这种经济状况将如何做出反应而定。但是，通往未来的道路却必须以估计过去发生过的事情为基础。因此，人们只有通过对过去、现在和将来的评价，才能更充分地了解现在。⊖"行情学作为一门科学，要求掌握行情研究的基础理论，掌握分析和预测的方法与技术。行情研究的实际应用则是要为有关对外部门制定经济、贸易决策提供必要的信息和依据，以提高其在世界市场上的适应能力与竞争能力。

⊖ 卡斯坦. 商情预测与经济周期. 沈学民，等译. 长春：吉林大学出版社，1988.

二、行情研究的程序

对世界市场行情的研究，大体可分为五个基本的环节。

（1）总体方案设计　明确行情研究的具体目的和具体对象，界定研究的市场范围，设计行情分析的具体内容，构建行情分析的指标体系。

（2）考察调研　根据总体方案，对世界宏观政治经济形势进行考察调研，详细考察可能成为目标市场的地区和国家的市场情况，进而对可以考虑的若干种市场形态，如生活资料市场、生产资料市场、金融市场、技术劳务市场等选择可行的目标展开调研，考察市场饱和度与市场发展前景等。

（3）整理分析调研资料　通过对调研数据与资料的整理分析，评估目标市场情况，预测目标市场经济变动趋势和供求及价格的未来走势。

（4）选择目标市场进入方式与途径　根据对目标市场行情的评估，选择进入目标市场的最佳方式和途径。

（5）综合分析与评价　在前四步分析结果的基础上，对世界市场进行综合分析与评价。如果分析结果存在问题，可重新分析，制定更为科学和操作性更强的方案。

第三节　世界市场行情的学习意义与基本要求

一、学习世界市场行情的意义

对外开放是我国经济持续快速发展的重要动力，随着我国对外开放水平的不断提高，我国经济与世界经济的融合程度不断加深。世界市场行情是世界经济运行的表现，也是了解和判断世界市场变化及其趋势的依据。我国发展对外经济关系，必须加强对世界市场行情的研究。

从宏观上看，世界各国的经济和商品市场常常处于错综复杂、瞬息万变的状态，这导致其对外经济贸易及政策也不断变动和调整。在这种背景下，任何国家要积极参加世界市场竞争，在开展对外经贸活动中避免失误和处于不败之地，必须以科学的世界市场行情分析和预测为依据来制定战略决策，合理规划，并选择和运用相应的措施。

从微观上看，从事对外经贸活动的企业要改善经营管理，提高经济效益，在国内外市场取得优势，也需要以准确的世界市场行情的分析和预测为前提。正如马克思所指出的，研究行情可以"避免遭受价格波动带来的损失，期待以最有利的行情进行买卖活动"[一]。世界市场行情研究能够为企业提供有关商品市场供求关系及其发展趋势、价格、货币汇率等方面的信息，有助于企业掌握世界商品的市场结构、竞争状况、生产方式、消费状况，选择合适的进入世界市场的方式、时机和渠道等，制定切实可行的跨国经营战略，增收节支，保证具体业务活动的有效开展，从而获得良好的经济效益。

二、学习世界市场行情的基本要求

"世界市场行情"是一门综合性强、理论与实际紧密结合的国际经济与贸易专业课，学习这门课程必须坚持马克思主义的立场、观点和方法，以辩证唯物主义和历史唯物主义的世

〇　中共中央马克思恩格斯列宁斯大林著作编译局．马克思恩格斯全集：第43卷．北京：人民出版社，2016．

界观和方法论为指导，应具备马克思主义政治经济学、世界经济及国际贸易与国际金融的基础知识，还需要具备一定的统计学和计量经济学方面的知识。

首先，马克思主义政治经济学关于社会再生产、周期与危机的基本原理是世界市场分析与预测的理论基础。经济周期是世界市场行情变动的主要内容与主要形式，马克思主义的经济危机和经济周期理论科学地阐述了经济周期的本质及其产生的根源，将复杂多变的行情现象看成社会再生产发展过程的具体表现。第二次世界大战后世界经济的发展仍然呈现明显的周期性，各阶段表现出的特征与马克思、恩格斯的描述在根本上是一致的。也就是说，马克思主义政治经济学的经济周期理论对于分析世界经济的走势仍具有指导意义。

其次，世界经济学对世界经济运动规律的阐释为世界市场行情的分析和预测提供了宏观经济背景。世界经济学研究在国际分工基础上形成的现代世界生产、流通、交换和分配及其相互关系，各种类型国家经济发展特点和变化规律，以及国际经济各领域的情况和问题等，使理论研究人员和实际工作者能站在更高的层次与更大的格局上，全面掌握各种错综复杂的变量，从长远的战略眼光来考察世界市场行情的变动。

再次，国际贸易与国际金融和"世界市场行情"这门学科在内容与体系上有更直接的联系。由于世界商品、劳务、科技市场与世界金融市场本身就是当代世界市场的重要组成部分，世界市场的这几个分支又分属于国际贸易与国际金融的研究范围，因此国际贸易与国际金融的相关知识是进行世界市场行情分析与预测的基础。

最后，统计学、计量经济学为世界市场行情的分析与预测提供方法和工具。对世界市场行情进行分析和预测，需要搜集有关国家的经济、贸易与金融统计资料，去粗取精、去伪存真、由此及彼、由表及里，运用经济统计学、计量经济学的基本原理与方法，将定性与定量结合起来对原始资料进行鉴定和核实，利用与资料相匹配的方法进行分析和处理，寻找并模拟世界市场各类形态的内在运行规律，并研究其未来的发展状况，这就需要掌握一定的统计学、计量经济学的知识。

【关键词】

行情 世界市场行情 经济行情 商品市场行情 行情分析 行情预测

【拓展阅读】

［1］杨逢华，林桂军．世界市场行情［M］．北京：中国人民大学出版社，2006．
［2］赵春明．世界市场行情新编［M］.2 版．北京：机械工业出版社，2016．
［3］张德存．世界市场行情分析［M］．北京：科学出版社，2009．
［4］鲍奥尔．经济指标解读［M］．徐国兴，申涛，译．北京：中国人民大学出版社，2005．
［5］张丽娟．全球化新阶段与贸易政策新挑战［J］．四川大学学报，2019（3）：73 – 80．
［6］韩世隆．论世界市场与世界市场行情学［J］．四川大学学报，1990（3）：25 – 30．

【复习思考题】

1. 什么是世界市场行情？简要介绍其分类与特征。
2. 行情研究的任务是什么？
3. 根据世界市场行情分析的程序，选择某一具体的目标市场进行分析。

第二章

世界市场行情变化的影响因素与国际传导

【导读】

世界市场行情变化多端，错综复杂。这种复杂性产生的原因在于行情受到多种因素的影响，有的因素是周期性发生作用的，有的则没有固定的规律。其中，周期性发挥作用的因素使宏观经济及其现象状态发生规律性的表现，并形成经济周期。经济学家目前发现的经济周期主要有长周期、中长周期、主周期及短周期。形成不同形态经济周期的原因不尽相同。经济周期决定了世界市场行情的主流和趋势。除经济周期外，一些非周期性因素，包括长期因素、偶然因素、季节性因素等，也会影响世界市场行情的变化，甚至有时候会使行情发生逆转。这些周期性因素与非周期性因素交织在一起，彼此相互作用、相互影响，加剧了世界市场行情研究的复杂性。

在当今世界，任何一个国家的行情都不是孤立存在的，影响行情发展的各种因素会通过国家之间的贸易往来、投资活动等各种渠道传导，使世界市场行情既有差异性也有协同性。

【学习重点】

1. 周期的概念
2. 非周期性因素的概念
3. 经济周期的种类
4. 非周期性因素的种类
5. 非周期性因素的特点
6. 行情国际传导的主要渠道

第一节　周期性因素

人类社会经济发展史表明，任何国家或地区的经济从来不是直线式增长的，一般在经过一个阶段的繁荣后，就会处于停滞或者陷入衰退，然后经过一段时间，又会逐渐走出低谷，重新开始增长。换言之，经济在总体增长的趋势下，总是伴随着上下波动，而且这种波动具有一定的周期性特征。

一、经济周期的概念

经济周期（Business Cycle）是指国民收入及总体经济活动水平有规律地经历扩张和收缩交替出现的过程，又称商业循环或经济波动。

在市场经济的发展中，总体经济活动在繁荣之后，可能会出现恐慌甚至暴跌，经济扩张便会让位于经济衰退。与此同时，国民收入、就业率和生产力下降，价格与利润跌落，工人失业。衰退到达最低点以后，复苏开始出现，继而继续发展为新一轮的高涨。此时，经济活动表现为持续而旺盛的需求、充足的就业机会以及不断提高的生活标准，也可以表现为短暂的价格膨胀和投机活动，接踵而至的则是又一次灾难性的萧条。这种情形是反复出现的，一般表现为周期性波动。可见，经济周期就是国民收入及经济活动的周期性波动。

在理解经济周期这一基本概念时，应注意：第一，国民收入的波动是经济周期的主要特征。这种波动可表现为失业率、物价水平、利率、国际贸易等一系列经济指标的波动。因此，可通过这些指标的变动寻找总体经济活动也就是经济周期变化的规律。第二，经济周期是经济中不可避免的波动。尽管其产生原因、表现形式各有不同，但是每隔一段时间就会出现。第三，从来没有相同的两个经济周期，但是人们可以观察到它们之间的共同点，每个周期都是繁荣与萧条的交替，也可以根据不同的原则对其进行阶段划分。

二、经济周期的阶段

经济周期阶段的划分有两种，一种是分两个阶段，另一种是分四个阶段。

按照基本的增长和衰退可将经济周期分为两个大的阶段：扩张阶段和收缩阶段。扩张阶段的经济活动整体处于上升状态，各种经济指标表现得活跃、积极。收缩阶段的经济活动则处于低迷或者衰退状态，并且从时间长度上来讲，扩张阶段往往长于收缩阶段。扩张与收缩反复出现所表现出的曲线的振幅可能是收敛性的、发散性的或稳定性的。

如果分得更细一些，则可以把经济周期分为四个阶段：危机阶段、萧条阶段、复苏阶段、高涨阶段。其中高涨与萧条是两个主要阶段，危机与复苏是两个过渡性阶段，如图2-1所示。

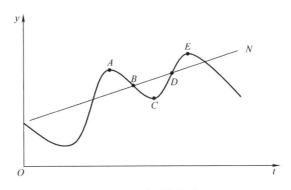

图2-1　经济周期的阶段

图中纵轴 y 代表国民收入，横轴 t 代表时间（年份），向右上方倾斜的直线 N 代表正常的经济活动水平。A 为顶峰，A—B 为危机阶段，B—C 为萧条阶段，C 为谷底，C—D 为复苏阶段，D—E 为高涨阶段，E 为顶峰。A—E 为一个周期。A—C 即危机与萧条阶段，就是收缩阶段；C—E 即复苏与高涨阶段，就是扩张阶段。收缩阶段总的经济趋势是下降，扩张阶段总的经济趋势是上升。

按照这种分类方法，一个完整的经济周期要经过危机、萧条、复苏和高涨四个阶段。我们把一次经济危机开始到下一次经济危机开始看作一个经济周期，可以根据经济周期不同阶段的特点和各种经济指标确定经济处于周期的哪一个阶段。经济周期阶段性的变化影响着世界市场行情的发展与变化，分析和研究经济周期的类型、发展进程和内在原因以及影响因素，是准确地分析与预测世界市场行情的基础。

三、经济周期的种类

经济学家对现实世界中经济周期的观察出来已久。各种学派、各个年代的经济学家发现了长度、发展特点不同的几种经济周期，其中比较具有代表性的包括朱格拉周期、基钦周期、康德拉季耶夫周期以及库兹涅茨周期。

（一）朱格拉周期（主周期）

1860 年，法国经济学家朱格拉研究了法国、英国和美国的生产、就业、物价等统计资料，发现了每隔一段时间就会出现一次经济危机的现象。朱格拉认为这种现象不是独立出现的，而是经济中周期性波动的三个连续阶段（繁荣、危机、萧条）中的一个。这三个阶段在经济中反复出现，就形成了经济周期现象，这个周期长度基本为 9 ~ 10 年。朱格拉周期描绘了一个企业设备投资驱动的循环往复的兴衰过程，即这一周期的驱动要素是设备投资的更新。美国经济学家汉森称这种周期为"主周期"，并观察到 1795 年—1937 年共有 17 个这样的周期，平均长度为 8.35 年。

（二）基钦周期（短周期）

1923 年，美国经济学家基钦分析了 1890 年—1923 年的英国、美国之间的票据清算额、批发物价、利率等，发现了经济中有大周期（Major Cycle）与小周期（Minor Cycle）两种。小周期平均持续时间约为 40 个月。一个大周期包括两个或三个小周期。这种小周期被称为基钦周期。一般认为，基钦周期主要是由企业库存投资的循环而产生的。

（三）康德拉季耶夫周期（长周期）

1925 年，苏联经济学家康德拉季耶夫研究了美国、英国、法国和德国等国从 18 世纪末到 20 世纪初大约 140 年的一系列统计数据，包括商品价格的平均水平、贷款利率、工业工人的工资、对外贸易额以及煤、生铁、铅、黄金的生产和消费等，提出在经济中除了存在通常所说的 7 ~ 11 年的经济周期和 3 年半左右的"更短变动"之外，还"存在着一个平均长约 50 年的长期波动"。康德拉季耶夫指出，一个完整的长周期的"持续时间在 47 年到 60 年之间"。他将对于经济周期的研究扩展到了更广的层面，为进行长期经济预测提供了依据。一般认为，引起经济出现长周期的原因是技术创新周期性的变化。

（四）库兹涅茨周期（中长周期）

1930 年，美国经济学家库兹涅茨研究了美国、英国、德国、法国、比利时等国从 19 世纪初叶或中叶到 20 世纪初叶，60 种工农业主要产品的产量和 35 种工农业主要产品价格变动的长期时间序列资料。他发现，在经济中还存在一种时间长度为 15 ~ 25 年，平均长度为 20 年的经济周期。这种周期与建筑业的周期性变动密切相关，被称为库兹涅茨周期，或建筑业周期。

具体的经济周期种类划分汇总见表 2-1。

表 2-1　经济周期种类划分汇总

经济周期种类	提出时间	提出者（国别）	周期长度	周期变动原因
主周期	1860 年	朱格拉（法国）	9 ~ 10 年	设备更新
短周期	1923 年	基钦（美国）	40 个月	库存变化
长周期	1925 年	康德拉季耶夫（苏联）	50 年	技术创新
中长周期	1930 年	库兹涅茨（美国）	20 年	建筑业兴衰

对于这四种周期，经济学家熊彼特进行了综合分析。

【阅读资料】

熊彼特的综合周期

熊彼特认为周期的发展具有一定的同步性。他研究了几个同时发生的周期，发现：演化的周期性过程没有理由仅仅引起一次波浪式运动。相反，有很多理由可以预期，它会造成多次波浪式运动，这些波动会同时继续延伸，并且在此过程中相互干扰。

他一开始就相信单个周期的假说，但随着对问题分析的不断深入，他意识到在实际过程中存在着多个周期，因为创新有多种截然不同的传播方式。在现实经济中，存在着多个振动同时发生的现象，但是他把这个图景做了简化处理，只是设定出三种主要周期：康德拉季耶夫周期、朱格拉周期和基钦周期。所有这些周期的长度都非常不规则，如图 2-2 所示。

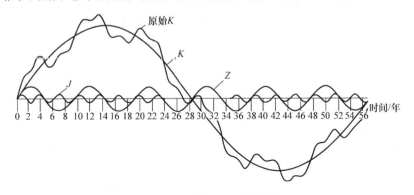

图 2-2　熊彼特的三周期模式

熊彼特相信经济存在多个振动同时发生的现象，其中有强有弱。他认为多个周期的下降阶段趋于一致的情况将会导致萧条。

熊彼特把经济周期的历史追溯到 12 世纪或者 13 世纪——那时人类社会首次出现了信用工具，但他分析的焦点集中在最近的 300 年里，其中包括约翰·劳的时代。他认为劳是一位创造了自己信用的企业家。这种分析对偶然的深度衰退做出了理论上的解释……很显然，这三种周期的相应阶段在任何时间上的巧合都将产生非同寻常的力度，尤其是如果碰巧遇到繁荣与萧条这些阶段，就将表现出更加强烈的阶段性特点。在我们所掌握的资料范围内，有 3 个跌幅最大且持续时间最长的萧条阶段——1825 年—1830 年、1873 年—1878 年、1929 年—1934 年，全都表现出了上述特征。

1873 年—1878 年的萧条是指铁路行业的崩溃，那是发生在杰伊·古尔德刚刚操控"黄金袭击"之后。1929 年—1934 年的情形则被称为"大萧条"。这些情况，熊彼特认为是康德拉季耶夫周期、朱格拉周期和基钦周期的下降阶段在时间上的巧合造成的。

【节选自：特维德．逃不开的经济周期．董裕平，译．北京：中信出版社．2012.】

第二节　非周期性因素

经济周期的产生是由经济内在的运行机制决定的，它是影响世界市场行情发展变化的决定性因素。世界市场行情的发展除了受周期作用外，还受到许多外来的、偶发性因素的影响，从而使行情的发展变得更加纷乱而复杂。

一、非周期性因素的概念

非周期性因素，是指存在于周期之外而对行情变化产生具体影响的因素。这些因素包括政治动乱、科技进步、社会冲突、自然灾害、季节变化、投机活动以及国家对宏观经济的调整措施等。这些因素本身不具有再生产的周期性，但它们与周期因素一样，对行情的形成与发展起着重要作用。

非周期性因素有经济的、政治的、自然的因素；有的因素有规则地起作用，有的则带有偶发性；有的作用时间较长，有的作用时间则非常短暂。这些因素不是固定地在各个经济周期中或经济周期的某一个阶段出现，有的能促进经济增长，有的则会阻碍经济增长，因此干扰了经济周期性的正常波动[⊖]。各类非周期因素对行情形成和发展影响的时间、程度和方向是不相同的。

二、非周期性因素的种类

非周期性因素，可以有很多种分类方法。例如，根据对行情的影响范围，非周期性因素可以分为地区性因素和世界性因素。其中，地区性因素主要对某些地区的市场行情产生较大的影响。如 2020 年 12 月 30 日《中欧投资协定》的签订就属于地区性因素，它对于扩大中欧双方的投资市场具有十分显著的促进作用。世界性因素主要是对整个世界市场的行情产生影响的因素。如 2020 年暴发的新型冠状病毒疫情，让全球的医用口罩、呼吸机、防护服、护目镜等医疗物资市场的行情受到了巨大的影响。

一般来说，我们按照非周期性因素影响时间的长短，把它们分为长期因素、季节性因素和偶然性因素。

（一）长期因素

长期因素通常是指对市场行情的影响超过 1 年的因素，如科技革命、人口增长、区域经济一体化、全球范围的产业结构演进、国际政治经济格局变化、历时较长的战争、全球气候的变化等。例如，20 世纪 90 年代信息技术革命带来美国经济的长期繁荣，特别是 1995 年以后，伴随着信息网络技术的飞速提高，美国经济进入前所未有的大繁荣时代。长期因素对行情的影响较为深远，作用时间长，有时甚至会产生决定性的影响。长期因素的发生一般具有一定的先兆，发生作用时也通常有一定的阶段性，影响是逐步体现出来的，因此，行情研

⊖　赵春明．世界市场行情新编．北京：机械工业出版社，2013.

究工作者往往可以系统研究并准确把握和利用这些因素。

【阅读资料】

1. 全球气候变化对于欧盟葡萄酒的影响

欧盟作为全球最重要的葡萄酒生产者，拥有全球45%的葡萄种植面积、65%的葡萄酒产量、57%的葡萄酒消费和70%的葡萄酒出口。欧盟的葡萄酒生产主要分布于法国、意大利、西班牙、葡萄牙、德国等国。2012年，欧盟中西班牙的葡萄收获面积最大，为943000公顷（9430km²），意大利的葡萄产量最大，为5819.01kt，法国的葡萄酒产量最大，为5286.41kt。

然而作为最重要的葡萄酒生产者的欧盟，却面临着全球气候变化带来的重大挑战。气候变化（Climate Change）是指在一段时间内气候测量中出现的显著变化，包括温度、降水、风型等在长时间内发生的变化。气候变化将会带来平均温度的升高、降水的变化，极端天气的发生频率变大，气候多样性增加，这将给包括葡萄种植在内的农业活动带来深远影响和重大挑战。现今的葡萄种植区域位于相对较窄的气候带，相较于其他种植区域更广的农作物，葡萄种植将在短期和长期的气候变化中受到更大的影响。

从欧盟气候适应平台（European Climate Adaptation Platform）基于联合国政府间气候变化专门委员会（IPCC）提供的A1B气候变化情景（Climate Change Scenario）可以预测：将欧盟2021年—2050年均地表温度同1961年—1990年均地表温度进行对比，现在主要葡萄酒产区西班牙、葡萄牙、意大利、希腊以及法国南部的年均地表温度同其他地区相比有较大上升，特别是西班牙、葡萄牙、意大利、希腊及地中海沿岸地区；法国西北部及德国的年均地表温度也会有上升。基于同样的气候变化情景预测：将欧盟2071年—2100年夏季平均降水量与1961年—1990年夏季平均降水量进行对比，在葡萄酒的主要产区西班牙、葡萄牙、意大利、希腊及地中海沿岸地区，夏季平均降水量将减少40%以上；德国和北欧部分地区的夏季平均降水量将增加。

1.1　气候变化将影响葡萄的产量

气候变化及其伴随的极端天气的增加对葡萄的产量带来了严重的影响。西班牙部分地区和法国的波尔多（Bordeaux）因为湾流的减少将不得不种植更适合较低温度的葡萄，而西班牙和法国的其他地区将变得更为炎热。法国的阿尔萨斯（Alsace）在过去的三十年间经历了葡萄生长时间的缩短和收获时间的改变。法国勃艮第（Burgundy）的气候可能会变得像波尔多一样。西班牙的境内大部分地区将会经历气温的升高和水资源的改变，这些都是很难应对的问题。欧洲在地中海沿岸的广大地区，特别是意大利、希腊和法国南部可能会很难生产葡萄酒。

1.2　气候变化将影响葡萄酒的质量

在葡萄酒的生产过程中，温度起到关键的作用。在生产过程中，温度的任何小改变都会引起葡萄酒风味的改变，这往往决定了葡萄酒的优劣。相较正常情况，低温度会导致高酸度、低糖和有不成熟风味的葡萄果实；相反，比正常情况高的温度会导致低酸度、高糖、高酒精度和有过于成熟风味的葡萄果实。研究表明，气温的升高和德国几十年间葡萄特别是白葡萄糖分的改变有关。

二氧化碳含量的增加会导致温度和相对湿度的改变，这可能会引起葡萄中有机物、糖分和酒精含量增加或酒精含量降低，从而影响葡萄的香气和风味。二氧化碳含量增加会引起葡萄较快成熟，从而导致较高糖分的积累和单宁含量的增加。

1.3 气候变化将影响葡萄的种植区域

气候变化导致的气温升高和与之相伴的海平面升高将威胁临海和低地的葡萄酒产区。如果海平面上升5m，地球上一些重要的葡萄酒产区和葡萄庄园将被淹没，包括法国的波尔多以及葡萄牙等地区。

持续的温度增加和干旱将导致一些葡萄酒产区的改变。许多现今葡萄酒生产地区的适宜气候将转移到别的地方，导致一些新葡萄酒产区的形成。葡萄酒生产的再分配可能会在各大洲出现，从传统的葡萄酒产区转移到新的更适合的地区，以及从南半球转移到有大量新的适宜地区的北半球。传统的葡萄酒生产国将面临葡萄酒产区气候变化的挑战，而北欧各国、德国、英国的葡萄酒生产将会从气候变化中受益。

1.4 气候变化将增加葡的虫害及相关疾病

气候变化带来的温度和湿度变化将可能增加葡萄的虫害以及相关疾病的发生。一些以前受良好的气候保护的葡萄生产地区的葡萄可能会遭受虫害和相关疾病的侵袭。因为气候的变化，一些虫害及相关疾病可能会向更北的地区侵袭。气候变化和全球变暖将迫使葡萄园的管理者更加警惕地应对由此而来的虫害和相关疾病。

1.5 气候变化将影响葡萄酒用橡木的质量

气候类型和二氧化碳含量的变化可能会影响橡树的生长和橡木的质量，而橡木桶是储存葡萄酒的工具。研究表明，二氧化碳的增加会刺激橡树中导管的生长，从而使橡木质量变得脆弱。还有研究表明，高二氧化碳含量会降低橡木中单宁的浓度，影响释放到葡萄酒中的单宁的含量，从而影响葡萄酒的口味。

2. 欧盟应对全球气候变化的措施

面对全球气候变化将带给农业和葡萄酒生产的影响和挑战，欧盟和其成员国正在采取措施积极应对。

【节选自：李远博．全球气候变化对于欧盟葡萄酒产业的影响及对中国的启示．酿酒科技，2015（5）：126–129.】

（二）季节性因素

季节性因素是指导致市场行情发生季节性（以四季为周期）波动的各种因素。它包括时令、民俗节日等每年在固定时间对行情产生影响的因素。季节性因素有一定的规律性，也有一定的周期，但是通常我们所说的周期性因素是指具有特定含义的经济周期，因此季节性因素依旧属于非周期性因素。

季节性因素对不同部门经济的影响可因生产的性质而直接发生，也可因需求和消费的季节性而间接发生。季节性因素一般分为两类。一类是由于季节交替、温度、降水、农作物生产等条件变化所引发的生产或消费状况的改变。这些变化能够从供给和需求两个方面影响市场行情。从供给方面来看，季节的交替改变了一些产品的生产条件，使一个地区某些产品的生产成本上升，而有些产品的生产成本下降，因而使这一地区的产品供给产生波动。例如，农、林、渔、猎部门以及一些有季节性的工业部门（制糖、罐头、建筑、葡萄酒酿制等），都会在特定的时期集中供给。从需求角度来看，在不同的季节，消费者会有不同的需求。例如，夏季空调、冷饮需求旺盛，冬季则更需要羽绒服等厚重的衣服。另一类是固定时间的民俗习惯、节日等。不同的国家和民族有不同的民俗习惯和节日，这些民俗习惯和节日形成了不同国家和地区的人们特有的消费习惯。节日期间一些国家对某些商品和服务会有较大的需求。西方的情人节、中国的春节互送礼品，都会引起有关商品销售额的短期迅速增加。中国的"十一"黄金周，旅游市场更是火爆。

季节性因素对行情的影响不可能很大，也不可能长久改变发展动态，仅能造成一时的偏差并且年年如此。因此，季节性因素是可以被识别并加以控制的，其对行情的影响也是可以被把握和利用的。国际初级产品期货交易市场就可以起到规避某些初级产品现货价格季节性波动风险的作用。随着科技的发展，许多商品的反季节性生产已经成为可能，并且成本在不断下降，反季节消费日益发展。同时，由于不同地区间的交通运输在不断发展，不同地区的季节性产品的流动更加自由，在总体上扩大了市场，推动了国际贸易。

（三）偶然性因素

偶然性因素是指那些对经济会有较大影响，但又难以预料的因素，包括三大类，如外在因素（自然灾害、政治动荡、大罢工）、不可预料的因素（流行性疾病的传播、政变造成的经济与市场混乱，以及纯粹的随机因素（在某个月或某个季度几个主要买主突然集中大批订货）。偶然性因素的作用时间一般少于 1 年，它具有两个基本特征：一是难以事先预料，其出现带有突发性；二是不可控制性。对于偶然性因素作用的后果是不能加以控制的。偶然性因素往往在极短的时间内改变市场供求的基本态势，使行情完全背离周期的方向，创造出巨大的盈利机会或造成极大的风险。例如，2011 年 3 月 11 日，日本福岛发生核泄漏事故，由于担心核泄漏会对日本某些食品、农产品造成污染，世界上众多国家和地区不断加强防范措施。美国第一个做出反应，美国食品药品监督管理局（FDA）在 2011 年 3 月 22 日宣布禁止、停止进口核辐射区生产的乳制品和蔬果等。加拿大也加强了对日本核电站周围 4 个地区进口食物的检查。加拿大食品检查局称，从核辐射区进口的牛奶、水果及蔬菜必须有安全证明才可入境。德国也开始对日本进口食品另行检查，以确保没有核辐射污染。这给日本农产品出口带来了较大的负面影响。

偶然性因素虽难预料，但在很多情况下事前还是有征兆的，关键是要及时抓住信息，以便采取相应的积极措施。行情研究的一个重点就是要把握偶然性因素可能会带来的机会，争取最大限度地获得利益及避免损失。把握这一类波动要靠长期的背景资料积累和及时掌握最新信息，因而对行情研究人员的效率和素质提出了较高的要求。

三、非周期性因素作用的特点

非周期性因素能决定每个行情具体发展的特殊性，并赋予其细节不重复的特点。在一般经济行情形成的时候，非周期性因素经常会起到决定性的作用。

具体地说，非周期性因素对世界市场行情作用的特点如下：

1. 发生具有不规则性

非周期性因素的发生在绝大多数情况下不具有规律性，存在着显著的偶发性和不规则性，即便是季节性因素的发生，也可能由于不同的时间和不同的情势而产生较大的差异性，从而使行情具有明显的不规则性。

2. 作用程度差异较大

非周期性因素影响的程度和方式差异较大。某些非周期性因素可以直接地、迅速地、普遍地影响各个经济部门，另一些非周期性因素则需要通过先对部分经济部门或总供给、总需求的某一方面产生影响，再波及其他经济部门。

3. 影响范围各不相同

非周期性因素影响的范围差别较大。某些非周期性因素对各个国家或地区的各个经济部门产生广泛影响，另外一些非周期性因素只作用于个别国家或地区，还有一些非周期性因素只作用于个别经济部门。

4. 作用时间长短不一

非周期性因素影响的时间差别较大。许多非周期性因素只在较短的时间内影响经济周期，但有一些非周期性因素能对经济周期产生长期的影响，如政治局势的变化、科学技术的发展、经济结构的变化等。

四、第二次世界大战后影响行情的主要非周期性因素

（一）科学技术因素

科学技术因素属于非周期性因素中的长期因素。科学技术的发展，能提高劳动生产率、降低生产成本、提升企业的竞争能力，从而使企业继续扩大生产规模，有助于较长时间地维持和加强经济扩张。新技术应用于生产过程，主要表现为新的先进设备和新厂房的投资，而投资正是经济周期波动的枢纽因素。在经济繁荣时，用于科学技术发展的投资能促进经济的持续扩张，并成为以后经济发展的重要潜力。在经济危机时，科学技术发展投资的增长能抵消一部分传统产业投资的下降，从而可以缓和经济危机。

科学技术的发展对市场行情的长期影响主要通过以下几个途径实现：

1. 优化产业结构

随着经济的发展，产业结构逐渐优化。产业结构不同，经济波动的基本状态、特征就不同。在工业化初期，轻纺工业发展较快，第一产业的发展速度有所下降、地位有所削弱，重化工业和第三产业的发展速度较慢，这种产业结构使这一时期的市场行情呈现出中度波动的特点；工业化中期，农业产值在国民经济中的比重继续下降，轻纺工业继续发展，但是速度逐渐放慢，而以能源、动力、基础设施等为重心的重化工业得到较快发展，并逐渐取代轻纺工业的位置而成为主导产业，这种产业结构使市场行情呈现出强度波动的特点；工业化后期，第二产业的发展速度有所放缓、比重有所下降，特别是传统制造业的下降幅度较快，但高新技术制造业仍保持较快的发展速度，服务业成为主导产业，尤其是数字内容产业和文化创意产业等智力密集型服务业得到大力发展。这种产业结构使市场行情呈现出低幅波动的特点，即波动高度下降，波动深度变浅，波动幅度大大缩小，扩张期延长。后工业社会的产业结构使这一时期的市场行情低幅波动的特点进一步强化。

2. 提高资源供给效率

科技进步可以提高资源的利用效率、提升劳动生产率和产品的科技含量。经济增长受制于自然资源的有限性大大减弱，同样的资源所产生的效能更高，可以缓解资源瓶颈制约，使发展潜力更大，从而使经济行情的变化更加平稳，经济的适度增长期顺利延长。近年来，由于科技的进步，越来越多的国家提出新的发展理念，其核心就是提高资源的利用效率，加快经济发展方式转变，从传统模式向以节能环保为特征的绿色循环经济模式转变。

【知识窗】循环经济

循环经济也称资源循环型经济，是一种以资源节约和循环利用为特征、与环境和谐共生

的经济发展模式。它强调把经济活动组织成一个"资源→产品→再生资源"的反馈式流程。它的特征是低开采、高利用、低排放。所有的物质和能源能在这个经济循环中得到合理和持久的利用，把经济活动对自然环境的影响降到尽可能低。

3. 提高管理现代化水平

科技的发展与进步，是通过提高市场组织制度、金融组织制度、企业组织制度以及管理等方面的成熟度和现代化水平来影响市场行情的。

（二）主要国家政府经济政策变动因素

第二次世界大战后，由于国家垄断经济的迅速发展，政府经济政策已成为影响经济发展的经常性因素。政府经济政策最直接的目的是保证经济均衡、稳定的发展，减少经济周期波动。

一般来说，在经济过热而使通货膨胀加剧时实行紧缩性财政政策和紧缩性货币政策；而在经济衰退时实行扩张性财政政策和扩张性货币政策。具体地说，当经济周期的收缩阶段运行了一定时间后，政府可以采取逆周期的扩张性财政政策和扩张性货币政策，以结束收缩，发动扩张。当经济开始扩张运行时，政府可以进一步采取顺周期的扩张性财政政策和扩张性货币政策，以进一步推动经济扩张。当经济扩张到一定程度时，政府可以采取逆周期的紧缩性财政政策和紧缩性的货币政策，以抑制经济的过度扩张。

由于政府经济政策难免出现偏差和失误，加上政治等问题也会左右政府经济政策，政府经济政策就会产生与预期不一致的结果，而这种意外行为往往会走向调节的反面，从而加剧经济的周期波动。当然，政府的一些意外政策行为也会强化政府经济政策的反周期作用，在一定时间和范围内出现政策失灵问题。

【阅读资料】

新京报讯（记者 郑伟彬）4月15日，在"新发展格局与'十四五'大趋势——2021新京智库春季峰会"上，财政部原副部长朱光耀表示，近期美国在宏观经济政策上的变化，值得关注、研究，一是财政政策变化，二是货币政策调整，对全球经济产生明显的外溢性影响。

全球经济东升西降是大发展态势

会上，朱光耀表示，2021年对世界所有国家来讲，都非常具有挑战性。2020年一场突如其来的新冠肺炎疫情，对各国人民的生命安全和身体健康造成了严重的摧残，对世界经济也造成了巨大的冲击。世界经济出现了第二次世界大战结束以后最大的一次衰退。

全球经济总规模从2019的87.75万亿美元，下降了约3.3%，降至85.12万亿美元。中国经济在2020年增长了2.3%，是全球主要经济体中唯一正增长的国家，而美国经济下降了4.5%（编者注：据东方财富网报道，2020年美国经济萎缩3.5%）。全球最大的两个经济体美国和中国经济规模的差距，从2019年中国经济规模是美国经济规模的67%变成了71%。美国对中国经济的快速上升和美国经济的相对下降产生了焦虑。朱光耀认为，东升西降是大的发展态势，不过，尽管中国经济规模已经达到美国经济规模的71%，但中国仍然是最大的发展中国家，美国人均GDP是中国的6倍。

在这样的背景下，朱光耀强调，美国宏观政策几个方面的调整和变化，值得关注。

首先是财政政策变化。朱光耀表示，拜登政府上台后，美国税收政策，从减税变为增税。

2017 年特朗普政府推行了大规模的减税计划，其中重要的一点是将美国企业所得税从35% 下调到21%。对美国的跨国企业在美国境外的收入，从传统的为防止美国跨国公司利用国际税收洼地避税，要求缴纳35% 的所得税政策，改变为属地征税，同时开征全球无形资产低税收入税，税率为10.5%。明确美国跨国公司在境外由无形资产，例如专利和版权等所带来的收入，超过有形资产收入的10% 就要缴纳全球无形资产低税收入税。同时规定，如果美国跨国公司境外收入在属地所缴纳的企业所得税达到美国国内税率的90%，即缴纳18.9% 的所得税，则免征全球无形资产低税收入税。

现在，拜登政府明确要把企业所得税从21% 提升到28%，把全球无形资产低税收入税的税率从10.5% 上调到21%。税率调整幅度是比较大的。

对于这样的税收政策调整，朱光耀指出，我们要重点观察美国税收政策的调整对全球税收制度的影响，特别是对 G20 授权经合组织所进行的税基侵蚀和利润转移政策研究的影响。关键点体现在两个方面：一是国际数字税的征收问题，二是国际最低税率的问题。

关于国际数字税征收问题，因为特朗普政府反对国际政策协调，反对多边磋商，坚持美国拥有参加或者退出国际数字税收的选择权，即所谓自由港制度，导致欧盟与美国之间产生了很大的冲突。法国率先征收数字税，对全球营销收入超过7.5 亿欧元，在法国的营销收入超过2500 万欧元的全球互联网企业，征收3% 的数字服务税。美国对此坚决反对，并以关税作为反击。

拜登在上台后对该政策进行调整，回归到经济合作与发展组织（OECD）框架下，与135 个国家进行协调，推动制定国际数字税收标准。

在国际最低税率问题上，拜登把全球无形资产低税收入税率提高至21%，隐含的政策意图，是对全球最低税率的制定产生影响。但最终税率的形成要由136 个国家谈判制定，在这方面分歧还是比较大的，例如欧盟的成员国爱尔兰坚持12.5% 的所得税税率。

目前，关于国际数字税和最低所得税原则，国际社会已经达成共识，但税率怎么定还需经过认真的谈判。朱光耀强调，这方面需要认真研究，因为中国企业的国际参与度越来越大，这些国际税收制度的制定一定会影响到中国企业。

美联储货币政策的调整，相当程度上是为了降低财政融资成本

关于美国货币政策的调整。朱光耀表示，疫情促使美联储在2020 年3 月把利率降到零，同时实施大规模量化宽松货币政策。美联储公开表示在2023 年年底之前不会提升美联储利率，其目的很明确。由于财政赤字的急剧扩大，需要货币政策配合降低财政融资成本，同时维护国内经济稳定。

长期以来，美联储有一个重要的政策指标，即2% 的通胀率。但是目前无论是在政策指引，还是操作方式上都做了微妙的调整。尽管仍然以2% 通胀率为目标，但是美联储此前始终是以预防的方式进行操作，防止通货膨胀达到2%，也就是说在美联储预计到通货膨胀上升有可能达到2% 的时候，采取预防性的措施，事先小幅度提高利率。但现在的表述是通货膨胀要实质性地达到2%，并且要持续一段时间。这就给低利率政策的持续留下了空间。显然，其是着眼于降低美国国家债务的融资成本。但挑战是一旦美联储提高利率，将具有很强的突然性，对国际资本市场的外溢性影响将更加强烈。

朱光耀指出，财政政策和货币政策的配合，特别是降低财政融资成本方面，美联储的做

法值得研究。

要高度重视数据安全和数据跨境流动问题

对于美国的结构性政策问题，朱光耀表示，欧美之间就数字经济问题，特别是数据的跨境流动、数据隐私保护和安全展开谈判，值得关注。欧美数字经济矛盾不仅是数字税方面，在数字隐私保护方面矛盾同样也很大。欧盟是当今世界唯一制定《一般数据保护规定》的经济体。

朱光耀认为，我们需要高度重视数据的保护和跨境流动，因为数据是数字经济的核心要素。传统经济业态下，农业经济的要素是土地，工业经济的要素是资本，数字经济的要素是数据。做好数据安全，数据隐私保护和数据的有效运用是我们发展数字经济的根本前提条件。我们发展数字经济、建立创新社会必须正视和有效应对这项关键挑战。

最后，朱光耀表示，全球市场的稳定也是我们需要关注的。在全球经济因大规模的刺激计划、疫苗普及率提升的推动下，国际货币基金组织提高了对2021年全球经济增长的预测，从5.5%上调为6%。中国经济增长率上调至8.4%，美国经济增长率上调至6.4%。朱光耀表示，美国宏观经济政策调整对世界经济的外溢性影响值得关注。因此，全球初级产品和农产品价格稳定问题值得关注。

【节选自：朱光耀．美国宏观经济政策调整对世界经济的外溢性影响值得关注．新京报，2021-04-16.】

（三）局部战争因素

局部战争作为一种外来的突发冲击因素，会干扰内生因素的作用。因为战争会引起社会震荡，每次战争还要动员大量的社会经济资源，并引起经济结构的变化。因此，战争能对经济周期产生很大的影响。但是，由于每次战争的规模和烈度不同，动员的经济资源和涉及的地域有所差异，因而对经济周期产生的影响也不同。局部性战争通常对世界经济周期影响不大，但对直接参战国会产生很大的影响。对于受害国来讲，战争会严重破坏经济的发展。对于受益国来讲，战争会刺激军事需求，形成"战争景气"，从而会延长经济周期中的高涨阶段，延缓或逃避经济衰退。

【阅读资料】

朝鲜战争对日本经济的直接推动

因与战争相关联，朝鲜战争"特需"使日本最先受益的是纺织业和金属业，即所谓"绞丝旁（纟）景气"和"金字旁（钅）景气"。1950年6月至1951年3月，日本纤维和金属品的价格平均上涨90%。随着朝鲜战争的扩大，美国的"特需"订货涉及面越来越广，几乎动员了日本所有经济部门的力量，从而使日本工矿企业的生产迅速活跃起来。据统计，朝鲜战争期间，日本电力的70%、煤炭的80%、船舶和陆地交通的90%以上都供侵朝美军使用。1950年—1952年，美军动用日本铁路的客、货运输量远远超过了太平洋战争爆发时日军的运输量。日本重工业、化工业的许多工厂大量生产美军军需品，承担了军用劳务。日本大部分的财政资金和银行信贷也集中投入与战争有密切关系的电力、海运、造船、钢铁、化学、金属机械等工业部门。这些部门的大企业充分利用这种有利条件，竞相引进美国的技术和资本，迅速取得了生产的恢复和发展。日本大藏省做过调查，1951年一年日本工矿业生产竟然膨胀了36.8%，以战前为基准计算的生产指数从1950年的83.6%增长到1951年的 114.4%，超过了战前水平。其中，冶金工业生产增长超过了 44%，机械工业超过了 97%。到 1953 年，日本工业生产比战前增长了 55%。主要工业品产量大大超过了战前水平，钢铁增长了 46%、船舶增长了 47%、水泥增长了 54%，电力增长幅度更大，近乎 1 倍。

战争以来的经济景气给日本资本家带来了高额利润。根据三菱经济研究所统计，日本加工工业部门的公司利润率在 1950 年上半年至 1951 年上半年，从 2.7% 提高到 10.5%，增长了近 3 倍。其中化纤工业部门的利润率提高最快，从 4.1% 上升到 35.8%，棉纺业部门的利润率从 4.8% 提高到 20.2%，纸浆工业部门的利润率从 5.1% 上升为 17.9%。而且，这一时期企业利润的 70%～80%，甚至 90% 以上保留在公司内部，这种情况使日本大企业的财力和生产能力迅速膨胀起来。

在利润大量增加的基础上，各产业部门的设备投资和技术革新的投入出现了高潮。投资热潮是从原材料的扩充开始的，从 1950 年年底起逐渐转移到生产设备的扩充和更新。三菱经济研究所的调查表明，600 家主要大企业的原材料库存额从 1950 年上半年的 1371 亿日元增加到 1951 年下半年的 3149 亿日元，增长了 1.3 倍。另据日本开发银行的调查，这一期间的产业设备投资总额从 1950 年的 2344 亿日元增长到 1951 年的 4389 亿日元，增长了 87%。从投资去向看，1950 年以纤维、化学肥料和运输为重点，进入 1951 年之后，投资中心转向电力、海运、钢铁、煤炭等基础产业，此即当时所谓的"四大金刚"。过去由于这四大基础产业生产能力不足，妨碍了整个生产的扩大，所以在朝鲜战争促进生产的经济活跃的条件下，日本政府相继实行了以上述四大产业为中心的产业复兴措施和鼓励资本积累的方案。

首先，整备金融机构。1950 年—1952 年，日本政府先后设立了日本输出银行（后改为输入银行）、开发银行、长期信用银行。其中开发银行和长期信用银行即以向主要产业提供长期低息设备资金为使命。其次，在税制上有针对性地设立优惠措施。1949 年—1950 年，在美国加普使节团的劝告下，日本进行了税制改革。"加普税制"将重点放在促进资本积累上，将 1950 年度的国税减少 600 亿日元，地方税反而增加 400 亿日元。1950 年后，日本政府为鼓励设备投资和出口，又制定了新的特别租税措施：免税准备金及特种基金制度，对于企业的呆账准备金、退职工资专用基金、电力会社的枯水准备金等，均承认为企业经费而免征或减征税收，鼓励企业增加储蓄；实施特别折旧制度，即为促进向特定领域的投资，在税法上规定了比一般折旧率高得多的折旧率，其对象主要是重要机械及合理化需要的机械、开发研究用机械设备及新技术企业化用机械设备等；建立出口所得的特别退税制度及出口损失准备金，鼓励出口。这些措施后来成为企业课税制度的基础，促进了企业资本积累。再次，根据《外贸管理法》建立起外汇分配制度。这个制度主要是为了维护国际收支平衡而制约进口总额、按项目分配外汇，允许规定数量进口的政策。同时，外汇分配还用作国内产业保护政策的一种。例如，为了扶植本国汽车工业，有 10 年以上的时间严格限制汽车进口。最后，鼓励根据《外资法》进行技术引进。由于此法的保护，朝鲜战争期间，各企业技术合作式的技术引进逐年增多。1950 年有 27 件，1951 年上升为 101 件，1952 年为 133 件，1953 年为 103 件。依赖于政府的这些倾斜政策，日本的电力、钢铁、煤炭等基础产业的投资迅速扩大。钢铁工业的比重从 7.8% 上升到 10.1%，电力工业的比重从 8.4% 上升为 12.6%。政府的这些促进积累政策的实施也使民间企业的设备投资充满了生气。1952 年，政府的固定投资增长率为 11.4%，1953 年为 36.6%，而同期民间投资的增长率为 17.1% 和 26.7%。这样，国民总固定投资在 1952 年增长 18.8%，1953 年增长 29.4%。故日本当时的"经济白皮书"称1952年为"消费景气",1953年为"投资景气"。上述支柱产业的稳固发展,为日本经济复兴的长期计划奠定了基础。

当然,这些投资多半是用于对闲置旧设备的重新运转方面,引进以新技术为基础的现代化设备还刚刚起步。但是,日本企业公司借此机会在第二次世界大战后第一次为积累资本打下了基础,为实现产业合理化创造了有利条件,也为下一个阶段的经济高速发展鼓足了后劲,日本经济进入了良性循环。所有这一切,与朝鲜战争所刺激的经济活跃是分不开的。如果没有这种突发性的"景气",日本的许多经济方案、设想,尤其是不惜工本扶助基础产业政策的实施难度可想而知,至少还要酝酿更长的时间。日本经济企划厅对日本经济在这一阶段的发展有一个中肯的认识:由于朝鲜战争,"日本经济才得到了活路,从这个意义上说,动乱(指朝鲜战争——引者著)是日本经济的'回生妙药'"。

【节选自:马焕明.略论朝鲜战争对日本经济的影响史学集刊,1997(3):65-69;20.】

尽管存在"战争景气",但战争刺激起来的经济繁荣是一种不正常的经济扩张现象。由于战时经济的超负荷运转,如果其产出水平大大超过了充分就业水平,将会直接引发严重的通货膨胀;同时为了维持国家的生存和延续,战时的军事生产经常是低效率的,长期实行会引发很多不良后果,并且,在军工产业迅速发展的同时,民用产品生产萎缩,生产结构日益畸形化。因此,这种"经济繁荣"无法长期维持,一旦战争结束,强制性结构调整带来的战后萧条就会如影相随。在这种萧条中,最严重的问题是消费品短缺和价格上涨,其背后实际隐藏着深层次的结构性生产过剩问题。20世纪90年代,苏联解体后,俄罗斯经济一度陷入严重衰退,也有这个原因。

总之,战争会形成一种特殊的战争经济行情,战争爆发会带来战时的经济景气,战争结束会带来战后的经济萧条。战争的规模决定着国民经济军事化的程度和深度,进而决定着经济战时景气和战后萧条的深度和广度。

(四)自然条件因素

影响经济周期的自然条件主要是气候变化、自然灾害(如洪水、干旱、地震、厄尔尼诺现象)等。气候变化及自然灾害对经济周期产生的影响,主要是通过影响农产品等初级产品的产量、改变短期内的农产品等初级产品的供给状况来实现的。农业的大丰收,能成为经济周期扩张阶段的一个重要的发动和加强因素;农业的歉收,能成为经济周期扩张阶段的阻碍因素或收缩阶段的发动和加强因素。

据光明网2020年2月报道,2019年,澳大利亚发生森林大火险情,大火燃烧了210多天,造成33人死亡,10亿只野生动物丧命,烧毁1170万公顷(117000km²)土地,其中包括大量的农田,严重影响了当地的农产品种植和供应。2020年9月,美国加利福尼亚州发生的山火至少吞噬了4.5万英亩(约182.12km²)土地,严重地影响了当地的农业生产活动。受台风和超长雨季等影响,2020年秋季,韩国蔬菜大幅减产,价格暴涨。韩国官方数据显示,大白菜卖到了1.0689万韩元(约合62元人民币)一棵,比2019年上涨40%。

可见,因自然条件变化而引起的部分国家经济发展趋势发生重大变化,在经济周期内各因素的共同作用下,会使经济周期变形[一]。

㊀　张德存.世界市场行情分析.北京:科学出版社,2009.

（五）恐怖主义因素

在经济全球化时代，国际恐怖主义活动不仅对地区局势乃至国际和平与安全构成严重的威胁，而且正日益成为影响世界经济稳定和增长的一个消极因素。

【知识窗】恐怖活动

美国国家恐怖主义及反恐研究会对恐怖活动的定义：恐怖活动是由非政府部门使用或威胁使用非法武装或暴力手段，通过恐吓、威胁和胁迫等手段，以实现政治、经济、宗教或社会性目标的活动。恐怖活动必须满足的三个基本特征是：主观故意、使用暴力或暴力威胁、行为主体的非官方性。

1. 恐怖袭击的破坏性会给遭受恐怖袭击的国家造成巨大的经济损失

这一损失不仅包括直接的财产损失，而且包括打击消费者、投资者的信心，以及对交通运输业、旅游业等的间接损失。2015 年 11 月 13 日晚发生的巴黎连环恐怖袭击就对法国乃至欧洲在世界人民心中的安全形象造成了巨大冲击。《国际先驱导报》报道："恐怖袭击对欧洲的旅游业有长期的负面影响，巴黎恐怖袭击 3 个多月后巴黎的外国游客与 2015 年同期相比减少了 22%。"

【阅读资料】

法国巴黎 13 日晚发生系列恐怖袭击事件，超过百人殒命，另有数百人受伤。对世界旅游胜地巴黎来说，这无疑是一场浩劫。自美国"9·11"事件发生以来，针对热门旅游目的地国家的恐怖袭击日益增多，不仅重创当地旅游业，进而对全球航空、酒店及餐饮产业构成威胁。

2001 年，美国发生"9·11"恐怖袭击事件，不仅令美国本土旅游业严重萎缩，也大大降低了美国居民出国旅游的意愿。世界旅游组织当年年底公布的统计报告显示，当年受上述事件影响，前往美洲、中东和北非旅游的人数大为减少，致使全年跨国旅游人数仅达 7.05 亿，增幅由预期的 3% 降至 1%。

多次遭到恐怖袭击的印度尼西亚，更是往事不堪回首。在旅游高峰期的 2000 年，印度尼西亚曾接待外国游客 560 万人次，创汇近 58 亿美元。不过，2002 年发生了巴厘岛爆炸事件，2003 年又发生了雅加达万豪酒店爆炸事件，2004 年 9 月澳大利亚驻印度尼西亚使馆遭遇恐怖袭击，造成至少 11 人丧生，186 人受伤。一系列爆炸事件令印度尼西亚经济承受巨大压力，相关交通运输、酒店、餐饮以及娱乐产业都受到不同程度的冲击，而且对外国直接投资也构成了负面影响。

据报道，在巴厘岛发生爆炸事件后的两周内，岛上酒店入住率由超过 70% 降到了 11%，原定在雅加达、日惹和巴厘岛举行的 34 个国际及地区性会议被迫取消，造成了至少 1000 万美元的损失。由于旅游业损失惨重，印度尼西亚政府 2002 年不得不调整了来年的国家预算和发展计划。

肯尼亚是另一个令人心痛的例子。近年来恐怖主义严重扰乱肯尼亚社会，给当地经济，特别是旅游业带来巨大冲击。2015 年 4 月，索马里极端组织"青年党"对肯尼亚东北部城市加里萨一所大学发动恐怖袭击，造成 148 人丧命。这是自 1998 年美国驻肯尼亚大使馆遇袭以来，肯尼亚遭遇的最为严重的袭击事件。"青年党"还扬言将再袭肯尼亚，让"肯尼亚的城市被鲜血染红",令这个旅游业占国内生产总值15%的国家不寒而栗。肯尼亚学者爱德华·基思亚尼亚无奈地表示,肯尼亚经济原本是一条上升的曲线,但恐怖主义可能逆转这个趋势。

有分析指出,从目的上看,极端主义者将恐怖袭击地选在旅游热门地区,就是蓄意制造更大的人员伤亡,以血腥事端报复社会或者转移视线。此外,很多国家特别是发展中国家在旅游度假地区配备的安保能力薄弱,易于单人或者小团队执行突袭任务,也让袭击策划者有机可乘。

恐怖袭击对旅游国家的影响日益深重,令视旅游业为经济支柱的国家深受其害。从影响看,本次针对巴黎的恐怖袭击,想必也会令法国旅游业者感到担忧。如何增强包括旅游景点在内的敏感地区的安保能力,今后将是靠旅游产业"吃饭"的国家和地区的当务之急。

【节选自:龙二. 恐怖袭击重伤全球旅游业. 经济参考报,2015 – 11 – 16.】

2. 恐怖袭击会直接和间接影响国际贸易

首先,恐怖活动会造成当地居民恐慌,影响居民正常的购物行为,从而影响国际贸易。Nitsch 和 Schu macher(2004)使用扩展的引力模型实证研究了 200 多个国家之间的双边贸易与恐怖活动风险之间的关系,发现恐怖活动频率翻倍会导致双边贸易萎缩约4%○。

当然,恐怖主义也会导致防恐物资需求增加,推动这些物资的生产和贸易。

其次,恐怖袭击的突发性和任意性,加大了货物贸易的风险,保险费和国际运费也随之上涨,提高了外贸进出口产品的生产成本和运输成本,从而引起进出口贸易量的下降。

最后,国际恐怖活动的频发将使各国对人员和货物进出口的管理趋严,人员流动和货物贸易比以前更加困难,从而影响国际贸易的增长和市场开放程度。

(六)重大恶性传染病因素

重大恶性传染病从来都是人类社会发展的大敌,无论何种恶性传染病,都会引起全球广泛而强烈的关注。从经济学上看,因其具有典型的负外部性,加上病原的传染性特征,无论原发于哪个国家或地区,通常都会给这些地区甚至全球带来巨大灾难。随着人口流动规模越来越大、人员往来越来越频繁,在一国内部暴发的传染病会在全球范围内迅速传播,更会造成一国的危机传导为全球性危机。由此造成的旅游与贸易中断而带来的损失将无法估算,一个国家、一个地区乃至全球经济都可能面临突然停滞的危险。另外,流行性传染病可能造成大量人员死亡,无疑会使经济产出大幅下滑。人们由于担心传染,可能改变生活与工作模式,这将导致巨大的经济损失。以新冠肺炎疫情为例,其在全球蔓延迅速。世界卫生组织公布的统计数据显示,截至北京时间 2021 年 1 月 13 日,全球新冠肺炎确诊病例累计达89707115 例,死亡病例累计达 1940352 例。在此背景下,几乎全世界所有的经济体都受到了重创。其中旅游业最为明显。2020 年菲律宾旅游业产值为 9733.1 亿菲律宾比索,同比下降61.2%,直接总增加值占该国国内生产总值的5.4%,明显低于该行业 2019 年的12.8%。外国游客数量同比骤降82.05%,仅为 148 万人,入境旅游支出(追踪外国和菲律宾人直系亲属游客的支出)年环比下降77.9%。

○ NITSCH,V,D. SCHUMACHER. Terrorism and International Trade:An Empirical Investigation. *European Journal of Political Economy* 2004,20(2).:423 – 433.

【阅读资料】

新华社北京4月17日电（记者许嘉桐）新冠肺炎疫情如同一只无形大手，把世界经济从正常增长轨道，拖往充满未知的崎岖道路。在经济活动骤然收缩的背景下，近期全球市场剧烈震荡，不少行业供应链难以为继，众多企业大幅裁员，主要经济体面临严峻考验。

分析人士指出，有别于经济周期支配下的常规危机，当前世界经济衰退的风险主要源自疫情扩散，其复苏进程取决于全球何时遏制住疫情。这种特殊形势，尤其需要国际社会秉持多边合作，维护全球供应链运转，共克世界经济时艰。

各国经济同此凉热

当前，全球主要经济体均遭受疫情严重冲击。国际货币基金组织（IMF）日前预计，今年全球经济将萎缩3%，为20世纪30年代"大萧条"以来最糟糕的经济衰退。

从发达经济体来看，伴随美国经济大面积"停摆"，3月美国核心消费者价格指数（CPI）10年来首次环比下滑。在截至4月4日的过去三周，美国首次申请失业救济人数共计增加超过1600万人。美国彼得森国际经济研究所日前预测，美国经济今年将下滑8.0%，失业率或一度升至20%以上。

疫情让本就复苏乏力的欧盟和欧元区的经济雪上加霜。欧洲央行副行长德金多斯日前表示，面对新冠肺炎疫情冲击，全球经济将步入衰退期，而欧洲经济将面临更严重的衰退。欧元区主要经济体德国、法国相关机构日前估计，今年第一季度两国经济分别萎缩1.9%和6%。

日本机构和经济学家普遍认为，日本经济陷入衰退已成定局。大和综研经济调查部日前发布报告说，如果日本疫情在6月得到抑制，2020年日本实际国内生产总值（GDP）或下降4.5%；若疫情拖到年底，今年日本经济降幅则可能扩大至7.6%，日本经济遭受的打击也将超过2008年世界金融危机时期。

新兴经济体同样损失惨重。巴西今年的官方经济增长预期已由原来的2%以上下调至0.02%；"BCS全球市场"分析公司预计俄罗斯经济今年萎缩2.7%；南非央行预测本国经济今年萎缩0.2%；3月印度就业率仅为38.2%，创历史新低。

中国国家统计局17日发布数据，初步核算，一季度GDP同比下降6.8%。3月份，随着经济社会秩序加快恢复，主要经济指标降幅明显收窄，工业产出规模接近去年同期水平。

分析人士认为，作为被IMF预测今年全年将维持正增长的少数主要经济体之一，中国经济在巨大压力下依然呈现积极迹象，这在世界经济整体下行背景下尤其难能可贵。

遏制疫情推动复苏

分析人士指出，2008年世界金融危机是资产泡沫化、过度负债等多重问题叠加的产物，而世界经济本轮衰退则源自疫情引发的供给和需求同时收缩。若各国采取有效举措，及早遏制疫情，世界经济有望早日迎来复苏。

IMF首席经济学家吉塔·戈皮纳特认为，此次疫情导致的世界经济衰退与以往截然不同。一是冲击力巨大；二是疫情冲击的持续时间和强度存在显著不确定性；三是通常在危机中决策者可通过刺激总需求推动经济活动回升，但这次很大程度上要依赖疫情防控结果。

IMF指出，如果疫情在下半年消退，各国采取的政策措施能有效防止企业大量破产、长期失业和系统性金融压力等问题，世界经济增长率有望在2021年回升至5.8%。亚洲开发银行认为，如果疫情结束，各项经济活动恢复正常，明年亚太发展中经济体的经济增速将回升至 6.2%。

不过，也有分析人士认为，即便疫情得到遏制，一些主要经济体仍需相当时间才能复苏。彭博社援引分析人士观点指出，即使各国出台前所未有的经济刺激措施，世界经济至少要到 2022 年才能恢复到疫情暴发前水平。

【节选自：新华网．疫情重挫世界经济 前景充满不确定性．新华每日电讯（4 版），2020 – 04 – 18.】

第三节　行情的国际传导

行情的国际传导是指在开放经济条件下，一国的行情通过各种途径传递到其他国家和地区，并逐渐影响世界的过程。

20 世纪 80 年代以来，各个国家和地区之间的相互贸易和投资活动越来越频繁，使各国之间在经济上越来越多地相互依存和融合，各国之间的经济联系日益密切。一个国家出现的各种经济行情会通过各种途径传导到另一个国家，从而引起其他国家经济行情的变化。对行情的各种国际传导渠道进行深入研究，是我们分析行情变化的原因和趋势的重要基础。

一、国际贸易渠道

行情的国际贸易传导是指在国际经济领域中，一国经济行情通过国际贸易渠道直接或间接对另一个国家的行情产生影响。

国际贸易变动对贸易参与国的经济都是有影响的。一个国家的外贸依存度越高，其经济体系受到国际贸易波动的影响就越大，国外行情传导的速度与力度就越大。一般来说，相对于发达国家而言，某些发展中国家外贸依存度较高，行情就更容易通过国际贸易渠道传递到这些国家。

（一）通过需求变动传导行情

假定某些国家宏观经济出现衰退，这些国家需求下降引起进口减少，会使为其提供出口的国家出口需求相应下降，生产也会下降。这种效应还传导到国内的其他经济部门，经济增长状况、居民收入以及就业状况都会同时出现某种程度的恶化；相反，如果某国的宏观经济由衰退走向复苏，其国内需求的增长会引起进口的增加，与其贸易关系紧密的国家出口也会增长，并通过乘数效应带动总供给增长，进而带来宏观经济状况的改善。一般来说，发达国家由于其经济总量庞大，对于国际市场供需影响较大，因此，如果发达国家行情出现波动，其传导作用也较强，而一些外贸依存度较高的发展中国家则很容易被导入行情。

（二）通过价格变动传导行情

世界市场上的行情变化，与价格因素息息相关。一般来说，假定某一个国家的物价水平出现较大的波动，该国的行情也会通过国际贸易传导到其他国家。如果世界上一些主要的商品出口国发生了通货膨胀，国际市场价格大幅度上升，进口国必须以更高的价格进口这种产品，从而引发通货膨胀的国际传导；如果发生通货膨胀的是贸易大国，这种传导效应将会很强，反之如果这种情况发生在一个贸易小国，其传导效应将大大降低。如果世界市场中总供给与总需求并未发生变化，但某些十分重要的商品（如粮食、石油等）供求发生了根本性变化，因而世界市场出现了这些产品较为严重的过剩或短缺，价格下跌或上涨，这种情况也会通过一国的开放部门影响国内其他部门生产成本的变化，并进而引起价格的调整。同时，发达国家的经济放缓引起的需求减少会使发展中国家出口减少，而同质化产品价格的竞争更加激烈，发展中国家为争取更大的市场份额将会降低自己商品的价格，价格下降会导致许多发展中国家贸易条件的恶化，从而影响其经济状况。

二、国际投资渠道

（一）国际直接投资

近年来，随着跨国公司国际直接投资活动的日益扩大，行情通过国际直接投资渠道传导的效果越来越明显。国际直接投资不仅可以从资本形成的角度对经济产生影响，还可以通过引进新兴竞争、新兴科技等渠道对东道国产生溢出效应，如促进东道国技术进步、提升产业结构、贸易结构与就业结构等，从而成为推动经济增长的重要力量之一。

如果资本输出国经济行情出现向下的走势，必然会对国内企业造成负面影响。一旦该国跨国公司在销售或生产环节出现问题，为了保证国内资金的供应，这些公司便会减少海外投资，甚至撤回部分投资，从而对资本输入国的经济带来负面影响。如果资本输出国对东道国的投资占东道国国内总投资的比重较高，则会对该国经济形势产生影响，从而将资本输出国的行情传导到东道国。如果资本输出国行情出现向上波动，则会促使其对东道国的国际直接投资增加，从而对后者经济产生影响。

以上对国际直接投资的传导途径分析完全是建立在国际直接投资会对东道国经济产生促进作用的前提下的，但是国际直接投资对东道国是否一定能带来这种促进作用，还需要根据东道国的自身经济情况、国际直接投资的投资结构与投资目的分情况进行讨论。同时，在目前跨国公司战略日益全球化的背景下，跨国公司母公司所在经济出现困难，是否一定会导致其减少海外投资，还需要根据两国的资本收益率来判断。

（二）国际金融市场

近年来，随着金融自由化的不断发展与金融创新的不断涌现，国际金融市场对于行情的国际影响也越来越广泛。国际金融市场一体化程度的提高，让资本的自由流动成为可能，这就使得机构可以通过投资不同国家的资本市场分担风险，而各国的资本价格将通过这种套利行为变得越来越接近，从而影响各国行情。

国际金融市场对经济行情的传导作用是非常明显的。这种传导作用体现在两个方面：一方面使资金向最有效率的国家和领域流动，解决这些国家发展资金不足的问题，推动世界经济的发展；另一方面可能对某些国家的金融系统造成冲击，造成金融系统的不稳定，甚至引发金融危机。20 世纪 90 年代中期到 21 世纪初，世界范围内金融危机频繁发生，而且在各国之间传导非常迅速，对一些国家的经济造成了很大的破坏。

国际金融市场对于行情的传导主要是通过汇率变动、利率变动、货币政策、金融危机等途径进行的。

1. 汇率变动

自布雷顿森林货币体系解体后，国际货币制度从以美元为中心的固定汇率制度发展为以多种国际储备货币为中心的浮动汇率制度。从理论上说，实行浮动汇率制度比实行固定汇率制度导致的国际行情传导要小。

首先，浮动汇率使国际贸易和国际投资产生的收益具有不确定性，因而参与者面临着风险，可能对国际贸易发展起到某种程度的阻碍作用，进而对行情的国际传导形成缓冲。当一国出口贸易迅速增加而可能会对东道国市场造成冲击时，出口国货币的汇率会有上升压力。当这种市场压力最终表现为对进口国货币汇率的变化时，则会对本国出口的进一步增加形成阻碍。反之，当一国进口贸易迅速提高而对出口伙伴国经济形成拉动时，本国货币的汇率会有下降压力。当这种市场压力最终表现为对出口国货币汇率的变化时，则会对本国进口的进一步扩大形成阻碍。由此，无论是国际的"景气"传导，或是"不景气"传导（即经济衰退的转嫁），都会受到浮动汇率某种程度上的遏制。

另外，浮动汇率制下，由于远期汇率的不可预期性，长期国际直接投资的数量也会小于固定汇率制下的水平。例如，任何一个想要在海外建厂的企业，都会考虑将来能有多少利润回报。如果汇率可变，那么收益回报的实际值在兑换成本国货币值时就可能小于最初决策投资时的预期水平。从这个角度来看，企业就会更加谨慎地选择海外投资，结果资本就可能不会流向那些回报率真正最高的行业，投资对行情的传导作用下降了。

目前，大多数国家采取有管理的浮动汇率制度，汇率对世界经济行情传导的作用是明显的。有管理的浮动汇率传导世界经济行情的作用机制是：当一个国家的经济出现不景气征兆时，这个国家就会设法增加出口以提高总需求，通常可行的办法是对汇率进行干预，使本币贬值。一般来说，本币贬值将会导致本国出口产品在世界市场上的价格下降，出口增加；同时其他国家货币升值，一般会引发这些国家的产品价格相对上升，出口变得困难，对其经济发展产生不利影响。

【知识窗】汇率制度

固定汇率制是指各国货币的交换价值按照某些共同接受的单位进行计算，货币比价基本不变，或者各国政府承诺把汇率波动限制在很小的范围内；浮动汇率制是指货币交换比价完全由市场力量自发决定，汇率随着外汇市场供求关系的变化而上下波动，政府不再承担维持汇率的任何义务；有管理的浮动汇率制介于固定汇率制和浮动汇率制之间，货币比率基本上由市场供求决定，但各国中央银行经常对外汇市场进行干预，以避免汇率剧烈波动。

2. 利率变动

当一个国家的经济状况发生变化时，会引起国内资金的过剩或短缺，因而造成国内利率的变动。利率是资金的价格，在开放条件下，利率本身在不同国家之间具有很强的传导性。资本的性质决定了它必然要追求高利率。资金将从利率较低的市场流向利率较高的市场，从而影响国际市场利率，使其他国家经济受到影响。

假定 A 国的利率水平高于 B 国，资金就会流向 A 国，其结果是 A 国的利率水平下降，B 国的利率水平上升，实现了高利率从 A 国向 B 国传导，低利率从 B 国向 A 国传导；同时，利率较高的国家会吸引国际资本流入，从而增加该国对本币的需求和外汇的供给，使本币汇率上升、外汇汇率下降。而且，一国利率的提高，促进国际资本流入增加，而资本流出减少，使国际收支逆差减少，支持本币汇率升高。这对于他国将产生一种负面影响。例如，美国经济进入高涨阶段，必然导致利率上升，如果美国的利率高于其他国家，就会吸引其他国家的资金，造成其他国家资金紧张、利率上升，这会抑制其他国家的经济增长。

3. 货币政策

在开放条件下，一个国家的货币政策会通过利率渠道传导到其他国家。如果一国政府在经济高涨阶段采取紧缩性货币政策，防止经济过热，使利率得到提高，较高的利率会传导到其他国家，因此对其他国家的经济也产生了抑制作用。当前对国际金融市场影响最大的，无疑是拥有国际主要流通货币的美国，它的货币政策变动、美元价值变动均会对这个市场造成重大冲击，现有的研究发现，美国货币政策的变动对发展中国家的价格水平、真实产出会造成明显的冲击影响。浮动汇率制更是将这种冲击放大到国际贸易领域。

【阅读资料】

美国维持现有货币政策将给全球带来什么

没有加息，没有缩表，基本维持现有的量化宽松政策——这是北京时间 6 月 17 日凌晨两点美联储公布的 6 月议息会议的核心要点。

全球市场屏息关注美联储此次是"鸽"抑或是"鹰"，缘由是外界开始担忧美国的通胀问题。如果美联储态度稍稍转向，就会造成全球市场的大幅动荡，全球投资者不得不提高警惕，拿出十二分小心。

美联储对于货币政策的表述是，将联邦基金利率的目标范围保持在 $0 \sim 0.25\%$；将继续每月至少增持 800 亿美元的国债和每月至少增持 400 亿美元的住房抵押贷款证券。上调超额存款准备金利率 5 个基点至 0.15%，上调隔夜逆回购工具利率 5 个基点至 0.05%，这仅仅是技术性微调。

美联储对于通胀的表述是，"通货膨胀率上升主要反映了暂时性因素"。为了维持现有的货币宽松政策，美联储只能亦步亦趋。美联储主席鲍威尔甚至称"加息尚在遥远的未来"，力图淡化市场上可能存在的"加息恐慌"。美联储对美国经济增长充满信心，将美国今年的经济增长由此前的 6.5% 上调至 7.0%。

为了实现充分就业、拉动经济增长，美联储不惜牺牲短时的通胀目标，继续量化宽松政策，关键是美国经济基本面是否仍支撑如此海量的货币"放水"？

美国劳工部 6 月 15 日公布的数据显示，美国 5 月生产者价格指数（PPI）同比上涨 6.6%，涨幅创该指标自 2010 年有可比数据以来的最高水平。美国 5 月 CPI 为 5%，创 2008 年 8 月以来的新高；核心 CPI 上涨 3.8%，创 1992 年 5 月以来的最大涨幅。这与美联储往常所坚持平均通胀达到 2% 的目标相去甚远。

美国通胀指标不断刷新历史纪录，但市场和学界对美国通胀的分析出现明显分歧。美国通胀创新高有去年基数较低的因素，但也不能武断地认为美国没有长期通胀的危险。例如，美国资产价格，除了股票市场飙升以外，房地产价格同样乘风破浪。

任何一国的通胀都是货币现象，美国也概莫能外。美国作为超级大国，美元作为全球主要储备和结算货币，美国的货币政策具有极强的外溢性。在经济衰退期，美国出于刺激经济的需要实施扩张性货币政策，美联储采取量化宽松甚至是无限量的量化宽松政策，美元超发引起全球流动性泛滥；在经济繁荣期，美国为了防止经济过热采取收缩性货币政策，美联储缩表、加息，流动性回流，造成全球"美元荒"。美国的所作所为极易引发全球"流动性陷阱"，既有美元超发引起的流动性泛滥，也有美元收缩造成的流动性紧缩。

目前的美元超发造成全球流动性泛滥，推高了大宗商品价格、吹大了资本市场泡沫、抬升了房地产价格，向全球输出通胀，不仅给发展中国家埋下新一轮金融危机的风险隐患，发达经济体也未必能独善其身，德国出现近十年来最高通胀水平就是明证。

随着美国经济复苏与通胀上升，全球还须提防美联储政策的急转，届时美联储的缩表、加息将造成全球流动性紧缩，发展中国家感受会尤为突出：本国资产价格、房价下跌，严重的甚至引发这些经济体的金融危机。

一言以蔽之，在美国货币政策或宽松或紧缩的周期中，全球经济深陷被不断收割的轮回。

【节选自：范思立. 美国维持现有货币政策将给全球带来什么？中国经济时报，2021 - 6 - 18.】

4. 金融危机

20 世纪 90 年代以来，世界范围内金融危机不断，频繁发生的金融危机给这些国家和地区带来了巨大的经济损失，也使整个世界经济产生了剧烈的震荡。金融危机不仅表现出强大的破坏力，而且表现出很强的传导性。世界金融危机频繁发生并在国家之间迅速传导，这其中一个重要原因在于国际金融活动的日益国际化与自由化。当前，各国金融市场日趋开放、货币自由兑换和自由出入、外国金融机构自由活动、现代信息技术大量用于金融交易等。在这样的条件下，金融市场上金融交易数额巨大，资本流动迅速。国际资本的流动能很快击垮一个中小规模国家的金融制度，并引起其他国家金融恐慌、资金外流，使金融危机迅速传导。

三、其他渠道

（一）技术的转移对世界市场行情的传导

技术是一种重要的生产要素，它们的国际传导提高了输入国的生产能力，在一定程度上能改变各国的产业结构、消费结构，并改变商品国际流向和流量。技术主要是从发达国家向其他国家传递，可能会传到其他发达国家，但更多的是传到发展中国家。借助自身原料丰富、市场庞大、劳动力价格低廉等条件，发展中国家引入的技术增强了产品的竞争力，使产品不仅有能力占领国内市场，甚至会占领包括技术输出国在内的国际市场。

（二）劳动力的国际流动对世界市场行情的传导

劳动力的国际流动主要有两种情况：一种是从发展中国家向发达国家的永久性劳动力国际迁移。2017 年，国际劳工组织《劳工组织移民工人全球评估》报告显示，世界上大约有 1.5 亿移民工人。这种劳动力的流动改变了不同国家的劳动力数量和结构，从而引起就业水平、工资水平、生产能力、技术水平的变化。例如，美国的高科技产业的发展与引进世界各国高素质的劳动力不无关系；另一种是以临时赚取较高工资收入为目的的劳动力国际流动，即劳务输出。据世界银行统计，海外劳工 2019 年的汇款总额达到 5540 亿美元，超过了中低收入国家的所有外国直接投资，是外国政府发展援助的三倍多。来自全球各地的 2 亿名海外劳工正通过汇款供养着 8 亿名亲属，帮助他们在家乡满足基本需求，上学或者做生意。2019 年，菲律宾 1000 多万名海外劳动力将约 350 亿美元汇回国内，占其 GDP 的 10% 以上。这项外汇收入对于菲律宾保持汇率稳定、拉动内需、促进经济发展发挥着重要作用。

（三）信息技术对世界市场行情的传导

信息技术的发展对经济行情的传导有多方面的影响。从传播知识和技术的角度来看，它是生产能力的传导，提高了信息接收国家的生产力水平；从市场信息的传播来看，它增加了交易机会；从交易的过程来看，信息技术的发展和运用降低了交易成本，使一些原本无利可图的国际贸易和投资成为可能。此外，信息技术对消费也有很大的影响。在信息技术高度发达的条件下，一个国家流行某种新的消费品或某种消费方式（如汽车、家用电器、旅游等），能够迅速通过互联网、电视、报刊、书籍、广播等途径传到其他国家，推动相应产品和服务的国际贸易或相关产业的发展。

如上所述，经济行情传导的渠道很多，它们相互影响、相互作用。在进行行情分析时，既要尽量了解各种传导渠道的作用机理和效果，又要根据实际情况判断哪种渠道起主导作用，才能对行情传导的方向、程度、范围有比较准确的判断。

【关键词】

经济周期　非周期性因素　国际传导　贸易渠道　资本渠道

【拓展阅读】

［1］赵春明．世界市场行情新编［M］．北京：机械工业出版社，2014.

［2］张德存．世界市场行情分析［M］．北京：科学出版社，2009.

［3］李铮．经济学面面观［M］．长春：吉林出版集团，2017.

［4］于德泉．影响经济波动的国际因素分析［J］．中国物价，2016（4）：16－18；65.

［5］陈乐一，李星．国际经济周期理论研究新进展［J］．经济学动态，2010（3）：94－99.

［6］Choi J J，Rajan M．A joint test of market segmentation and exchange risk factor in international capital market［J］．Journal of International Business Studies，1997，28（1）：29－49.

［7］NITSCHV，SCHUMACHER D. Terrorism and international trade：an empirical investigation. European Journal of Political Economyt［J］2004，20（2）：423－433.

【复习思考题】

1. 简述经济周期的种类。
2. 影响世界市场行情的非周期性因素有哪些？
3. 简述世界市场行情的国际传导途径。

第三章

经济周期：理论与现实

【导读】

　　世界市场行情变化既受到周期因素的影响，又受到非周期因素的影响，但其主流和趋势归根结底是由经济周期决定的。经济学家们观察到的各种长度的经济周期产生的原因究竟是什么？马克思主义经济周期理论以经济危机理论为核心论述了经济周期产生和发展的根本原因。西方经济学的各个流派主要研究了经济波动的原因和传导机制。凯恩斯以前的古典经济学家从经济体系外部寻求周期产生的原因，而凯恩斯主义者论述了"有效需求不足"及"三大心理因素"是产生经济周期的源头，并提出了用国家干预主义来避免经济波动。后凯恩斯主义者或从货币角度，或者从实际因素角度来解释经济周期，他们放弃了国家干预主义，重新回到了反对政府干预的道路。

　　在第二次世界大战结束后的世界经济中，主要发达国家的经济发展起起伏伏，期间发生过几次重要的经济危机，经济周期性发展态势十分明显。战后的经济周期也呈现出与战前不同的诸多特点。

【学习重点】

1. 经济危机的必然性
2. 经济危机的周期性
3. 古典经济周期理论的主要内容
4. 凯恩斯经济周期理论中的三大心理因素
5. 货币主义经济周期理论
6. 理性预期学派的经济周期理论
7. 第二次世界大战后主要发达国家的经济发展阶段
8. 第二次世界大战后经济周期的特点

　　世界市场行情变化既受到周期因素的影响，又受到非周期因素的影响，但其主流和趋势归根结底是由经济周期决定的。因此，分析世界市场行情，有必要首先了解经济周期的相关理论与现实表现。

第一节　马克思主义经济周期理论

　　自 1825 年英国发生第一次经济危机以来，世界经济始终呈现出波浪式发展的特征，具有显著的周期性。那么，经济运行为什么具有周期性？马克思主义的经济危机和经济周期理论，科学而精辟地阐述了经济周期的本质及其产生的根源，为世界市场行情研究奠定了理论基础。

马克思主义经济周期理论以经济危机理论为核心，主要包括经济危机的必然性、经济危机的周期性以及经济周期的阶段性三个基本内容。

一、经济危机的必然性

经济危机是指社会再生产过程中，周期性出现的生产相对过剩的危机。马克思主义认为，资本主义国家必然会爆发经济危机，这是由资本主义生产方式的内在基本矛盾决定的。经济危机的实质是生产的相对过剩，使市场上的商品供大于求，从而导致生产下降的一种经济现象。

（一）简单商品经济条件下经济危机有发生的可能性

人类社会发展初期，在自然经济占主体的时代，由于生产力低下，剩余产品几乎没有或者很少，因此交换是偶然发生的现象，其主要形式是以物易物，买和卖两个环节同时发生，供给是为了满足需求，因此不存在商品过剩的现象。

随着社会生产力的发展，剩余产品出现并越来越多，交换行为日益频繁，出现了固定充当一般等价物的特殊商品——货币。货币行使流通职能，将直接的物物交换分割成两个相互独立的环节，买和卖在时间和空间上分离，从而产生了一部分商品卖不出去的可能性；另外，随着货币支付手段的职能越来越重要，信用出现后，商品生产者之间连锁的债务链越来越长，一部分债务到期不能支付，就可能诱发整个信用制度的危机，造成销售困难。

但是，在简单商品经济条件下，由于受经济规模及自然经济支配作用的限制，还不可能爆发普遍性的生产过剩的危机，只有资本主义生产方式的建立才将这种可能变成了现实。⊖

（二）资本主义生产条件下经济危机必然发生

马克思和恩格斯在其经典著作中曾深刻地阐述了资本主义生产方式下经济危机的必然性。其中指出，资本主义生产方式的规定性具有三重含义：其一是高度发达的商品经济；其二是社会化的大生产；其三是生产资料的资本主义私人占有制。这种生产方式内在的矛盾，即生产的社会性和资本主义私人占有制之间的矛盾是经济危机的根源。一方面，"社会化生产和资本主义占有之间的矛盾表现为无产阶级和资产阶级的对立。"⊖资产阶级占有社会的生产资料，无产阶级除了自己的劳动力以外一无所有，在这一所有制关系基础上形成的分配关系自然是资产阶级拥有社会的绝大部分财富，而人口众多的无产阶级只能获得微薄的工资，从而资本主义基本矛盾表现为生产能力的巨大增长和劳动群众有支付能力的需求相对缩小的矛盾。当这个矛盾累积到一定程度，生产与市场或消费严重脱节，必然导致经济危机的爆发；另一方面，"社会化生产和资本主义占有之间的矛盾表现为个别工厂生产的有组织性和整个社会的生产无政府状态之间的对立。"⊖个别工厂生产的有组织性反映着社会大生产的规律，而社会生产的无政府状态反映着资本主义占有关系的规律。资本增值的外在竞争压力必然导致企业间、部门间乃至生产与消费间的不平衡，这种不平衡发展到一定程度会导致各个生产部门之间的比例失调，从而引起生产过剩⊖。这两种表现的结果被称为生产与市场之间的矛盾。在资本主义条件下，生产与市场是由不同的规律支配的，生产有着无限的扩张能力，而市场的扩张则要弱得多，"市场的扩张赶不上生产的扩张，冲突成为不可避免的了"⊖。生产

⊖ 杨逢华，朱明侠.世界市场行情.北京：中国对外经济贸易出版社，2002.

⊜ 恩格斯.反杜林论.中共中央马克思恩格斯列宁斯大林著作编译局，译.北京：人民出版社，2015.

与市场间的矛盾是经济危机的直接原因。

二、经济危机的周期性

马克思主义认为，资本主义生产条件下经济危机必然发生，而且会重复性、周期性地发生。"这种产业周期的情况是，同样的循环一旦受到最初的推动，它就必然会周期地再现出来。"恩格斯说："这种危机就像彗星一样有规律地反复出现。"[一]根据当时资本主义经济的发展状况，马克思和恩格斯主要阐述了长度为 10 年左右的固定资本投资周期，但是他们也指出，存在着各种周期。

如前所述，一次危机的开始到下一次危机的开始，叫作一个周期，其间隔时间叫作周期长度。经济危机的周期性是指各次危机发生的间隔期是基本固定的。马克思和恩格斯认为周期的长度大致是 10 年，这主要是由固定资本更新周期的时间决定的。固定资本的更新是指以厂房、机器设备等物质形态存在的资本，由于生产过程中的磨损，经过一定时间后要用新的物质形态来替换。固定资本的更新既包括物质的替换，也包括价值的补偿。

马克思认为，资本主义经济危机周期爆发的物质基础是固定资本的更新，"机器设备更新的平均时间，是说明大工业巩固以来已发展的多年周期的重要因素之一。"[二]固定资本投资是一个社会扩大生产规模的基础和必要条件。固定资本投资的变化直接关系到经济的伸缩。在萧条阶段，物价低落，商业萎缩，资本家为了在市场竞争中占据有利的地位，就开始更新固定资本，即采用新技术，用技术较新的机器设备更换原有的机器设备。固定资本的更新引起了对机器设备等生产资料的大规模需求，推动了生产资料部门的发展。生产资料部门的恢复和发展，增加了对劳动力的需求，从而扩大了对消费资料的需要，反过来又促进了消费资料的扩大生产和就业的增加。可见，固定资本的更新使资本主义经济逐步摆脱危机，为复苏和高涨阶段的到来提供了条件。同时，固定资本的大规模更新，又为新的经济危机创造了物质条件。因为固定资本的大规模更新，推动了资本主义生产的巨大增长，经过一段时间，社会生产的巨大增长又会重新超过有支付能力的需求，就会导致新的经济危机的爆发。经济危机周期性的物质基础，如图 3-1 所示。

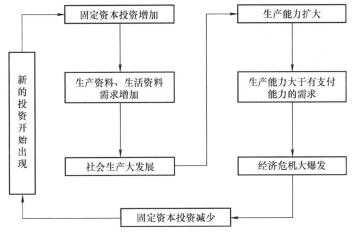

图 3-1　经济危机周期性的物质基础

─── 中共中央马克思恩格斯列宁斯大林著作编译局 . 马克思恩格斯全集：第 43 卷 . 北京：人民出版社，2016.
　　同上。

虽然很多企业固定资本更新的时间不同，但是它们依旧会在某一特定时期形成社会规模的投资高潮或者投资低谷。马克思解释说："虽然资本投下的时期是极不相同和极不一致的，但危机总是大规模新投资的起点。因此，就整个社会考察，危机又或多或少地是下一个周转周期的新的物质基础。"[一]

在不同的时代，随着技术进步和更新速度的加快，固定资本更新的周期必将发生较大的变化。由于技术更迭越发频繁，固定资本的精神磨损（也称无形损耗，是指由技术进步和劳动生产率提高所引起的固定资本或固定资金的贬值）越来越快，未来作为主周期的经济周期的时间间隔可能会缩短。

三、经济周期的阶段性

（一）周期的阶段划分

经济危机发生的根本原因是资本主义生产的社会性和生产资料的私人占有制之间的矛盾，直接原因是生产能力无限扩大的趋势与市场需求相对缩小之间的矛盾。供过于求形成的生产过剩快速发展最终必然导致经济危机的爆发，而危机的爆发将引发生产的下降，这为解决供过于求创造了条件，过剩的商品逐渐消散，生产逐渐恢复并出现新一轮高涨，导致经济危机的条件又逐渐成熟和激化，新的经济危机再次爆发。这一过程使周期变化表现出阶段性。

马克思认为："现代工业特有的生活过程，由中等活跃、生产高度繁忙、危机和停滞这几个时期构成的、穿插着较小波动的10年一次的周期……"[一]在《资本论》第三卷中，马克思把周期阶段描述为"沉寂状态、逐渐活跃、繁荣、生产过剩、崩溃、停滞、沉寂状态等……"[一]根据上述论述，每个周期是可以被区分为若干阶段的。后来的马克思主义者根据马克思和恩格斯的各种表述，将周期分为危机、萧条、复苏和高涨四个阶段。他们所说的"生产过剩""崩溃"就是危机阶段，"停滞""沉寂"就是萧条阶段，"逐渐活跃""中等活跃"就是复苏阶段，"生产高度繁忙""繁荣"就是高涨阶段。

（二）经济周期阶段性的特征

经济周期各个阶段存在着质和量的不同，每个阶段都具有不同的特征。

危机是生产与市场之间矛盾的爆发，因此危机阶段的主要表现是：商品销售困难，商品库存增加；价格趋于下降；信贷关系紧张甚至被破坏，利息率上升，证券价格下跌；工作生产缩减，工商企业倒闭数量增加，失业人数增加；固定资本投资缩减；等等。总之，整个经济表现出急剧恶化的状态。

萧条阶段的主要表现是：商品存货继续消散；信贷关系趋向缓和，利息率水平低；工业生产停滞于低下水平，商业萎缩；价格相对稳定于低下水平；企业破产和失业现象不再继续发展而暂时缓和；等等。总之，整个经济虽然不再恶化，但表现出停滞不振的状态。

复苏阶段的主要表现是：生产逐渐回升；固定资本投资逐渐增加；失业人数逐渐减少，就业人数逐渐增加；商业逐渐活跃；价格水平逐渐提高；等等。总之，整个经济表现出活跃状态。当工业生产较多地、比较稳定地超过危机前的高点，周期就由复苏进入高涨阶段。

高涨阶段的主要表现是：工业生产较多地、比较稳定地超过危机前的高点，并继续上

㊀ 中共中央马克思恩格斯列宁斯大林著作编译局. 马克思恩格斯全集：第43卷. 北京：人民出版社，2016.

升；固定资本投资规模较大，不仅更新，而且扩大；商业活动旺盛，投机活跃，信贷关系扩张，利息率上升；价格加速上涨；企业利润增多；等等。总之，整个经济表现出繁荣的景象。

事实上，相对于经济危机的本质，其现象要更加错综复杂。因此，周期的4个阶段并非截然分明，各阶段的交替过程也不是清晰可见。我们在理解这一问题时必须明确以下两点：

1. 周期各阶段顺序不可变，但可以缺失一个或两个阶段

经济周期各阶段的顺序一定是危机→萧条→复苏→高涨，大致呈"U"字形的形态，这种顺序不能颠倒和混乱。但是有可能其中某一个或两个阶段不太明显，形态会变成"V"字形或者"W"字形。

2. 各个阶段之间的上升和下降可以有着不同的性质

经济周期各个阶段之间不仅表现为量的不同（上升或下降若干），而且体现着质的不同，即一个阶段在性质上不同于另一个阶段。复苏和高涨都表示经济的活跃和增长，但复苏意味着经济比较富有活力，还将继续增长；而高涨则意味着经济虽然在增长，但生产与市场之间的矛盾逐渐激化，生产过剩酝酿危机的条件逐渐成熟。危机与萧条都表示经济的恶化和下降，但危机意味着经济的急剧恶化和持续恶化；而萧条则意味着经济在低水平上的不振状态，但生产与市场之间的矛盾已基本上得到了暂时的解决，经济将重新获得活力，走向复苏[⊖]。

第二节　西方经济周期理论

西方经济学中的经济周期理论主要研究资本主义经济波动的原因和传导机制，寻找减少经济波动的方法。这些理论从不同的角度强调了造成经济周期性波动的因素，并由此在国家干预是否必要的问题上产生分歧，形成不同的政策主张。本节按照时间顺序，对其中具有代表性的理论进行介绍。

一、凯恩斯之前的经济周期理论

古典经济学是西方资产阶级成长时期的经济学说，当时资本主义制度蓬勃发展，表现出比封建经济明显的优越性，普遍的生产过剩的经济危机表现并不明显，因而学者们并不太重视经济周期研究。

亚当·斯密认为，市场经济具有一种内在的自我调节机制（"看不见的手"），它可以将经济稳定在均衡状态，使资源得到充分利用，不存在非自愿失业，也就不可能出现经济危机；1803年萨伊提出"萨伊定律"，认为"供给能够创造其本身的需求"，商品买卖实质上是商品交换，货币只在刹那间起媒介作用。产品总是用产品来购买，买者同时也就是卖者，买卖是完全统一的。因此，商品的供给会为自己创造出需求，总供给与总需求必定是相等的。局部供求不一致也会因价格机制的调节而达到均衡。同时代的主流经济学家几乎都赞同萨伊的这个观点。因此，早期的研究者尽管也发现了经济不稳定性的多个踪迹，但是并没有出现连贯而统一的理论来解释经济周期。虽然许多学者在其著作或者文章中提到了"危

⊖　杨逢华，朱明侠．世界市场行情．北京：中国对外经济贸易出版社，2002.

机"，并且都曾经认为，经济的繁荣与危机是由一些特定现象引起的，但是并没有任何学者把这一连串的现象看成是经济与生俱来的一种基本波浪式运动的不同阶段。正因为他们没有这样看问题，所以就没有一个人会尝试集中精力描绘和计算一种系统的动态变化规律。⊖

尽管如此，面对时而出现的经济危机，学者们也不得不寻求解释。当时大多数的理论在分析经济周期的原因时，注重对经济体系以外的因素进行研究，反对国家干预。

（一）外部因素周期理论

部分经济学家把经济周期的原因归结于外在因素，认为某些来自经济体系外部的原因引起了经济的波动，这些因素通过一定的机制，最终影响了生产，造成了经济周期。

1. 日斑论

1875 年，英国经济学家杰文斯提出了日斑论。他认为农业产出是经济发展中一个非常重要的组成部分，因此农场里发生的那些事情也许能够解释经济波动的原因。杰文斯在1875 年发表第一篇有关经济周期的论文，试图说明 1254 年—1400 年英国的谷物收成变化存在一个 11.1 年的周期，这与太阳黑子活动的周期非常吻合（当时的天文学家宣称太阳黑子的活动周期也是 11.1 年）。太阳黑子活动的增加会造成阳光照射强度的提高，从而刺激作物的生长，于是农业收成就会高于平均水平。也就是说，农业波动的原因在于"太阳黑子"现象的规律性，而农业收成的丰歉又会影响整个经济，英国的农业与其他国家农业收成的变化间接影响了英国的贸易与制造业。虽然这两者之间并不存在严格、直接的因果关系，但有很强的间接影响。

2. 战争论

部分学者认为战争可以对经济产生一定影响。

一种观点是，战争引起了人口的周期性变化。战争发生时会带来巨大的人员伤亡，主要集中于青年人，因此这会大大减少劳动人口的数量，人口的出生率也会因男人在前线作战而减少。但在战争结束之后，人口的出生率便会迅速增加。由于这代人的结婚时间很接近，战后形成一个生育高峰，继而会影响第二代甚至第三代、第四代人口的出生率，但影响的程度会不断减弱，直到消失。这种人口的增加会对一些领土较小的国家造成很大压力，而政府为了缓和这种压力，便会发动战争来获取更多的土地。这样，战争也成为周期性的现象，并使经济产生周期性变化。

另一种观点认为，战争会影响供给和需求，从而产生战争景气和战后萧条。由于每次战争开始后都要动员大量经济资源，并使经济结构发生变化。战争进行过程中，国家会大量支出军费，购买军需产品，如武器、军服、医药等以满足战争需求，为生产提供了一个新的庞大市场。战争中的民族主义情绪和强制性措施又使国家可以廉价甚至无偿地利用大量的劳动力、资本、资源等生产要素，最大限度地发挥了供给的潜力。整个经济进入以军工生产为核心的国民经济军事化繁荣状态。然而，战争刺激起来的经济繁荣并不是一种正常的经济扩张现象。但是这种扩张将直接产生巨大的通货膨胀压力，同时还会造成畸形的产业结构，具体表现为军工生产迅速发展，民用品生产萎缩。因此，这种不平常的繁荣显然无法长期延续。即使勉强维持到战争结束后，进行结构调整的战后萧条也会迅速接踵而来。而且，战争景气越高涨，战后萧条也就越严重。在战后萧条中，由于战争期间被压抑的消费热潮突然涌出，

⊖ 特维德. 逃不开的经济周期. 董裕平，译. 北京：中信出版社，2012.

往往会出现消费品严重短缺和物价上涨。战争结束后，军工部门的生产能力和产品大量过剩，这些部门的工人大量失业，经济结构开始了调整。与此同时，随着对物价、金融、外贸等方面的战时管制逐渐解除，各个经济单位一时无法适应；就社会总体来说，也很难一时进入新的平衡状态，从而必然造成经济秩序的混乱，这又进一步加剧了结构性过剩。

由此可见，战争往往先带来战争景气，继后是战后萧条，它形成一种特殊的战争经济的规律性。

【阅读资料】

尽管战争不是经济周期的决定因素，但作为一种偶发性的外在冲击，它对经济周期却有着重要的影响，有时甚至是决定性的影响。

1. 战争影响美国经济周期的因素及其传导过程

与其他对经济造成冲击的因素一样，战争也是通过各种传导机制，首先影响投资、消费和国际贸易等变量，最终影响宏观经济波动的。只不过由于战争的特殊性，使得它对于这些因素影响的传导机制与其他因素引起经济波动的过程有些不同。通过对美国经济周期的历史分析，我们认为战争主要是通过以下几种渠道来对经济周期产生影响。

第一，通过人们对于战争的恐慌和战争结果不确定性的心理来影响经济周期，也就是战争通过影响人们的心理来影响总体经济的运行。其传导机制如下：在战争将要发生时或发生以后，军事开支的迅速增加并不是市场的自发行为，而是政府干预的结果，因而会形成相对价格的扭曲，降低资源分配的效率，进一步影响全要素的生产率提升，进而也会对经济的增长率产生负面影响。这些扭曲主要包括：由于大幅度增加军事开支，政府必须设法筹集资金，它所采取的方法往往是增加税收或增加借债，而向银行系统借贷往往会导致通货膨胀的增加；把科学研究的精力放在军事领域从而减少了其他科技领域的投资。在这一变化过程中，人们心理上的变化具体表现在以下两个方面。第一，股票市场和外汇市场会迅速做出反应，并足以造成经济的大幅度波动。第二，人们的消费心理也会发生变化。例如，消费者信心指数可以直接地反映出人们对于宏观经济的预期，而且他们的预期和未来经济的运行往往具有高度的相关性，这说明人们的预期是正确的或者正是人们的预期改变了实际的经济运行状况。当一个国家有相当数量的人们由于对战争有相似的预期并进而做出相似的经济决策的调整时，这无疑会造成宏观经济总量的波动，进而形成经济周期。

第二，战争通过宏观经济政策的改变来影响经济周期。战争的发生首先反映在政府支出的变动上，作为总需求的一部分，它的变动无疑会引起总产出的波动，同时，各种宏观经济政策，会根据战争的需要做出相应的配合。例如，战争需要政府开支的大量增加，为维持政府收支的平衡，税收和国债政策要做相应的调整。这一变化是影响人们投资决策和消费决策的一个重要的因素，它的变动也对总的宏观经济形成冲击。此外，为了稳定宏观经济的运行，以保持物价水平稳定为目标的货币政策，会对战争对于经济产生的影响做出一些适应性的调整。尽管货币政策的冲击往往不是形成经济波动的起因，但它的变动经常会对人们的经济决策起到重要的指导作用，因此它是战争对于经济周期造成影响的传导机制中重要的一环。

第三，有些特殊因素，例如有的战争会涉及石油生产国，这就不可避免地会影响到石油的价格，而石油价格的波动也往往会对经济运行造成重要的影响。

以上心理因素、政策因素和特殊因素都会通过消费和投资乃至国际贸易影响产业结构和军工企业的行为，使军工产业和民用工业的原有平衡被打破，从而造成生产与市场、供给与需求的扭曲。这种扭曲的程度取决于战争的规模和持续的时间。由此形成的战时经济改变了经济周期的运行轨迹，这在两次世界大战中表现得尤为明显。

2. 在战争影响经济周期过程中军事开支的作用

在上述战争影响经济周期的各种渠道中，军事开支起着极为重要的作用。下面将从政府军事开支的角度分析战争是如何影响经济周期的。

军事开支是一个特定国家在一定时期内用于支付士兵以及其他有关常备武装力量的人员费用，以及由军方购买物品和从民用部门购买服务的费用总和。军事开支按照功能主要用于军事威慑、国防和作战等方面。从军事开支的构成可以看出，军事开支不一定与战争的发生直接相关。但随着战争的出现和预期未来战争的发生，军事开支会做相应的变动。对于美国，最明显的例子就是当大规模的战争出现的时候，其军事开支也会大幅增加。

军事开支的增加与其他类型政府开支增加的效果相同，战争开始后，为生产提供了一个新的庞大市场。国家支出大量军费，军工生产（包括武器装备、军事消费品等）大量增加，通过乘数效应还会引致消费和投资的增加，这就使得总需求大幅度上升，对短期的经济增长产生一定的刺激作用，使得国内现有的资源得到更加充分的利用。Ramey 和 Shapiro（1998）就军事开支对经济造成的冲击做了经验研究。他们通过对历史资料的研究，发现美国战后历史上共有 3 次国防开支的大幅度增加，分别是朝鲜战争、越南战争以及苏联入侵阿富汗期间。

【节选自：薛敬孝，张琦．论战争对美国经济周期的影响．经济评论，2005（1）：116 – 120.】

(二) 心理因素周期理论

任何经济决策都会受心理因素方面的影响，因此经济学家通常不同程度地关注心理因素的作用。经济周期理论中有很多涉及心理因素的影响。心理因素周期理论的特殊性在于，心理因素被看作是对经济周期性波动起支配作用的因素。

这一理论是由英国经济学家庇古提出的。他认为危机是乐观与悲观心理交替出现所致的。庇古在 1927 年出版的《工业波动》中把经济周期和由真实因素、心理因素以及自主的经济因素造成的冲击联系起来。他认为，乐观主义的错误造成了随后的悲观主义错误。在社会再生产过程中，生产环节相互联系，做好预测工作非常困难。在各种实际变化因素对生产发生作用的预测中，人们积累了许多经验，这些经验常被商人用作对新的变化做出判断的依据。然而，恰恰是在这种凭借以往经验所做的预测中，不可避免地会发生一些失误，其原因可能在于信息掌握不足。

首先，在竞争环境中，单个生产者无法知道社会对自己的产品需求的具体数目和未来生产要素的供给状况。当需求上升，单个生产者在不知道其他生产者的生产数量的情况下，往往会过高估计自己的产品销售价格和市场份额，试图多生产一部分产品。在需求下降时，则会低估自己的产品销售价格和市场份额，过多削减自己的产品产量。同样，他们也会在经济扩张的时候低估生产成本，而在经济收缩时高估生产成本，对资本的成本——利息的估计也是如此。

其次，当商品价格上升时，物资紧俏，商人通常会订购超过实际需求量的商品以囤积居奇。这种虚假的需求使生产者无法知道社会实际需求量的大小，于是生产出的商品超过现行价格水平下的需求量。

再次，市场地理范围过大，原材料可以从全国乃至世界各地购得，生产也可以在地区、全国和世界范围内进行。在这种情况下，很难正确估计未来的供给状况与需求状况。

最后，商品的生产周期（从开始生产到完成生产所需要的时间），特别是资本品的生产周期的存在，也使得信息的获取变得困难。不同的商品具有不同的生产周期，而且不同商品的生产周期往往会相差很大，例如大量复杂的资本品的生产通常需要很长时间。如果在资本品的生产过程中并不伴随着银行信贷的扩张，通常经济不会发生严重的问题。但在现实中，在资本品生产期间常常会发生信贷的扩张，这样总购买力上升了，而消费品的产出并没有相应地上升。过剩的购买力会迫使价格上升，而价格的上升会一直持续到资本品生产出来，并且以其生产出来的新增消费品投入市场。结果，商业决策者被先前的价格上升所迷惑，过高地估计了社会的需求，造成了生产的过剩。扩张期的长短以及扩张的程度都依赖于商品生产周期的长短。

只有当商人的失误方向明显一致时，上面的失误才能引起经济发生周期性的变化。如果失误的方向是杂乱无章的，那么乐观性失误的作用将与悲观性失误的作用相抵消，其共同作用的结果将趋于中和。但因为商人存在着一种采取相同行动的倾向，会导致商人共同犯了悲观性失误或乐观性失误，原因主要有三：

第一，商界人士的观念相互影响，通过做生意及其他商业交流，他们便把一种乐观的或悲观的情绪广泛传播开来。

第二，按照错误预测采取的行动所带来的结果也会印证这种预测，例如少数生产者的乐观性预测的结果增加了对商品和服务的需求，从而使其他商业前景也变得光明起来，这样少数生产者的预测失误会诱使其他生产者犯同样的错误。

第三，借贷关系也是失误的传播途径，一个对前景持乐观态度的商人会很容易地把资金贷给其客户，或放宽贷款条件，其他商人为避免竞争的不利，也会仿效这种做法。

乐观性失误最终还是会导致悲观性失误的产生，而悲观性失误依次又会产生乐观性失误，这两类失误相互更替、循环往复的结果便使市场行情发生周期性波动。在扩张期，特别是在前面所说的商品生产周期中，人们很难觉察到乐观性失误。信贷的增加，价格的不断上升，使人们分不清哪些需求是虚假的，哪些需求是真实的。消费品供给的短缺只是暂时的，当商品生产出来投入市场以后，商人才认识到犯了乐观性失误，于是扩张停止，转入衰退，这时悲观心理代替了乐观心理。随着开支的削减，消费品的供给过多，结果生产者又低估了社会对其产品的需求，于是悲观性失误逐渐传播开来。当资本品重新需要置换的时候，悲观性失误才变得明朗，于是经济又开始复苏。

（三）消费不足周期理论

消费不足周期理论的发展历史非常久远，其形式也多种多样，早期代表人物有英国经济学家马尔萨斯、法国经济学家西斯蒙第等，但那时的许多观点并不能成为一个完整的周期理论，因为它们大多只能解释为什么周期会发生向下的转折（萧条时期），而对于经济由萧条向繁荣的转折却无法解释。

最早用消费不足的观点来解释经济周期的经济学家是约翰·霍布森。霍布森不但用消费不足的观点解释了萧条的原因，而且还用消费不足原理建立了周期理论。他认为需求短缺是经济周期问题的关键，而需求之所以短缺，根源主要是国民收入分配不平等所造成的穷人购买力不足和富人储蓄过度，这会导致投资过量。

当收入上升时，整个社会面对这样一个难题：一方面是生产的高速发展，另一方面是消费需求的增长却远远滞后。这样，如果产出和收入的增长速度快于消费的增长，那么储蓄将会增加。如果有足够的投资需求能够吸收多余的产出，经济似乎也没有问题。实际上，当增加的储蓄通过投资转化为生产力后，问题会变得更为复杂。除非这些资本品只是用来不断地生产更多的资本品，否则必然会发生危机。增加的生产能力带来的后果将是要么价格不变、商品存货上升，要么价格大幅度下降。这两种情况都会导致投资猛烈下降，生产将被迫减少到消费需求所能够支持的水平。这意味着工人的失业、工厂的倒闭、萧条的开始。

霍布森理论的要义是，为满足对商品或服务消费需求的上升，需增加资本品投资的开支，储蓄应与之相等。如果储蓄率过大，衰退就不可避免。衰退要持续到过剩的生产力被折旧或资本消费所抵消，并且消费者的消费开支占收入的比重上升（当收入下降，消费比重便会上升）后才停止。霍布森指出，高收入人群的平均储蓄水平要高于低收入人群，因此社会对消费品的需求赶不上社会对消费品生产的增长，经济会出现衰退。解决这一问题，需要一种收入再分配机制将收入由高储蓄高收入人群转到低储蓄低收入人群，从而降低储蓄率，增加消费。然而他同时指出，收入再分配不能走得太远，否则，虽然能达到"公平"的目的，但储蓄率会太低，同样会阻碍经济的发展。

应当承认，消费不足周期理论有很强的说服力，它的一些观点至今仍为许多经济学家所接受。

（四）货币理论

一些西方经济学家试图从货币变动的角度解释危机。

霍特里在1913年出版了第一本关于货币与经济周期的专著。这本名为《商业的盛衰》的著作基本上把经济周期归咎于货币供给的波动。霍特里相信货币体系具有内在不稳定性，因为对于中央银行来说，要在较长的一段时期内把实际利率标定在"自然利率"水平上是极不可能的事情。

【知识窗】自然利率

自然利率是指假设所有价格具有充分弹性，让总需求与总供给永远相等时的利率水平。这个概念是19世纪末瑞典经济学家威克赛尔提出来的，但它长期以来没有受到重视。它的有用性被人们重新认识，还是通过哥伦比亚大学教授伍德福德等人的研究而实现的。

该概念假设各种各样的价格可以反映供求关系而在瞬时被调整，所谓自然利率是指在这个假设中成立的实质的利率。在这种假想经济中，由于各商品的供求一致，就实现了有效率的资源分配。这样，自然利率也就可以说是为实现理想的资源分配所要求的实质利率，或者说是使贷放资本需求正好与储蓄供应相均衡时的利率。

按照霍特里的解释，货币的不稳定性主要和银行储备的作用有关。金融监管部门要求各家银行按照其存款余额的既定比例进行金融储备。经济的持续繁荣能够创造市场信心并增加投资活动，这就意味着银行倾向于发放更多的贷款。但是，银行增加贷款到一定阶段后，就会遇到最高放贷比例的限制。当银行达到这个阶段时，就开始提高利率以便吸收更多的存款，同时也会适当削减一些借贷活动。最终，这将迫使工业企业降低存货和生产。然而，企业做出调整并适应新的状态还需要一段时间，所以银行也会在这段时间内继续提高利率。这就意味着银行利率将继续大幅度偏离原本使经济维持稳定水平的较低利率。

1933 年，冯·哈耶克出版《货币理论与经济周期》，他提出货币系统自身是不稳定的，而且货币自身的膨胀能够持续几年而不会导致价格水平膨胀。他认为经济的波动是由于货币供给不稳定造成的。他还认为低利率会鼓励许多"庞大的投资计划"，或者会导致现代经济学家所说的"资本结构的深化"。最终，利率水平上升，使这类投资计划变得不再盈利而被放弃，从而造成了极大的成本浪费。在 20 世纪 20 年代末，冯·哈耶克越来越确信这个过程正在展开，一场经济危机也已不可避免。

【知识窗】冯·哈耶克

弗里德里希·奥古斯特·冯·哈耶克（Friedrich August von Hayek，1899—1992），是在奥地利出生的英国知名经济学家、政治哲学家，1974 年诺贝尔经济学奖得主，被誉为 20 世纪最具影响力的经济学家及社会思想家之一。

（五）创新论

在众多解释经济周期的理论中，另一个颇有影响的是熊彼特的"创新论"。熊彼特认为创新活动使投资和经济处在波动之中。他所说的创新指的是企业家所进行的引进新产品和新的生产方法、开拓新市场、发掘新原料来建立新的企业组织形式等活动。创新使经济出现投资的高潮，随着市场的饱和，投资机会的逐渐消失，经济便转入衰退。因此，熊彼特将经济周期归因于创新活动的反复出现。在对经济周期所做的分析中，熊彼特尤其强调企业家的作用。每一次经济从衰退走向复苏，都是企业家在其中发挥了重要的作用，其重要性超过其他任何要素。

熊彼特认为创新的产生就像蜂聚一样，而这些创新"蜂聚"正好解释了经济周期。创新并不等同于发现新技术。创新是一个过程，在这个过程中，人们将所发现的技术不断转化为商业成果。在萧条阶段，大量的失业人口、堆积如山的原材料、闲置的机器与厂房设备等造成的低廉的生产成本，以及较低的利率水平等条件，都可以成为促进创新的有利因素。对于企业家而言，这种状况非常理想，他们只要把这些生产要素按照有利可图的新方式组合在一起进行生产，就可以开辟出新的市场。因此，在困难时期，会有更多的创新出现，这不仅能够引发一个地区的兴旺，更会带来普遍的繁荣。大多数新的制成品并不是由老企业生产出来的，也不会立即取代老企业，而是像雨后春笋般一个接一个地冒出来，加入市场竞争。

这意味着创新不仅会改变商业活动的性质，而且会提升商业活动的总体水平。一旦某些企业家开辟了一条新路子，造成经济周期的创新活动会立即大量涌现出来。一位企业家取得成功之后，并不是只有几个企业家效仿，而是会有更多企业家跟进，在此过程中，也不断有企业家被淘汰。

新兴产业的发展意味着对资本、原材料、服务以及新的配套产品等多方面需求的增加，因此这种派生需求会普遍溢出到其他产业之中。最终，由于创新造成的重要影响逐渐消失，以及老企业，由于成本上升与竞争加剧而被迫退出，又会带来过度投资的苦恼。

【阅读资料】

熊彼特对康氏长波的分析为我们提供了经典的范式，新熊彼特学派又为我们提供了更多视角，结合两者可以形成一套完整的分析经济周期的理论框架，用以探析五次经济长波的形成原因和运行状况。第二次世界大战之前世界经济的中心是英国，第二次世界大战之后美国取而代之，世界经济的增长率与美国经济的增长率趋势基本一致。

（一）第一次康氏长波

18世纪60年代至19世纪40年代，英国爆发了人类历史上的第一次产业革命，史称工业革命。当时，涌现出了数量庞大的技术创新成果，不仅推动了英国的工业化进程和经济发展，而且对人类社会的发展也具有革命性的作用，在技术创新的驱动下形成了以蒸汽机的发明使用和纺织业发展为标志的第一次康氏长波。在这个时期，整个英国技术创新呈现"蜂聚"效应：一项重大创新成果能带动整个产业的变革，同时促进其他新技术的形成。1782年，瓦特制造的改良版蒸汽机广泛应用到各种工作机中，使纺织机的工作效率大大提高，促进了纺织品产量的快速增长，从而带动了英国纺织业的发展。当蒸汽机被作为鼓风设备应用到炼铁炉中时，焦炭炼铁取代了木炭炼铁，亨利·科特在这个基础上将"搅拌炼铁法"应用到生铁炼熟铁的技术中，这种新型炼铁技术的推广不仅促进了英国铁产量的增加，而且推动了机器制造业的发展，人类由此开始进入机器制造机器的时代，为英国成为"世界工厂"奠定了基础。在第一次产业革命中技术创新的演变脉络可被总结为：改良版蒸汽机→纺织技术变革→改良炼铁技术→机器制造机床→英国完成工业化。随着技术创新带来的产业不断升级，英国率先完成工业革命，成为世界上第一个工业化国家，整个国家经济进入繁荣期。

在机械化和工业化高度发达的时期，英国的纺织业和机器制造业出现了严重的生产过剩，1825年爆发的股市和货币危机成为第一次康氏长波下降阶段的开始。熊彼特对这次康氏长波衰退的解释是："棉花种植的巨大投资始于康德拉季耶夫的衰退期，这是诱导性发展的典型例子，是由先前的创新造成的新经济空间的扩张。"这种生产过剩导致大量货物囤积，物价暴跌，失业率上涨，信用关系被破坏，企业破产倒闭。这次危机不仅涉及纺织业和机器制造业，而且冲击到英国几乎所有产业部门，严重影响了当时的国家经济。

（二）第二次康氏长波

第二次康氏长波也是由第一次产业革命的技术创新所引发的。1845年—1866年英国迎来了新一轮的经济繁荣期，主要原因是技术创新促进了冶金业和机器制造业技术的改进，使以铁路、桥梁、隧道为主的交通运输业兴起，形成了"铁路化"时代。在很长一段时间，由于炼钢技术的制约，英国的铁产量远远高于钢产量。随着贝塞麦转炉炼钢和西门子平炉炼钢两项重要冶金技术的诞生，钢产量迅速上升，极大满足了火车制造业和船舶制造业对钢的需求。改良版蒸汽机的应用和钢铁产量的上升推动了火车和铁轨的制造，以往靠人力和风帆驱动的船舶可以靠蒸汽机作为动力航行，促使火车和船舶的数量增加，为英国的经济发展和进一步打开与其他国家的商贸通道创造了条件。从1842年起，英国通过信贷方式给美国和德国等国家贷款，这些国家可以购买英国的火车、铁轨和船舶，1841年—1848年英国铺设了6900km的铁轨，世界铁路网也从8600km扩大到38000km，其中绝大多数钢铁和铁轨都是从英国进口的。

但是好景不长，危机再次显现，与第一次长波下降如出一辙。由于对铁路投资的狂热，钢铁产量和铁路建设出现了严重的生产过剩。危机的爆发始于1856年和1857年法国、德国和美国股市的崩盘，并由此引发一系列连锁效应。1866年英国也爆发同样的经济危机，这些事件成为第二次康氏长波下降的拐点。究其根本原因是第一次产业革命的技术创新消耗殆尽，没有新的技术对经济形成新的推动力，人们只是沉迷于对现有产业的投资和应用中，生产过剩和消费不足造成社会供需严重失衡，股市危机的爆发成为经济下行的导火索。

（三）第三次康氏长波

19世纪70年代开始，随着电磁学研究的深入、发电机和电动机的兴起，发电机取代电磁组、电动机取代蒸汽机，电开始作为动力驱动机器运转，与电气相关的照明灯、电报、电话、电车等设备应运而生。电力技术的革命特别是电力传输技术不仅引起了工厂生产技术和生产环境的改变，而且深刻影响了普通人的生活方式，人类进入了电气化时代。电气化时代的另一项革命性发明是内燃机，它不仅促进了汽车和飞机的大量投产，而且也改良了石油化工业技术。总结起来，这个时期技术创新"蜂聚"效应的产物推动人类进入了以电气、汽车、石油化工为主的时代，以美国为首的资本主义国家进入了新一轮的繁荣期，康氏长波也进入上升期。与前两次长波运动轨迹一样，上升到一定阶段必定下降，下降原因是技术创新进入衰竭期。电气时代繁荣过后，西方资本主义国家出现了电气化时代的生产过剩，危机爆发的起点是1929年10月29日美国股市的暴跌，由此拉开了1929年—1933年西方资本主义国家"大萧条"的序幕。在"大萧条"期间，生产者收入的增加小于社会生产能力的提高，大量的过剩产品由于消费能力减弱而销售不出去。不过，此时金融发挥了重要作用。金融衍生品的增加使信贷更加便利，加之美联储当时宽松性货币政策，导致消费能力较弱的群体也可以购买过剩的产品，这种虚假的需求与实际的供给之间形成了虚假的繁荣。但这只是延缓了生产过剩危机爆发的时间，并未能避免危机的发生。随着创新逐渐耗尽，积累的矛盾越来越多，当股市泡沫破裂后，危机从股市传导到经济社会各个方面，经济进入衰退期和萧条期。

（四）第四次康氏长波

第二次世界大战后，电子技术和汽车工业飞速发展，半导体取代电子管，集成电路使电子产品小型化，美国1948年—1966年的专利数量年平均增长10.31%，第三次产业革命的技术创新"蜂聚"效应逐渐形成。技术创新促进了制造业生产率的提高，企业成本下降，产品质量提高，为美国汽车行业再次兴起并成为主导产业奠定了基础。在三大汽车公司的带动作用下，制造晶体管的技术逐渐成熟，美国半导体工业有了长足发展，1947年—1985年美国半导体产值稳居世界第一。当时美国经济的繁荣还有一个外部因素就是战争，在此时期爆发的越南战争和朝鲜战争对当时的经济也起到一定的促进作用。战争带动军需物资用品的生产，出现"战争景气"的现象，使第二次世界大战结束后至20世纪70年代美国经济不断增长。但70年代暴发的两次石油危机，使油价猛涨两倍多，对美国经济造成严重冲击。美国国内在经历了近20年的工业化高潮后，技术创新进入低潮期，主导产业对经济增长贡献的作用也在减弱。在这种内外部因素的共同作用下，1974年—1982年美国经济进入低位徘徊，几乎停止增长，但是当时工资和福利水平增长速度却在不断提高，这种局面直接导致了通货膨胀的发生。在经济停止增长与通货膨胀并存时就出现了人类历史上从未有过的"滞胀"现象。由于凯恩斯理论在解决"滞胀"问题时完全失灵，为了走出"滞胀"的阴霾，摆脱经济危机，1983年之后，西方国家开始寻求新的经济增长点，他们重拾熊彼特理论，希望从技术创新中找到复苏经济的良方。美国总统里根从供给侧出发，通过对企业减税、稳定货币、减少政府支出等手段挽救经济，特别是对技术创新型企业实施财政支持和税收优惠等政策，鼓励它们进行技术创新，对传统产业和设备进行更新换代，为经济的复苏增添了动力。

（五）第五次康氏长波

20世纪90年代初期，随着全球第四次康氏长波技术创新的红利消耗殆尽，1993年时任美国总统的克林顿为了重振美国经济，在上任不久就提出"全美信息基础设施"的发展计划，推行新经济政策，目的是通过加大政府对信息技术创新的支持力度，在全美范围内建立高速光纤通信网络。在这个计划的指引下，美国掀起了以信息技术为核心的创新热潮，由此成为第五次康氏长波的开端。根据熊彼特周期理论与新熊彼特学派理论，按照时间序列的方式，从创新"蜂聚"效应、主导产业发展、金融与实体经济发展、新冠肺炎疫情冲击四个方面来探究美国经济在第五次长波中的运行状况。

1. 创新"蜂聚"效应激发经济新活力

从20世纪90年代开始，美国掀起了以信息技术为主的创新浪潮，可以从三组数据体现出来。其一，信息技术资本投入在国民收入中所占比重。在1990年之前这个比重为：1948年—1973年5.2%，1973年—1990年15.3%；但是1990年之后暴涨为：1990年—1995年22.5%，1995年—1999年29.7%。这表明1990年之后大量资本涌入了信息技术行业。其二，专利数量及其增长率。专利数量从1990年的90592项增长到2001年的166651项，11年之间增加了83.96%，年平均增长率7.63%。其三，信息处理设备及软件的投资累计额。1991年为1814亿美元，2000年增长到4665亿美元，年均增长率为17.46%。1990年美国对信息产业部门的投资总额首次超过对其他行业的所有投资，并且1994年美国企业对信息技术设备的投资第一次超过对其他厂房设备的投资。创新项目中的基础技术创新是熊彼特和新熊彼特理论体系中特别强调和重视的。从20世纪90年代信息技术发展开始，美国政府就非常重视基础研发，在基础技术创新的投入中，信息技术所占比重1972年为32.81%、1977年为33.36%、1982年为33.72%、1985年为33.55%、1990年为32.99%、1995年为44.88%、2000年为46.74%。这些数据从资本投入、技术创新成果和基础研发投入三个方面说明了美国在20世纪90年代已经形成了信息技术的创新"蜂聚"效应。

2. 主导产业带动效应促进产业升级

罗斯托借鉴了熊彼特的思想，提出用主导产业理论解释经济长波的形成。主导产业是在经济繁荣阶段创新"蜂聚"效应的产物，它不仅能带领整条产业链迈向高水平发展，而且它的扩散效应将新技术传导到其他产业，提高了整条产业链的附加价值。20世纪90年代开始，信息技术逐渐成为第五次康氏长波的主导产业，它的产值比重不断增加。从美国来看，信息技术产业产值对GDP的贡献率1948年—1999年为11.5%，其中1948年—1973年为5%、1973年—1990年为16.1%，而进入90年代以后有了大幅度的提升，1990年—1995年为24.2%、1995年—1999年为28.9%，信息产业在各产业中所占份额从1990年的6.1%逐渐上升到2000年9.5%。这样的贡献率和所占份额是历史上前四次经济长波中的主导产业未能达到的。

3. 经济脱实向虚严重导致金融危机爆发

经过10年的发展，以信息技术和网络科技为主导的创新技术产业在21世纪逐渐进入发展瓶颈期，专利数量逐年递减，创新技术主导产业利润下降，技术创新的"蜂聚"效应开始扩散，创新陷入"技术僵局"，所带来的利润率和资本边际收益率开始下降。与此同时，在新自由主义盛行的年代，市场上出现了在熊彼特理论中被称为"次级波"的非理性行为，即部分企业家开始过度地投资信息技术产业。这种过分迷信市场作用和盲目投资的行为直接导致了2000年"互联网泡沫"。但这次危机造成的衰退时间很短，并没有给美国经济造成多大的冲击，因为当时美国政府推出的多项刺激政策延缓了危机的时间，但这些刺激政策的错误之处在于只是针对金融业和房地产而非实体技术创新产业。从2000年12月份开始，美联储将基准利率从6.4%连续13次调低至2002年1月的1.73%，并且在之后的两年基准利率一直在下降。这样刺激的结果使得2000年—2005年美国房地产市场无比繁荣兴旺，房价不断攀升，此时却孕育着一个巨大的泡沫。出于对房地产市场过度繁荣的担忧，也为了遏制房价的上涨和潜在的通胀压力，美联储采取了紧缩性货币政策，将基准利率从2004年11月的2.16%连续调高21次至2006年8月的5.24%，导致借贷者的还贷款成本大幅上升，次级信贷市场违约现象大面积出现，房地产贷款的金融机构受到严重冲击。2008年9月"雷曼兄弟"宣布破产，之后美林证券、房利美和房地美也相继宣布破产，金融危机彻底爆发。由于美国是世界金融的中心，多米诺骨牌的效应使得本次危机逐渐蔓延到全球，对全世界经济堪称"海啸般的冲击"，这也成为第五次康氏长波开始走向衰调的"拐点"。但本次危机的根本原因还是在于信息技术的衰退，2000年的"互联网泡沫"只是一个衰退的表象，但是美国政府并没有找到危机的症结所在，而是错误地坚持新自由主义，过度放松金融和房地产业的管制，并且推行宽松性货币政策，导致大量的资本从创新技术的实体经济流向了虚拟经济，从而形成了经济的虚假繁荣，泡沫的破裂也预示着第五次康氏长波上升阶段的结束。

4. 新冠肺炎疫情冲击全球经济体系

由于信息技术带来的创新红利消耗殆尽以及2008年金融危机的爆发，第五次经济长波已经结束了上升阶段，逐渐进入下降阶段。新冠肺炎疫情全球蔓延，严重冲击着原本就非常脆弱的全球经济体系。新冠肺炎疫情对经济的冲击是熊彼特分析经济周期时所阐述的外部变化因素之一，这依然属于对经济长波运行分析的范畴。新冠肺炎疫情暴发之后，在疫情结束之前，最好的手段就是通过物理隔离阻断病毒的传播，而这必然会降低经济的活跃度，工厂大面积停产停工、上下游供应链中断导致总供给下降，失业人口增加、收入减少导致总需求下降，由此降低了经济总体的供需水平。若此情况持续一段时间，企业就会出现流动性紧缺的危机，这样会导致大面积违约现象出现，之后一些金融机构就会受到牵连甚至会导致企业破产。基于上述分析可知，每次经济衰退的重要标志就是出现大面积金融公司的倒闭，目前这个迹象已经在美国股市逐渐开始显现，2020年3月18日美股已经触发了历史上第五次熔断机制，联合国秘书长古特雷斯也表示全球性经济危机不可避免。

总之，从经济长波角度来看待此次疫情的影响，未来经济衰退是一个大的趋势，只是爆发的时间点和受波及范围还存在不确定性。不过需要强调的是，疫情作为一个外部因素，对经济长波的影响并非决定性的，更重要的因素还是技术创新。由于新的重大技术未出现，经济新的动力未形成，全球经济发展的下降趋势就无法避免，而疫情只是进一步加深了全球经济衰退的趋势和程度。

【节选自：徐则荣，屈凯. 历史上的五次经济长波：基于熊彼特经济周期理论. 华南师范大学学报（社会科学版），2021（2）：49－59.】

总之，凯恩斯之前的种种经济周期理论各持己见，他们的共同点在于用微观经济学的原理来看待经济运行中的宏观经济问题。因此，尽管各种理论层出不穷，有关著作纷纷问世，但经济周期的真正原因却始终不可得，在导致经济周期的基本因素上，并未形成一个统一的观点。"不同的理论家之间存在的意见分歧，往往是一种把重点放在不同因素的分歧，而不是促进繁荣与萧条的原因和条件细目方面的分歧。"○

二、凯恩斯的经济周期理论

1929 年—1933 年，空前严重的"大萧条"席卷整个世界，各主要资本主义国家的工业生产和国内生产总值大幅度下降，失业人数剧增，其中最严重的美国工业生产下降了44.7%、国内生产总值下降了28%。这场灾难在暴露市场经济重大缺陷的同时，迫使经济学家不得不又一次将目光聚焦于经济周期，试图寻求更有针对性的理论与解释，从而减少经济波动，实现经济增长。这其中，凯恩斯的经济周期理论引起广泛关注。

（一）凯恩斯经济周期理论的内容

与古典经济学家不同，凯恩斯认为资本主义的经济不能稳定地发展，市场的自我调整机制不能使经济迅速恢复平衡，其理论承认经济周期存在的事实，并从经济体制内部寻找危机的根源，提出政府应积极干预经济活动，以达到充分就业。他的主要观点如下：

1. 宏观经济波动是由有效需求不足引起的

凯恩斯放弃了传统的微观经济分析方法，着重把国民收入的决定作为研究的中心。凯恩斯认为，国民收入就是社会总产品的总价格，它决定于社会的总需求，国民收入不能增加和失业出现的原因就在于消费需求和投资需求不足。凯恩斯对"萨伊定律"展开批评，指出供给并不能为自身创造需求，提出了有效需求不足原理。有效需求不足使产品销售困难，厂商不再增加雇佣工人，就会出现失业。凯恩斯认为，有效需求不足是一种常态，是引起宏观经济波动的原因。

2. 有效需求不足是由三大心理因素引起的

凯恩斯认为有效需求不足主要是由三大基本心理因素引起的，即边际消费倾向递减、资本边际效率递减和流动性偏好。

（1）边际消费倾向递减 边际消费倾向是指收入的变化引起的消费量的变化。凯恩斯认为，按照人们的心理规律，收入增加虽然能导致消费量的增加，但是增加量会越来越小，出现消费增加速度低于收入增加速度的情况，即边际消费倾向递减。由于消费需求是总需求中最重要的组成部分，因此边际消费倾向递减是导致有效需求不足的一个非常重要的原因。

（2）资本边际效率递减 资本边际效率是指每增加一单位的投资预期得到的利润，它反映了厂商增加投资的预期利润率。凯恩斯认为，资本边际效率会随着投资的增加而递减。这是因为投资越多，对资本需求就越多，设备的价格会越高，为添置资本设备的成本就越大，但是投资越多，产品未来的供给越多，产品的未来销售会变得困难，产品价格会下降，因此预期利润率会下降。

○ 哈伯勒. 繁荣与萧条. 朱应庚，等译. 北京：中央编译出版社. 2011.

（3）流动性偏好　流动性偏好规律是指由于货币具有使用上的灵活性，人们宁肯以牺牲利息收入而储存不生息的货币来保持财富的心理倾向。凯恩斯认为，人们之所以偏好保持现金而不愿持有资本获取收益（利润），是出于各种动机：或是出于交易的动机，为便于应付日常支出；或是出于谨慎的动机，以便应付意外的支出；或是出于投机的动机，以备投机取利。因此利息就被认为是对人们在一特定时期内放弃这种流动偏好的报酬。利息率的高低取决于货币的供给和需求，流动偏好代表了货币的需求，货币数量代表了货币的供给。货币数量是由中央银行的政策决定的，它的增加在一定程度上可以降低利息率。流动偏好的作用也可以影响利息率的降低，但是，这种降低总是有一定限度的。因为，当利息率降低到一定水平时，人们就会产生利息率上升而债券价格下降的预期，货币需求弹性就会变得无限大，即无论增加多少货币，都会被人们储存起来，即出现所谓"流动性陷阱"。发生"流动性陷阱"时，再宽松的货币政策也无法改变市场利率，使货币政策失效。

在上述三个心理因素中，凯恩斯认为资本边际效率的波动是经济周期的最主要原因。他从资本边际效率的循环变动引起的投资变动中，寻找经济周期的本质和原因。在他看来，流动偏好比较稳定，消费倾向也比较稳定而不大变动，所以两者都不是经济周期变动的主要原因。"如果据实考察任何一次经济周期，我们将会发现，经济周期极其复杂，要对它进行彻底的解释，我们所分析过的任何一个因素都不可或缺。特别是，我们将会发现，消费倾向、流动性偏好以及资本边际效率的波动，这些因素各自发挥着作用。但我们认为，经济周期就是时间序列以及持续时间的规律性（正是这种规律性，我们才有理由称之为周期），经济周期的本质特点主要取决于资本边际效率的波动方式。我们认为，最好是将经济周期看成由资本边际效率的周期性变化引发的。⊖"

凯恩斯是较有影响的将经济危机发生的原因从外因论转向内因论的经济学家。在他看来，资本主义制度并非像萨伊等人描绘的那样完美，由于有效需求尤其是投资需求的不稳定，经济危机和经济周期几乎不可避免。投资需求主要以资本边际效率为转移。资本边际效率不仅取决于资本品的多少和当前生产成本的高低，还取决于人们对资本品未来收益的预期。构成预期的基础十分薄弱，实际成本经常会发生变动，因此预期常常有突然而剧烈的变动。以从繁荣后期到危机来临时为例，在繁荣时期，人们对资本的预期收益十分乐观，资本不断增加，资本成本的提高和利息率的上涨均不足以阻止投资增加。由于乐观过度、购买过多，当人们失望来临时，来势便非常突然而剧烈，从而造成资本边际效率崩溃。这时，流动偏好大增，利息率上涨使投资进一步减少。资本边际效率可能会降至如下程度：在可行的范围内，无论利息率如何降低，都不足以使经济复苏。边际消费倾向越高、投资的乘数作用越大，经济的波动就越大。

只有经过相当一段时间之后，经济才可能走出萧条。因此，自由放任的经济无法避免产量和就业的剧烈波动，政府应担负起调节有效需求的职责。

（二）凯恩斯国家干预主义的提出

凯恩斯理论的重要性并不在于他对经济周期原因的解释，而在于他系统地提出了资本主义国家政府干预经济的必要性和可能性，这是他区别于古典经济周期理论的一个最本质的特征。针对经济中存在的"有效需求不足"，凯恩斯主张政府积极地采用扩张性的经济政策

⊖　凯恩斯. 就业、利息和货币通论. 郭武军，张建炜，译. 上海：上海交通大学出版社，2014.

（特别是财政政策）乃至通过赤字财政政策来提高总需求，使经济维持在充分就业水平上。凯恩斯的经济理论之所以能兴起，其中最主要的原因是它迎合了 1929 年—1933 年"大萧条"后资本主义经济发展的需要。凯恩斯国家干预主义理论的提出，使西方国家政府在思想上摆脱了自由放任主义经济理论的束缚，从第二次世界大战后到 20 世纪 60 年代中，西方国家的政府都相继走上了对经济实行全面干预的道路。

【阅读资料】

应正确理解宏观经济理论

新知研究院召开的 2009 年度学术研讨会日前在京举行，刘诗白、张卓元、黄范章、赵人伟、周叔莲等首都经济学界知名学者出席研讨会，与会学者围绕国际金融危机背景下的中国经济发展及宏观经济政策等问题，对宏观经济理论进行了深入研讨。与会者认为要结合当前的经济发展实际正确理解已有的宏观经济理论。

1. 避免产生对凯恩斯主义的依赖症

学者们认为，凯恩斯主义当年发挥作用有一定的背景条件：一是典型市场经济体制，市场已经充分地先行调解；二是没有计划经济、集权的、社会精英至上的传统，而是具有市场经济的传统，人们的思维习惯是遵循市场经济基本逻辑的；三是没有对 GDP 痴情追求的地方政府，一国内部是统一市场。我国 2009 年的背景条件：一是计划经济的痕迹依然存在，市场的先行调解并不完全到位；二是还存在认为政府比市场高明的思维惯性；三是有对 GDP 痴情追求的地方政府和地方保护。如果说在西方市场经济条件下，长期实施凯恩斯主义政策还会发生"滞胀"，那么以我国 2009 年的条件，如果迷信凯恩斯主义经济政策，将更容易发生凯恩斯主义的消极后果：资源浪费、通货膨胀、经济增长质量不高。

2. 理性看待经济周期

有学者认为，经济周期是市场经济的一种自然状态，既有消极作用，也有积极作用。经济周期是市场经济下经济调节的内在机制，可以把快速发展时产生的"泡沫"强制挤出。这就迫使人们下决心解决正常发展条件下已经暴露但却难以下决心解决的结构问题，并因此成为创新的契机。可以说，正是通过经济周期强制性的淘汰落后和推动创新，才有了经济结构的不断优化和升级，才有了市场经济一浪高过一浪的发展。经济周期像人体发烧一样是一种自然现象，如果一遇下滑就反应过度就像一感冒就上抗生素一样，表面上好一些了，但深层次的问题并没有解决。

3. 宏观调控不能代替改革

我们的宏观调控是市场经济体制下的宏观调控，是规范的、科学的、程序化的宏观调控，是市场先行调节基础上的宏观调控。在市场经济体制不健全时过分强调宏观调控，就会重蹈计划经济的覆辙。频繁的宏观调控给经济活动带来的信号是不确定的，会诱发短视行为，造成资源浪费。我们虽然一直在探讨市场与政府功能的合理界线，但让市场调节先行发挥作用却是确定无疑的。经济生活中存在的许多问题仍是市场调节不到位的结果。我们既要宏观调控，更要坚定不移地推进旨在建立社会主义市场经济体制的改革。

【节选自：妍字. 应正确理解宏观经济理论. 光明日报，2009 - 08 - 04.】

三、现代经济周期理论

随着西方国家不断地推行扩张性的经济政策，20 世纪 60 年代中期以后，通货膨胀日益严重。特别是 70 年代初，西方国家还出现了"滞胀"，即生产下降和物价上涨同时并存的现象。不论在理论上还是实践上，凯恩斯的经济周期理论及其政策主张都遭受到沉重的打击。按照凯恩斯的理论，如果要制止生产的下降，那么应该实行扩张性财政政策和货币政策，但这势必会加剧通货膨胀；如果将抑制通货膨胀作为政府政策的首要目标，那么需实行紧缩性经济政策，但这又会加剧生产的下降。凯恩斯主义陷入两难，逐渐走向衰落。在此背景下，其他理论逐渐引起关注。

（一）货币主义经济周期

20 世纪 60 年代末，面对严重的通货膨胀和政府调节经济政策的失灵，货币主义者提出通过货币发行量来控制通货膨胀，以及强调市场调节的作用，减少政府干预等稳定经济的一套措施，一时间备受西方国家政府和理论界的青睐。

货币学派，又称现代货币主义，20 世纪 50 年代中期出现在美国，代表人物是米尔顿·弗里德曼。货币主义者以强调货币对经济活动的重要作用而得名。在解释资本主义经济的波动时，货币主义者认为造成波动的原因是由于货币供给的不稳定。因此，要稳定经济，首先要稳定货币。这要求政府放弃使用货币政策来干预经济，将货币供给量的增长速度控制在一个固定的比率上（如每年增长 4%）。

在解释货币政策对经济所造成的影响时，货币主义者一般认为，在短期内，工资的调整落后于物价的调整，因此当政府增加货币的供应量时，价格首先上升，但工资则保持不变，使生产成本下降。因此，在短期内货币政策可以刺激生产。随着时间的推移，工人开始要求增加工资，最终物价的上涨等于工资的上涨，生产成本未发生变化，生产又回落到原来的水平。所以，在长期内，扩张性货币政策不能影响生产，只能造成通货膨胀。

基于货币的变动会造成生产的波动和通货膨胀，又基于政府干预经济失败的历史，货币主义者极力反对凯恩斯主义扩大政府干预的政策，认为资本主义经济周期的原因不在于其制度本身，而在于政府所推行的干预经济的政策。从凯恩斯主义的衰落到货币主义的兴起，是第二次世界大战后经济周期理论转向自由主义的一个重要标志，这一趋势在 20 世纪 70 年代又得到了进一步的发展。

（二）理性预期学派的经济周期理论

自 20 世纪 70 年代中期以来，从货币主义脱胎而出的理性预期学派，掀起了一场宏观经济学革命，有人称为"预期革命"。理性预期学派的基本内容可以概括为从维护和发挥新古典经济学伦理原则出发，着重从宏观上分析理性预期在市场经济活动中的作用及其对经济政策实施效果的影响，故也被称为新古典宏观经济学派。

理性预期，也被称为合理预期，"它假定单个经济单位在形成预期时使用了一切有关的、可以获得的信息，并且对这些信息进行理智的整理。"因此理性预期是指人们在经济活动中，在有效掌握和使用一切可以得到的信息的前提下，对经济变量做出合乎逻辑的，并与所使用经济模型或理论相一致的预期。

卢卡斯于 1977 年和 1978 年分别发表的《对经济周期的理解》和《失业政策》等论文中，明确提出了理性预期假说下的周期理论。这一理论的特点在于：恢复使用新古典经济学的理性原则和均衡分析，更多强调市场信息的不完全性以及经济主体的预期失误与经济周期性波动之间的关系。

卢卡斯认为，由于信息的不完全性，经济主体在市场经济活动中往往容易混淆一般价格水平的变动和相对价格水平的变动。假设政府在人们没有预期到的情况下突然地增加货币供应量，这时生产者可能会把一部分未预期到的一般物价水平的上升，误以为是他们所生产的产品的相对价格的上升，于是就增加投资，扩大生产规模，使经济规模进入繁荣时期。但是到了某一时期，一旦生产者掌握了更充分的信息，意识到自己预期的错误时，他就会立刻加以纠正，并重新调整生产决策，减少投资，结果经济由繁荣走向萧条，爆发周期性的经济危机。

根据卢卡斯的看法，政府连续不断地采取出人意料的行动是不可能的，如果一个国家以往的物价水平比较稳定，政府利用出乎意料的通货膨胀政策比较容易制造经济繁荣。但是政府连续利用这种政策的时间越长，生产者对政策的反应就越小，当政策的效果被人们事先完全预期时，政策就变得无效了。

理性预期学派坚持传统新古典主义的基本信条："市场比任何模型都高明"，市场始终是使各种生产资源得到合理配置和充分就业的有效率的机制。过多的政府干预只能引起经济的混乱，为保持经济稳定，唯一有效的办法就是尽量减少政府对经济生活的干预，充分发挥市场的调节作用。政府的任务只是在于为私人经济活动提供一个稳定的政策，而不是积极行动主义政策。正如卢卡斯所指出，政府干预越少，经济效率就越高。由于理性预期学派的上述经济政策主张，人们把它看作比货币学派更为彻底的经济自由主义。

（三）真实经济周期理论

20 世纪 80 年代，普雷斯科特、基德兰德等人提出了真实经济周期理论。这个理论认为市场机制本身是完善的，长期或短期都可以自发地使经济实现充分就业的均衡。经济波动主要是由源于经济体系之外的一些真实因素的冲击引起的，这种冲击称为"外部冲击"，因此这种理论称为真实经济周期理论。市场经济无法预测这些因素的变动与出现，也无法自发地迅速做出反应，故而经济中发生周期性波动。外部冲击包括大规模的随机技术进步或生产率的波动，这种波动引起相对价格波动，理性的"经济人"通过改变他们的劳动供给和消费来对相对价格波动做出反应，从而引起产出和就业的周期性波动。真实经济周期理论是典型的外因论。这一理论的产生标志着新古典宏观经济学进入了发展的第二阶段。

真实经济周期理论把引起经济周期的外部冲击分为引起总供给变动的"供给冲击"和引起总需求变动的"需求冲击"。这两种冲击又分为引起有利作用、刺激经济繁荣的"正冲击"（或称"有利冲击"），以及引起不利作用、导致经济衰退的"负冲击"（或称"不利冲击"）。有利的冲击，例如技术进步，会刺激投资需求；不利的冲击，例如 20 世纪 70 年代的石油危机，对供给有不利影响。国内外发生的各种事件都可以成为对经济大大小小的外部冲击，但其中最重要的是技术进步。在引起经济波动的外部冲击中，技术进步因素占 2/3 以上。值得注意的是，真实经济周期理论把政府宏观经济政策也作为引起经济波动的外部冲击之一。

外部冲击如何引起经济周期呢？我们以技术进步来说明。假定一个经济处于正常的运行之中，这时出现了重大的技术突破（如网络的出现）。这种技术突破会对总量生产函数产生冲击，从而改变工资、利率等经济变量的相对价格，引起理性经济主体调整其劳动供给和现期消费等经济行为，而这种调整必然造成产出和就业的变化而出现经济波动。经济周期波动并非是对经济长期趋势的偏离，而是趋势本身的改变。因此经济周期是正常的，并非由市场机制的不完善性所致。

真实经济周期理论认为，既然经济周期不是市场失灵所致的，经济波动是理性经济主体对供给面主要是技术冲击所做出的具有帕累托效应的最优反应，政府就不应试图用稳定政策来消除波动。经济波动的任何时期都处于均衡经济状态，政府没有必要采取措施来减轻波动，政府为减轻波动而采取的干预政策不可能达到政府所期望的政策目标，在任何情况下政府的反周期政策都将减少福利，并往往会成为一种不利的外部冲击而加剧经济的不稳定。为此，政府的注意力应该集中于技术进步率的决定因素上，而不是产出的波动上。

第三节　第二次世界大战后世界经济概况与经济周期的特点

第二次世界大战结束后，随着科学技术的迅猛发展，世界经济总的来说发展较为平稳。与之前相比，经济周期的形态与特点也发生了一些转变。然而，在这一历程中，世界经济所固有的基本矛盾一直存在，经济危机和经济衰退依旧如影相随，这说明经济周期的根本性质依旧没有发生质的变化，只是其表现和特征出现了一些新的特点，表现得更为错综复杂。

一、第二次世界大战后世界经济概况

（一）第二次世界大战后经济的恢复与调整阶段（第二次世界大战结束至 20 世纪 50 年代初）

第二次世界大战给世界经济造成了巨大的破坏，最严重的是日本和欧洲各国。因此，对遭受战火严重破坏的欧洲国家和日本来说，这个时期的主要任务是恢复经济与重建基础设施。对于美国等少数未受到战争直接破坏的国家来说，是将经济从战时调整到和平时期的发展道路上。这个时期，尽管困难重重，但世界经济依旧得到了迅速恢复。1948 年，美国的工业生产水平已经超过了第二次世界大战前 1938 年的一倍多，而在美国"马歇尔计划"和"道奇计划"的援助下，到 1950 年，西欧各国和日本的工业生产完全恢复到战前水平。

这一阶段世界经济迅速恢复的原因包括：一是第二次世界大战后第三次科技革命的推动。二是相对稳定的发展环境。世界经济三大支柱体系的建立，成为协调国家间经济关系的重要手段。三是与美国的扶植政策密切相关。四是第二次世界大战后初期，西欧各国以凯恩斯的有效需求理论为基础，普遍开始干预私有经济。

【知识窗】马歇尔计划

马歇尔计划（The Marshall Plan），也称欧洲复兴计划（European Recovery Program），是第二次世界大战结束后，美国对被战争破坏的西欧各国进行经济援助、协助重建的计划，对欧洲国家的发展和世界政治格局产生了深远的影响。该计划于 1947 年 7 月正式启动，并整整持续了 4 个财政年度之久。在这个时期，西欧各国通过参加欧洲经济合作组织，总共接受了美国包括金融、技术、设备等各种形式的援助合计 131.5 亿美元，其中 90% 是赠予，10% 为贷款。

（二）黄金增长阶段（20 世纪 50 年代初—1973 年）

经历恢复和调整，世界上主要发达国家的经济又一次站在了一个稳定的平台上。从 20 世纪 50 年代初开始一直到 20 世纪 70 年代初期，这些国家的经济出现了快速发展的态势，被称为黄金增长期。各国的工业、农业、商业、建筑业、金融业和对外贸易等都得到了高速

发展，其中表现最突出的是日本，其次是意大利、联邦德国、法国和美国，发展速度相对缓慢的是英国。1973 年与 1953 年相比，日本的工业生产增长了 1036%、联邦德国增长了 240%、法国增长了 225%、美国增长了 137%、英国增长了 82.5%。世界贸易发展尤为突出。1973 年与 1953 年相比，日本的出口贸易增长了近 22 倍、意大利增长了 10 倍多、联邦德国增长了 6 倍多、法国增长了 5 倍、英国增长了 1.5 倍。各国出口贸易的增长速度都超过了工业生产的增长速度。

这一阶段的黄金增长主要得益于第三次科技革命，以电子计算机、核能和空间技术的广泛应用为标志的新科技革命极大地提高了生产力。此外，发达国家普遍实行的以刺激有效需求为核心的凯恩斯主义也起到了积极的作用。

（三）"滞胀"阶段（1973 年—20 世纪 80 年代初）

这是第二次世界大战后主要发达国家经济发展的第三个阶段，开始于 20 世纪 70 年代初期，特别是 1974 年—1975 年世界性经济危机之后。20 世纪 70 年代初，是第二次世界大战后主要发达国家经济发展的转折点，即由高速发展阶段转入低速发展阶段。在这个阶段，主要发达国家经济发展的特点是：经济增长速度放慢，甚至停滞。国际贸易增长缓慢，失业人数大量存在，通货膨胀越来越严重。也就是人们通常所说的"两高一低"的"滞胀"状态。在本阶段，主要发达国家的经济发展缓慢，工业生产的平均增长率与上一阶段相比明显下降，各国的失业情况与通货膨胀情况普遍趋向严重。在前一阶段经济增长最快的日本，20 世纪 70 年代经济年平均增长率只有 4.8%（60 年代为 11.5%），工业生产的年平均增长率只有 4.4%（60 年代为 13.5%）。1977 年，美国的失业率为 6.2%（60 年代平均为 1.7%），而 70 年代意大利的通货膨胀率平均为 13.9%（60 年代为 4.0%）。

这种"滞胀"现象的出现，一是由于第二次世界大战后资本主义各国普遍实施凯恩斯主义，增加政府支出，扩大货币供应量，导致财政赤字扩大、物价上涨；二是 1973 年后石油输出国组织（OPEC）将油价提高了 4 倍，到 1981 年提高了 10 倍，由此导致西方发达国家生产成本上升，形成了成本推动型的通货膨胀。

（四）经济动荡与调整阶段（20 世纪 80 年代初—20 世纪 90 年代初）

这一时期，面对"滞胀"的困境，发达国家普遍采取了压缩政府财政支出、实行紧缩性货币政策、推进企业私有化以及降低个人所得税等政策手段，这使其高通货膨胀得到控制，通胀率逐步下降，但这些国家的经济增长率仍然保持较低速度。1983 年，各主要发达国家的通货膨胀率维持在 4% ~ 6%，多数国家的失业率从 1986 年开始下降，但是主要发达国家的经济增长率除了在 1984 年达到过 4.7% 以外，其余年份均在 2.7% ~ 3.2% 之间。因此，这一阶段的特点可以描述为"滞而不涨"。

除此以外，这一阶段的世界经济还出现了一些不稳定现象，这些经济动荡基本往往都与美国有关，美国经济的不稳定，导致或加剧了其他国家经济的不稳定，其主要表现在：

1. 财政赤字

20 世纪 80 年代以来，美国财政赤字逐年俱增，1986 年达到 2210 亿美元的创纪录水平，随后两年虽有所减少，但仍达到 1500 亿美元。美国连年的财政赤字主要靠发行国家债券来弥补。这导致美国利率上升，影响了企业投资的积极性，削弱了其产品的国际竞争力，也导致其他国家资金流向美国。这些国家只能纷纷跟进，提高利率，从而使各国经济受到不利影响。

2. 国际贸易严重失衡，贸易保护主义严重

进入 20 世纪 80 年代，美国对外贸易逆差连年大量增加，1987 年突破 1700 亿美元，日本和联邦德国则连年有巨额顺差。日本的贸易顺差在 1986 年达到 830 亿美元。国际贸易的严重失衡，引起了发达国家之间贸易矛盾的空前尖锐和市场竞争的白热化，并导致了贸易保护主义的盛行。各种非关税壁垒措施急剧增加（由 20 世纪 70 年代末的 850 种增加到 20 世纪 80 年代后半期的 1250 多种）。这一时期美日贸易摩擦最为突出。美国还将原先给予发展中国家的一些贸易优惠也施加了种种限制。贸易保护主义的盛行妨碍了国际贸易的发展，影响了世界各国的经济发展。

3. 金融市场动荡，风波迭起

20 世纪 80 年代，国际金融市场发生了一些重大震荡。一是美元汇率的大起大落。80 年代上半期，美元汇率不断上升，与 1980 年相比，对德国马克和日元的升幅分别达 62% 和 24%，80 年代下半期又转为急剧下跌。1989 年以来，又持续回升。美元汇率的波动与其财政赤字和贸易赤字息息相关。1985 年以后，美国的财政赤字和外贸赤字都急剧增加，导致美元汇率的急剧下降。1988 年以后，因赤字减少，美元汇率在持续几年的下落后反弹回升。主要发达国家之间汇率的激烈波动导致了经济发展不稳定。

这一时期，国际金融市场的另一个重要动荡是股票价格两度暴跌。自 20 世纪 80 年代以来，世界股票市场交易活跃、价格上升，虽然这种上升与发达国家经济的复苏趋势是一致的，但主要原因是流通领域中的大量游资涌向股票市场从事投机活动。股票价格过高，暗藏着深刻的危机。1987 年 10 月 19 日，道·琼斯工业股票平均价格指数下跌了 508 点，跌幅为 36.2%，是 1929 年以来最严重的一次股价暴跌。1989 年 10 月 13 日，股票价格再一次发生暴跌，道·琼斯工业股票平均指数下跌了 190 点。纽约股市的这两次暴跌，迅速影响到其他主要股票市场。有关国家迅速协调行动、缓解了危机，从而避免了严重的经济危机。

4. 债务危机

20 世纪 80 年代，发展中国家爆发了严重的债务危机，这场危机从 1982 年墨西哥宣布暂停偿付外债开始，迅速蔓延到整个发展中国家债务国，尤以拉丁美洲和非洲国家为甚。20 世纪 80 年代末，发展中国家积累的未偿付外债总额接近万亿美元，沉重的债务负担断送了债务国整个 80 年代的发展机遇。

债务危机的起因与发展中国家从 20 世纪 60 年代起大举借外债搞工业化、外债规模控制及使用不当有关，直接原因却是美国 20 世纪 70 年代初实行的"高利率、高汇率、高赤字"的"三高"政策。由于发展中国家的外债大多以美元形式借入，美元高利率、高汇率政策的实施立即使发展中国家的外债规模急剧增加，使许多发展中国家一年的外债还本付息占其外汇收入的 70%，严重遏制了发展中国家的经济发展，使 20 世纪 80 年代成为其"没落的 10 年"。债务危机不仅对发展中国家产生危害，对发达国家的商业银行也产生危害，进而也严重影响发达国家的经济。这迫使发达国家和发展中国家共同寻找摆脱危机的途径。经过艰苦的谈判，双方通过债务资本化、债务重新安排以及内部减免债务的方式化解了债务危机。与此同时，发展中国家也对本国的经济结构进行了根本性的改造。到 20 世纪 90 年代初，债务危机基本上得到了解决。拉美的一些债务国自摆脱债务危机后，经济呈现出增长活力。

（五）"新经济"阶段（20 世纪 90 年代初—2007 年）

进入 20 世纪 90 年代，在经历了一次规模较小、影响时间较短的经济衰退后，世界主要国家的经济进入了较为稳定的一个发展阶段。尤其是美国经济，呈现一种前所未有的增长态势。1991年3月至2001年6月，美国实现了持续的经济增长。这是自1854年以来美国经济史上32个周期中最长的一次。在这次经济增长过程中，出现了与以往的经济增长不同的特点，即高经济增长伴随着低失业率、低通货膨胀率和低财政赤字（"一高两低"或"一高三低"），而且这次经济的持续增长还引起了美国经济增长方式、经济结构和经济运行规则的某些变化，并从此开始在全世界掀起了一场"新经济"浪潮。

【知识窗】新经济

新经济是指在信息技术出现重大突破和一系列制度创新的基础上，由经济全球化推动的经济结构调整。它促进了劳动生产率的提高，形成了微观经济和宏观经济良性互动的新的经济增长方式。该方式与过去的（以农业文明和工业文明为标志的）经济增长方式不同，具有知识化、网络化、全球化三个主要特征。

新经济推动了信息产业的大发展，信息技术和设备投资成为企业投资的重要组成部分。信息技术的发展降低了交易成本和生产成本，极大地提高了劳动生产率，推动了就业的增长；信息技术革命推动的产业结构调整，要求有与之相适应的体制变革，因此也促进了制度创新；但与此同时，由于新经济是在原有的生产关系的框架中发展的，所以依旧没有能够解决一些根本的社会问题，而且产生了一些新的问题，诸如数字鸿沟的出现、贫富分化的加剧，以及新型垄断的出现。这种情况更使得经济发展在全球呈现出明显的差异性。

这一时期，由于新经济在世界各发达国家发展的不均衡，主要发达国家之间的经济发展也呈现出较大的差异性。20世纪90年代初以来，欧洲经济增长乏力、失业率居高不下，日本经济近10年在低谷徘徊。1991年—1996年欧洲实际GDP平均增长只有1.5%。在20世纪90年代，除1991年、1995年和1996年三个财政年度日本实际GDP增长率为2.5%以上外，其他财政年度都在2%以下，1998年甚至出现了1.1%的负增长。1991年—2000年日本的完全失业率从2.1%上升到4.7%；失业人口从1990年的134万人增加到1999年的317万人。

（六）"危机下发展"阶段（2009年至今）

2007年年底，美国的次贷危机爆发，引发全球金融海啸，并导致华尔街多间大型金融机构倒闭或被政府接管。2008年美国经济出现负增长，GDP增长率为-0.3%，2009年更是达到-3.5%，失业率也从2008年的5.8%骤升为2009年的9.3%，通胀率从3.8%下降到-0.4%，政府的财政赤字也逐步扩大。金融危机造成的影响尚未复原，2009年欧洲主权债务危机爆发，又使全球经济的发展雪上加霜。当年欧元区国家实际GDP增长率降至-4.4%，受其影响，日本同年GDP增长率也降至-5.5%。

为促使经济尽快复苏，各国都采取了必要的财政政策或货币政策。美国连续实行数轮量化宽松货币政策，欧洲央行多次召开特别会议，并在2011年年底达成一致，决定在欧元区建设"财政联盟"，实施统一的财政政策，从欧盟层面对成员国加强财政监管。2010年起各国经济逐渐恢复正增长，全球经济开始了新一轮的复苏与发展。

二、第二次世界大战后世界性经济危机概况

第二次世界大战结束至今，主要发达国家的经济与战前相比有了很大的发展，但是这种发展并不是持续而稳定的。每隔一段时间就会发生经济危机，这也是必然的规律。由于第二次世界大战后各国发展环境和政府政策不同，各个国家都发生过不同周期的、程度也有一定差异的经济危机，比第二次世界大战以前更加错综复杂。同时也先后发生过 5 次世界性经济危机。世界性经济危机是指，主要发达国家的经济在同一段时间陷入经济危机。这种经济危机破坏力较大，各国经济都陷入困境中，彼此之间还会相互转嫁危机，这对于世界经济的影响更加深远。

（一）1957 年—1958 年的经济危机

这是第二次世界大战后第一次世界经济危机，由于第二次世界大战打乱了资本主义再生产过程，战争对各国经济的破坏程度不同，各国经济的恢复进程和发展速度存在差别，拖延了统一的世界经济周期的形成，使第二次世界大战后的世界经济危机被推迟。不过，随着主要发达国家经济的恢复，生产与市场的矛盾也在不断积累，各国都曾发生过不同程度的经济危机。当各国经济普遍完成了恢复并进入迅速发展时期以后，经济周期的同步性开始显现。从 20 世纪 50 年代中期开始，主要发达国家都出现了以大规模固定资产更新为内容的经济高涨阶段，同时生产与市场矛盾也日趋激化，终于在 1957 年初爆发了第二次世界大战后第一次世界经济危机。

这次经济危机是在各国周期高涨阶段趋于一致、爆发危机条件同时成熟的情况下发生的。所以危机在各主要发达国家几乎同时发生，具有明显的同步性。1957 年 3 月危机首先在美国爆发，接着，日本、加拿大、英国、意大利也在同年相继卷入危机，1958 年又波及法国和联邦德国。

这次经济危机几乎同时爆发，而且危机也达到一定深度。从危机持续时间来看，美国最长：工业生产连续下降了 13 个月，下降幅度达 13.5%。在美国经济中占据重要地位的钢铁、小汽车以及煤炭的产量下降最多，分别下降了 51%、48.5% 和 31.5%。失业人数达 508 万，失业率为 7.5%。1958 年 4 月破产企业达到 1458 家。

在这次危机期间，物价不但没有下降，反而继续上升。批发物价指数由 1957 年 2 月的 117.0 上升到 1958 年 4 月的 119.3；消费物价指数由 118.7 上升到 123.5。这是第二次世界大战后第一次出现危机期间物价持续上涨的现象。此外，1958 年美国在国际收支方面出现 33.5 亿美元的巨额逆差，造成第二次世界大战后的第一次黄金大量外流，削弱了美国在国际金融体系中的霸权地位。

在西欧国家中，英国和法国的危机最为严重。英国工业生产下降了 13 个月，下降幅度为 3.7%；法国工业生产下降了 11 个月，下降幅度为 5.0%；只有联邦德国遭受打击较轻；日本这次危机也较深重，工矿业生产下降 13 个月，下降幅度为 10% 以上，总失业人数高达 92 万。危机期间，这些国家在工业生产大幅度下降的同时，也都同样出现了不同程度的物价上涨现象。这次经济危机标志着第二次世界大战后第一个经济周期的结束和第二个经济周期的开始。

（二）1974 年—1975 年的经济危机

各主要发达国家度过 1957 年—1958 年的危机，经历 1972 年下半年到 1973 年上半年的短暂"高涨"之后，在 1973 年年末和 1974 年年初几乎同时又陷入了危机。这次危机首先在英国、美国、日本和联邦德国等几个主要发达国家爆发，接着很快蔓延到与这些大国有密切经济联系的中小国家，形成了一次更加广泛的世界经济危机。

这次经济危机是在主要发达国家财政金融危机日益加深、通货膨胀继续恶化、以美元为中心的国际货币体系瓦解、石油生产国对发达国家控制斗争空前高涨的形势下发生的。因此，这次危机波及的范围广、程度深、时间长，对各国经济的打击格外沉重，是自第二次世界大战后最严重的一次经济危机。主要表现在：

1. 工业生产普遍大幅度下降

在危机中，各主要发达国家的工业生产和国内生产总值都出现了大幅度下降。各国工业生产下降幅度、危机的持续时间都超过了上次危机，而且是第二次世界大战后历次危机中最长的一次。美国工业生产连续下降 18 个月，降幅为 15.3%；英国制造业生产下降 22 个月，降幅为 11.0%；日本工矿业生产下降 12 个月，降幅为 20%；联邦德国下降 14 个月，降幅为 11.4%。其他如法国、加拿大、意大利等都大幅度下降。美国工业三大支柱之中的建筑业、汽车和钢铁工业，下降尤为严重，其中住宅建筑投资下降了 64.7%，小汽车产量下降 56%，钢铁生产下降了 31.9%。工业生产和各种经济活动萎缩的结果，造成各国国民生产总值大幅度下降，是第二次世界大战后历次危机中最为严重的一次。

2. 各国工商企业大量倒闭，失业队伍急剧扩大

由于生产下降、产品滞销、资金周转困难、债务骤增，引起大批企业减产倒闭。仅就美国、日本、联邦德国、英国、法国、意大利、加拿大 7 个国家的不完全统计，百万美元以上的公司，两年内破产高达 12 万多家。一些大银行、大企业也被卷进破产的行列。由于破产、减产的企业急剧增加，大批工人失业。英国完全失业人数由危机前的 410 万增加到 825 万，失业率高达 8.9%，创 1940 年以来的最高纪录。第二次世界大战后 10 多年来一向"劳动力不足"的日本，失业人数最高月份高达 113 万人，英国、法国、联邦德国、意大利等国家的失业人数，也都达到第二次世界大战后的最高纪录。

3. 固定资本投资普遍下降

企业大批破产倒闭，使企业家感到前景黯淡而不愿扩大投资，造成固定资本投资明显下降。在危机期间，各主要发达国家的私人投资，按固定价格计算减少了 10.0%，其中生产性投资下降了 4.5%、房屋建筑投资下降了 32.5%。这与 20 世纪 60 年代各主要发达国家急剧扩大固定资本投资的情景形成了鲜明的对照。

4. 股票价格猛烈下跌

股票价格是发达国家经济状况的"晴雨表"，股票价格猛烈下跌意味着经济危机的深化。在这次危机来临之前，1973 年年初，发达国家就已出现股票价格下跌的现象，到 1974 年下半年进一步下跌，同危机前的最高点相比，美国、日本、联邦德国、英国、法国分别下降了 45.1%、35.6%、32.4%、70.2% 和 48.3%，都超过了第二次世界大战后历次危机的下降幅度。

5. 各国物价猛涨，国际贸易恶化，货币金融危机加深

在危机期间，各国通货膨胀和物价上涨犹如脱缰之马直线上升。各主要发达国家的消费物价指数普遍上涨。1974 年同 1973 年相比，美国物价指数上涨了 11.1%、日本物价指数上涨了 22.7%、英国物价指数上涨了 16.0%、法国物价指数上涨了 13.7%，都在两位数以上。

由于国际市场萎缩，很多国家出口贸易额大幅下降。除联邦德国以外，其他各国都出现了贸易入超和国际收支逆差。发达国家出现的国际收支逆差与 20 世纪 70 年代出现的石油价格上涨有一定关系。一些发达国家的银行为了弥补外汇短缺，纷纷从国际货币市场大量购进

"欧洲美元"或"石油美元"。而且，这种美元多为短期存款，利率高、流动性大，常常被用来进行金融投机活动，因此造成国际货币金融市场的动荡，加剧了世界金融危机。

【知识窗】欧洲美元

欧洲美元并不是一种特殊的美元，与美国国内流通的美元是同质的，具有相同的流动性和购买力，所不同的是，欧洲美元不由美国境内的金融机构监管，不受美联储相关银行法规、利率结构的约束。它存放在美国境外的各国银行，主要是欧洲和美国银行欧洲分行的美元存款，或是从这些银行借到的美元贷款。欧洲美元与美国国内流通的美元是同一货币，具有同等价值，区别只在于财务上的处理方式不同。欧洲美元出现于 20 世纪 50 年代初，曾因其具有供应充裕、运用灵活、存放及借贷不受任何国家管汇法令的干预和限制等特点，为各国政府或大企业提供了巨额资金，对第二次世界大战后西欧各国的经济恢复和发展起了积极的推动作用。但由于欧洲美元流动性强，不受约束，易对金融危机的激化起刺激作用。20世纪 60 年代中期以后，欧洲美元的地位有所削弱。

【知识窗】石油美元

石油美元是主要石油输出国自 1973 年石油大幅度提价以来，历年国际收支顺差所积累的石油盈余资金，因美元所占比重最大，故称石油美元。20 世纪 70 年代以前，石油价格长期为石油进口国的国际石油公司所垄断，"石油输出国组织"建立后，取得了石油定价权。1973 年 10 月，该组织采取石油减产、禁运、提价、国有化等措施提高石油价格，1974 年油价猛涨 3 倍，石油输出国组织成员国的国际收支出现巨额顺差。1973 年 10 月至 1980 年 7 月，油价由每桶 3.01 美元涨到 32 美元。1980 年以来，石油输出国组织成员国的国际收支经常项目的顺差，一般都在 3000 亿美元左右。

(三) 1979 年—1982 年的经济危机

这次经济危机是在主要发达国家日益严重的经济"滞胀"的背景下发生的。各国国内需求长期不振，国际市场相对缩小，生产与市场的矛盾趋于尖锐化，再加上美国和西欧一些国家长期推行高利率的紧缩政策，以及第二次"石油危机"的冲击等非周期性因素的影响，终于使这次危机不可避免地发生并沉重打击了这些国家的经济。

这是第二次世界大战后第三次世界经济危机。1979 年 4 月首先从美国爆发。由于美国经济长期陷于"滞胀"困境，通货膨胀日益加剧，危机前，美国居民纷纷减少储蓄或利用消费信贷进行所谓保值性购买，有些居民把原有较贵的房地产出卖后再买进便宜的，或用房地产作为抵押借入新的贷款。通过这种买卖出现的余额，最后形成很大一部分购买力用于其他消费开支，这就使得由于物价上涨出现的生产和市场的矛盾暂时被掩盖起来。但是到了1979 年，随着通货膨胀的加剧和居民税收负担的加重，这种人为膨胀起来的居民购买力终于达到极限而转为下降，生产与消费的矛盾尖锐起来，爆发了这次经济危机。里根政府上台后，把对付通货膨胀作为首要考虑，使优惠利率一度高达 20% 以上，拖延了这次危机的解决。美国危机之后，欧共体各国，如英国、联邦德国、法国等也于 1979 年、1980 年先后爆发了经济危机。这是一次涉及整个发达国家而对美国、西欧打击尤其重的世界性经济危机，危机的周期性也较明显，与第二次世界大战后历次危机相比更为严重。

1. 危机持续的时间超过第二次世界大战后历次危机

美国从 1974 年 4 月工业生产开始缓慢下降，中间经过 1 年的复苏，尚未出现高涨就又出现下降，危机持续了 44 个月之久。欧共体主要国家从 1979 年年底到 1980 年年初进入经济衰退，持续到 1983 年 1 月。这次危机时间之长、程度之深都是第二次世界大战后所未有的。1957 年—1958 年危机的持续时间仅几个月，受打击的部门主要是煤炭和纺织业；1974 年—1975 年的危机持续 1 年多，受打击的部门主要是建筑业和化工业，而这次危机受打击的部门已扩大到机器制造业、炼油业、电信和航空、金融等部门。

2. 企业破产数量激增，市场萎缩严重

这次危机造成很多企业破产倒闭，西欧各国的破产数量都在急剧增加。1981 年，法国倒闭企业较上年增加了 20.3%、英国增加了 25%。第二次世界大战后经济状况一直较好的联邦德国也未能幸免，1982 年其倒闭企业约为 12700 家，较上年增加 30% 以上，达到第二次世界大战后最高水平。美国则更为严重，1981 年倒闭企业多达 22587 家。美国企业倒闭的浪潮不但袭击了大批中小企业，而且袭击了大企业，就连美国最大的 500 家公司中的爱姆国际公司和萨克森公司，也几乎在同一时间相继倒闭。企业倒闭涉及的行业广泛，包括汽车销售和零件供应、机械制造业、建筑业、批发和零售业、航空工业等，都受到倒闭浪潮的冲击。即使能够维持下来的企业，设备利用率也很低。例如美国制造业设备利用率 1982 年 10 月下降到 67.4% 的低水平。欧共体重要工业部门之一的钢铁工业，设备利用率仅为 60% 左右。

3. 失业率达到空前水平

由于经济持续衰退，企业大批倒闭，失业人数激增，失业率已超过第二次世界大战后的历次危机。据统计，到 1982 年，25 个发达国家的失业人数已达 3200 万。美国的失业率从 1981 年 7 月的 7% 上升到 1982 年 11 月的 10.8%，失业人数达 1200 万，失业率达 42 年来的最高纪录。欧共体 10 国同年失业人数达到 1120 万，失业率也超过 10%。就连失业率一向较低的日本，失业率也达 2.5%，超过第二次世界大战后的历次危机。西方各国失业问题如此严重，不但加剧了经济危机，而且形成了日益严重的社会问题。

4. 世界贸易严重萎缩，贸易逆差不断扩大

在经济危机的打击下，西方各国纷纷采取贸易保护主义政策，各国市场普遍不景气，造成世界出口贸易严重萎缩。又加上发达国家向发展中国家转嫁经济危机，纷纷削减进口和压低初级产品价格，发展中国家负债累累，无力购买发达国家的过剩产品，更加剧了世界贸易的萎缩程度。在 1974 年—1975 年危机期间，发达国家出口贸易量年平均每年增长 4.1%，而 1979 年—1982 年危机期间，平均只增长 3.1%。从 1978 年以来，欧共体出口贸易每年增加 4% 以上，但 1982 年向外部市场出口下降 1.7%。出口贸易的严重萎缩，导致了发达国家出现巨额贸易逆差，各国之间的贸易战更趋激烈，保护主义已经成为扩大国际贸易的严重障碍。

（四）1990 年—1993 年的经济危机

各主要发达国家在 20 世纪 80 年代初发生第三次世界经济危机之后，经过 8 年左右的增长，发生经济危机的周期因素逐渐积累成熟。刚跨入 20 世纪 90 年代，它们就相继陷入了经济衰退。加拿大和澳大利亚于 1990 年第二季度出现负增长，加拿大在 1991 年第一季度达到谷底，澳大利亚负增长持续到 1991 年第三季度，接着一些发达国家相继进入了经济衰退。

美国经济自 1990 年 7 月陷入衰退，到 1991 年 3 月蹒跚走出谷底，连续衰退了 8 个月。美国经济走出衰退之后一度回升乏力，但到 1992 年出现转机，实际国内生产总值由 1991 年的 -0.1% 上升到 1992 年的 2.7%。美国是发达国家中经济下降时间最短、复苏最快的一个国家，其他主要经济指标也表现良好，工业生产、失业率等重要指标明显好转，1993 年全年工业生产指数较上年增长 4.2%，是 1988 年以来的最大升幅。1993 年第四季度美国企业对新建筑物和设备的投资激增 21%，为 1978 年以来的最大增幅，而耐用消费品开支增长高达 14.3%。1994 年，美国国内生产总值增长率达 3.5%，高于 1993 年的 2.2%，通货膨胀率仅为 2.7%，降到七年来的最低水平；失业率已从 1992 年的 7.5% 降到 1995 年的 5.7%，是主要发达国家中除日本外最低的失业率。

1991 年，日本"泡沫经济"开始崩溃，造成一次"大地震"，其余波经久不消。20 世纪 80 年代下半期，日本金融当局过度放松银根，引起前所未有的资金过剩，并大量投向房地产和股票市场，致使土地和股票价格猛涨，形成虚假繁荣。1991 年"泡沫经济"开始崩溃，到 1992 年资产损失达 403 亿日元，相当于同年国民生产总值的 88%。1991 年春季开始，日本经济出现衰退，形成所谓"平成萧条"。从 1992 年—1995 年，日本经济连续四年衰退，是第二次世界大战以来历次经济衰退中延续时间最长也是最严重的一次。面对这种严重衰退，日本政府接连六次采取"紧急行动"对策，企图通过扩大政府开支来阻止经济的继续滑坡，但都收效甚微，1996 年虽已开始走向复苏，但全年的增长率仍仅为 2.2%。

20 世纪 90 年代初，西欧各国经济也相继出现衰退局面。1990 年，欧盟国内生产总值下降 1.6%，1992 年、1993 年又分别下降 1.0% 和 0.5%。直到 1994 年才走出谷底，进入经济复苏时期。英国和瑞士最早进入衰退，1991 年英国经济增长率为 -1.1%、瑞士经济增长率为 -0.92%。绝大多数国家的经济在 1993 年进入衰退，法国经济增长率为 -0.63%、德国经济增长率为 -0.98%、意大利经济增长率为 -0.85%。除瑞士外，多数国家经济衰退只持续了一年。虽然这次经济衰退程度明显较轻，但走出经济衰退后复苏依旧乏力。英国 1992 年即走出经济衰退，1992 年—1995 年经济增长率分别为 0.4%、2.49%、3.85% 和 2.53%。1994 年，除瑞士外，法国、德国、意大利经济增长率都超过了 2.1%，分别为 2.36%、2.39% 和 2.15%，自此进入低速增长阶段。

发达国家在 20 世纪 90 年代初发生的这次经济危机是一次世界性的经济危机。尽管到 1992 年第三季度止，在 7 个主要发达国家中只有美国、英国、加拿大三国出现两个季度以上的衰退，似乎危机面并不广，然而其他国家的经济增长速度普遍下降，有的还出现了负增长，特别是工业生产都出现过长短不一的持续下降期，到 1993 年，日本、德国、意大利、法国没能逃脱经济危机的命运，由经济危机前的低速增长转化为严重的经济危机。20 世纪 90 年代末，各国虽然终于摆脱了经济危机，但除美国经济自 1993 年就开始出现强劲增长势头外，日本、德国的经济始终增长迟缓，大多数发达国家即便普遍摆脱了这次经济危机，也未能出现 20 世纪 80 年代初期经济危机过后的那种迅速发展的局面。

（五）2008 年金融危机

自 2007 年起，美国次贷违约率不断升高，引起了次贷危机。大量房地产金融机构纷纷宣告倒闭，基金赎回服务中止，商业银行和投资银行的运行受到严重冲击。这一切引发全球股市下跌，给金融市场带来了剧烈的震荡。次贷危机的局势不断恶化，影响逐步扩散至世界各国与各大领域。

1. 房地产泡沫破裂

房地产行业作为美国经济的重要支柱，在国家经济发展中占据了很高比重，并创造了大量的就业机会。然而，次贷危机首先对美国强健的房地产行业产生了剧烈的冲击。考虑到房贷利率的逐渐提高，人们不愿意再选择贷款购房，部分贷款者甚至无法按时还贷。据统计，截至 2006 年，美国约 220 余万人因贷款负担过重而住不上房。众多房地产开发商接连破产，股市也跌落了近 60%。很多金融部门由于遭受经济危机的重创，剩余资本无法负担起违约成本也接连宣布倒闭。经统计，2007 年中期有 20 余家房贷企业破产。多年来，房利美与房地美两家企业均作为房地产金融行业的保险机构，本应处在较为安全的位置，然而经济危机造成的巨额亏损最终导致其被政府部门收购，足以看出此次危机影响至深。

2. 银行业陷入困境

经济危机对房地产行业冲击过后，又给美国银行业带来了极为惨重的影响。由于房地产行业推行的资本证券化，使美国银行业也遭受了牵连。银行为房贷机构投放大量资金，购置资产抵押债券，房地产行业面临的严峻形势，导致银行不堪债务压力的重负，无法收回成本，部分商业银行接连宣告倒闭。其中，雷曼兄弟作为一家向全球企业、部门以及投资商提供金融支持的多元化经营银行，自 1850 年创建后虽经受过数次经济危机的冲击，重要地位却始终没能被动摇。然而，此次金融危机却为其带来了不可弥补的亏损。据统计，自 2008 年 2 月起的 6 个月内，雷曼兄弟的亏损额竟达到近 70 亿美元。此时，美国政府部门也未能给予援助，最终由于情况急剧恶化宣布倒闭，这在美国金融史上引起了强烈的轰动。

3. 资本遭到破坏，经济低迷

当经济危机出现后，美国经济体制也遭受了剧烈的打击，影响最为深远的便是消费。因为美联储持续提升的贷款利率使大量民众一度不堪房贷的重压，最终导致许多人无房可住，大众的可支配收入大幅度缩减，相应地，消费水平随之下降。其时的美国民众和产业界对美国经济体制丧失了信心，投资总额急剧下降，尤其体现在住房投资方面，在 2007 年后期甚至呈现出负增长的态势，据统计第三季度涨幅约 -20%，而第四季度涨幅约 -24%。和美国上年的国民生产总值进行对比发现，2007 年其国民生产总值增长率降至 2.2%，累计跌落了0.7 个百分点。此外，美元的汇率也受到一定的牵连，自 2007 年 7 月逐步呈现下落的趋势，直至 11 月跌至谷底。美元贬值对美国的对外贸易产生严重的负面影响，减弱了美国的进口需要，进而使得美国经济受到重创。

4. 引发全球性的金融危机

美国爆发的金融危机涉及领域广泛、影响深远，对整个欧洲经济造成严重影响。欧洲的金融行业以及各大主流银行均在此次危机中亏损严重。据统计，截至 2009 年，欧洲银行的资本累积亏损数额近 3600 亿美元。随后，欧洲先后爆发"主权债务危机"和"欧洲货币危机"。同时，美国市场作为欧洲最为关键的贸易市场，由于遭受金融危机的深刻影响，对贸易的需求量逐渐降低。在 2004 年，欧盟对美国的贸易量占其总贸易量的比重为 24%，然而截至 2008 年这一比重降低到 19%。

这场风波，一方面造成了越来越大的经济黑洞，将全球诸多国家的金融体系卷进此风波之中，另一方面经过资金、产业以及消费等多种渠道波及实体经济范畴，形成了波及世界的金融危机。

三、第二次世界大战后经济周期的特点

（一）经济运行的稳定性增强，经济危机造成的冲击减弱

与第二次世界大战前的经济周期相比，战后的经济运行稳定性明显增强，经济的适度增长期较长，经济危机发生后所造成的破坏力大大下降。以美国为例，第二次世界大战结束以来的经济运行中已经出现了三个较长的经济周期，分别是 1961 年 3 月到 1970 年 1 月、1982 年 11 月到 1991 年 3 月、1991 年 3 月到 2000 年 12 月。在这三个较长的周期中，美国经济分别实现了 106 个月、96 个月和 117 个月的增长。从三个长增长期内经济增长的状况看，美国 GDP 的年度增长率都呈现不稳定的波动状态，但 20 世纪 90 年代的波动幅度明显小于 60 年代和 80 年代的波动幅度[⊖]，1980 年—2009 年美国经济波动情况见表 3-1。

表 3-1　1980 年—2009 年美国经济波动情况

转折日期	高峰或低谷	相邻高峰或低谷之间时间长度	峰谷之间的时间间隔	公布日期
1980 年 1 月	峰			1980 年 6 月 3 日
1980 年 7 月	谷		6 个月	1981 年 7 月 8 日
1981 年 7 月	峰	1 年零 6 个月	1 年	1982 年 1 月 6 日
1982 年 11 月	谷	2 年零 4 个月	1 年零 4 个月	1983 年 7 月 8 日
1990 年 7 月	峰	9 年	7 年零 8 个月	1991 年 4 月 25 日
1991 年 3 月	谷	9 年零 8 个月	8 个月	1992 年 12 月 22 日
2001 年 3 月	峰	10 年零 8 个月	10 年	2001 年 11 月 26 日
2001 年 11 月	谷	10 年零 8 个月	8 个月	2003 年 7 月 17 日
2007 年 12 月	峰	6 年零 9 个月	6 年零 1 个月	2008 年 12 月 1 日
2009 年 6 月	谷	7 年零 7 个月	1 年零 6 个月	2010 年 9 月 20 日

（资料来源："US business cycle expansions and contractions"，https：//www. nber. org/cycles. html. ）

当代发达国家的经济已经很少有 20 世纪二三十年代经济产值下降一半那样的大起大落。由于发达国家采取一系列政策和措施，使经济危机爆发后所造成的生产大幅度下降现象有所缓和。据统计，第二次世界大战后的经济危机期间，工业生产下降幅度不超过 15%，而在第二次世界大战前的历次经济危机期间，下降幅度一般都在 20% 以上，有些国家竟高达 40% 以上。可见，第二次世界大战后经济危机的冲击力明显减弱。

（二）经济周期形态出现变形

周期各阶段的转变不同于第二次世界大战前，主要表现为经济周期中萧条阶段不明显，周期形态发生了变形。典型的周期在第二次世界大战前有明显的、依次转变的危机、萧条、复苏和高涨四个阶段。一次经济危机过后，通过萧条、复苏和高涨各个阶段，又爆发新的经济危机，进入新的经济周期。这种形态的周期被称为"U"字形。第二次世界大战后，在国家干预主义的影响下，经济周期发展出现了变化，主要表现为经济周期四阶段的依次更替不如过去明显，各阶段的特征也不如过去那样典型。一次经济危机过后没有明显的萧条和复苏阶段，在较短的时期即恢复到经济危机前的最高点，随后又爆发经济危机。整个经济周期几

⊖　陈继勇，彭斯达. 新经济条件下美国经济周期的演变趋势. 国际经济评论，2003（6）：38－44.

乎难以看出四个阶段的明显界限，往往只表现为从危机到高涨，又从高涨到危机这样的经济阶段，即下降→上升→下降的过程。有的学者把周期变化的这种形态称为"V"形。在经济上升和下降过程中有时又会出现短暂的波动。例如，美国在 1979 年 4 月开始的第二次世界大战后第七次经济危机，于 1980 年 7 月到达低点后转为回升，1981 年 7 月工业生产指数已超过危机前最高点约 0.3%，但 8 月起又开始新的下降。对于这次新的下降，美国学者一般认为是第二次世界大战后第八次经济危机，我国学者大多不这样认为。有人把经济在一次下降后随之又回升到新的高点，而后又再次下降的这种奇特现象称为"W"形。"V"形和"W"形的周期形态论者都是认为第二次世界大战后周期变化的萧条阶段不明显或不存在。

（三）"滞胀"一度成为经济周期发展过程中的普遍现象

经济周期的通常现象，是在危机期间生产急剧下降，危机阶段过去以后，经过萧条、复苏又出现新的高涨。同时，在经济危机中因商品滞销而物价猛跌，以后伴随着经济的恢复、失业的减少，物价重新出现上涨的趋势。可是 20 世纪 60 年代末到 70 年代初，却出现一种与以往经济周期过程不同的新现象，即"滞胀"。这包括两个方面的内容：一方面，生产增长迟缓，经济发展停滞，失业率上升；另一方面，长期存在通货膨胀，物价持续上涨。这两种现象交织并发，贯穿于经济周期的各个阶段，而不是只出现在经济周期的某个阶段；也不只是出现在少数几个主要国家，而已经成为所有发达国家的共同经济现象。

在反对政府积极干预经济的时期，当生产过剩的经济危机出现时，市场机制会缓慢发挥作用，生产会急剧下降，从而暂时性、强制性地缓和了生产与市场的矛盾。第二次世界大战后，由于国家对经济周期的各个阶段都进行了全面和长期的干预，致使每次经济危机的发展都不充分。生产和市场的矛盾不但没有解决，反而被掩盖和积累起来。同时，由于国家进行干预造成的通货膨胀和物价上涨的加剧，导致"停滞"与"膨胀"并发的严峻局面。可见，"滞胀"既是国家长期干预的结果，又是政府用以刺激经济的各项措施失效的表现。

（四）周期性危机与结构性危机相交织

结构性危机是指由于国民经济结构和部门结构的急剧变动而引起的生产与消费、供给与需求之间长期、严重的比例失调。它与周期性经济危机一样，也源于资本主义生产社会化与生产资料私人占有之间的矛盾，但直接原因是资本主义经济结构内部各部门、各要素之间的联系受到严重破坏。20 世纪 50 年代到 60 年代，资本主义经济处于"黄金时期"，结构性危机并不明显。但进入 20 世纪 70 年代以后，结构性危机日益发展，并与周期性危机交织在一起。由于第二次世界大战后科学技术的推动，出现了一系列新兴工业部门。这些部门的利润高，资本家争相投资，因而发展速度快，被称为"朝阳工业"，而传统工业则受到新兴工业的排挤而成为"夕阳工业"。20 世纪 70 年代以后，钢铁、造船、纺织等"夕阳工业"每况愈下，遭受结构性危机与周期性危机的双重打击，长期处于萎靡不振的状态。以美国钢铁工业为例，1973 年—1983 年 10 年间，美国的钢产量从创纪录的 13600 万 t 下降为 7650 万 t，80 年代钢铁工业的开工率仅为 44% 左右。同期，日本及欧共体国家也面临同样的情况。结构性危机使周期性危机变得更为复杂、更难以解决。这在危机持续的时间、生产下降的幅度、失业人数的增加等方面都有明显的表现。

20 世纪 80 年代以及 90 年代初发生的两次经济危机的结构性特点表现得尤为明显。经济危机的严重性大大高于统计数字所显示的下降幅度。突出表现之一便是，就业情况恶化，高失业率呈现长期化趋势。在结构失调的情况下，传统工业普遍萧条，"夕阳工业"部门的失业情况更为严重，而当周期性危机到来的时候，首先受到打击的又是这些传统工业和"夕阳工业"部门。例如，1981 年经济危机期间英国的失业率为 7.4%，其中制造业的失业率为 11.8%，而汽车工业和钢铁工业的失业率则分别高达 20.8% 和 45%。另外，新兴工业规模小，没有力量提供足够的就业机会，即使有就业机会，那些从传统部门被排挤出来的工人一时也适应不了新技术产业发展的需要。2009 年全球失业率达到 6.6%，失业人数约为 2600 万。新增的失业人口来自北美、西欧和日本。东欧和拉丁美洲各国新增的失业人口达 400 万。

发达国家结构性危机的另一个重要表现就是固定资本投资长期停滞。20 世纪 50 年代到 60 年代，发达国家出现的固定资本投资浪潮到 70 年代以后出现回落。美国、联邦德国、日本的固定资本投资年均增长率分别从 60 年代的 45%、8.5% 和 17.9% 下降到 2.1%、3.4% 和 2.3%。在周期性危机到来的情况下，固定资本投资更加萎靡不振，经济危机进一步深化，并导致萧条时期拖长。这也是 20 世纪 70 年代经济危机以来，西方国家经济长期低速增长的一个重要原因。

（五）泡沫经济对经济周期影响深远

20 世纪 80 年代以后，全球经济周期越来越显现出一个重要特点：周期扩张往往伴随着经济泡沫的急剧膨胀，而泡沫破灭往往成为周期衰退的最大诱因。泡沫经济经常由大量投机活动支撑，发展到一定的程度，会由于支撑投机活动的市场预期或者"神话"的破灭，导致资产价值迅速下跌。

近年来这一现象越发频繁，出现的主要原因是：金融自由化在全球范围的盛行；资金的流动更加自由和迅速；国际游资的数量急剧扩大。大量的资金能在短时间内涌入某个国家或某些地区，逐利于金融市场、房地产市场、网络行业等，迅速形成"经济泡沫"，而这些资金的迅速撤离又会使"泡沫"迅速破灭。1991 年，日本以房地产业为代表的"经济泡沫"破灭，致使许多大公司相继倒闭、银行破产、股市和房地产暴跌，日本经济十多年一蹶不振。亚洲金融危机的产生，同样与东南亚国家和地区出现了严重的"经济泡沫"有直接关系。2008 年美国的次贷危机更是引发了全球金融海啸，严重影响了实体经济的发展，并使经济出现衰退。

【知识窗】泡沫经济

泡沫经济是指资产价值超越实体经济，极易丧失持续发展能力的宏观经济状态。泡沫经济一词可追溯至 1720 年发生在英国的"南海泡沫公司事件"，当时南海公司在英国政府的授权下垄断了对西班牙的贸易权，对外鼓吹其利润的高速增长，从而引发了对南海股票空前的投资热潮，由于没有实体经济的支持，经过一段时间后其股价迅速下跌，犹如泡沫那样迅速膨胀又迅速破灭。

（六）新经济引起经济周期新的演变趋势

20 世纪 90 年代以来，以信息技术革命为基础的知识经济的迅猛发展，推动了以美国为首的发达国家经济的微观运行机制、中观产业结构和宏观管理方式的深刻变革，也使经济周期逐渐显现出新的演变趋势。

1. 经济运行的稳定性增强，经济的适度增长期延长

投入要素的知识化是新经济的发展特征，这降低了经济增长对于自然资源的依赖性。知识要素边际收益递增的特点又为经济增长提供了强大的内在动力。网络化管理与柔性化生产增强了经济增长的稳定性，经济增长机制呈现新的变化：它以知识、智力为第一要素，以科技创新为动力，以效益不断提高、高新技术产业不断涌现、创新产品层出不穷为增长模式，以经济、社会和环境的协调发展为方向。新经济使经济运行具有了一定的内在稳定机制，可以保持相对稳定的增长。

2. 经济衰退的幅度减小，爆发经济危机的可能性下降

在新经济条件下，信息技术革命、知识经济快速发展和经济全球化等新条件降低了微观企业经营的盲目性，提高了宏观经济管理的效能，拓宽了经济增长和调整的空间。这一方面有利于经济持续、稳定、健康的发展，另一方面又抑制了经济衰退的幅度和持续的时间。

3. 科技进步使主导技术更替日益加速，成为导致经济周期波动的重要因素

主导技术是指那些影响深远、应用广泛并成为特定时期技术创新源的标志性基础技术，如能源技术、新材料技术、生物工程技术、信息技术等。科技创新和新产品开发、拓展及产业化周期不断缩短，导致主导技术兴起和更替的时间缩短。信息技术革命为经济增长提供了不断增多、快速更替的新增长点，从而使经济增长模式由规模扩张型演变为以主导技术更替为特征的结构升级型，产品快速更新，新兴产业不断生成。在市场容量远远没有饱和的情况下，老产品不断地被性能更强、功能更多、速度更快的新产品淘汰，并相应地形成了一个不断动态扩张的需求市场。同时，在研发不断深入的过程中，又因高密度知识投入所具有的促进相关科技创新的级联效应，相继引发和推动相关技术和产品以及一系列新型部门的产生和发展，从而构成了经济持续增长的结构性因素。主导技术自身的兴起、成长、成熟和淘汰的周期循环，使其成为引起经济周期波动的重要力量。

【阅读资料】

已持续一年时间的次贷危机使很多中产阶级"向下沉沦"。他们失去了体面的工作、失去了豪华的房子，一些人只好排队领救济金，甚至在地铁站、公园、街边角落暂时栖身。国际劳工组织12月7日发布报告说，目前世界正处于就业低谷。该组织此前曾预测，到2009年年底，全球失业人口将突破两亿。一些经济学家担忧，如不采取有效措施，过高的失业率甚至会使经济复苏半途夭折。有评论说，中产阶层是资本主义社会的"脊梁"，若这根"脊梁"被折断，社会将走向毁灭。采取措施促进就业、拯救中产阶级，已是各国政府目前的主要课题。

目前，全球主要经济体出现了一定程度的经济复苏迹象。第三季度美国、欧洲、日本等主要经济体基本上都实现了GDP环比正增长，全球资本市场也开始趋向活跃。但经济状况的好转并没有带动就业的增长。西方发达经济体普遍存在的高失业率成为经济复苏的不利因素。

目前，美国有1500多万人无工可做，失业率维持在10%的高位。欧元区失业率今年上半年也持续攀升，目前也已高达9.5%，是1999年9月以来最高水平。欧洲央行行长特里谢表示，欧元区经济第四季度有望继续增长，但即便如此，失业率仍可能上升。在衰退最严重的西班牙，失业率已经高达18%。今年年初以来，日本失业率连续攀升，7月份达到5.7%，创第二次世界大战后最高纪录。其后虽稍有回落，但一直处于5%以上的高位。国际劳工组织预测，伴随金融危机蔓延，2009年全球失业率将上升至7.1%，并导致5000万人失业。目前，发达国家出现的这种"无就业增长"必然带来消费需求疲软，导致经济复苏动力不足。不少发展中国家民众同样遭遇了失业率上升、工资缩水和工作机会减少等问题。国际劳工组织预测，2011年前发展中国家就业水平不会恢复到危机前水平。

一些经济学家担忧，就业危机已开始牵制全球经济复苏，如不采取有效措施，今后一段时期，全球经济会深陷个人消费不振和就业危机两者恶性互动的泥潭。如果就业市场迟迟不能改善，过高的失业率甚至会使经济复苏半途夭折。

【节选自：次贷危机让中产阶级沉沦 失去体面工作领救济金. 广州日报. 2009－12－27.】

【关键词】

外部因素周期理论 货币主义 理性预期 真实经济周期理论 泡沫经济 结构性危机 主导技术

【拓展阅读】

[1] 杨逢华，林桂军. 世界市场行情［M］. 北京：中国人民大学出版社，2006.
[2] 赵春明. 世界市场行情新编［M］. 2版. 北京：机械工业出版社，2016.
[3] 张德存. 世界市场行情分析［M］. 北京：科学出版社，2009.
[4] 黄险峰. 真实经济周期理论［M］. 北京：中国人民大学出版社，2003.
[5] 简泽. 技术冲击、资本积累与经济波动：对实际经济周期理论的一个检验［J］. 统计研究，2005（1）1：73－78.
[6] 李建阳，朱启贵. 基于微观经济基础的真实商业周期理论分析：2004年诺贝尔经济学奖对中国的启示［J］. 统计研究，2005（3）：7－13.
[7] 梁军，真实经济周期理论及其与传统经济周期理论的比较［J］. 上海经济研究，2005（1）：57－62.
[8] 张纬贤. 2008年全球金融危机致因分析［J］. 金融经济，2016（7）：127－128.
[9] 陈继勇，彭斯达. 新经济条件下美国经济周期的演变趋势［J］. 国际经济评论，2003（6）：38－44.

【复习思考题】

1. 简述经济危机的必然性。
2. 为什么说固定资本的更新是经济危机的物质基础？
3. 概述经济危机的周期性。
4. 概述古典经济周期理论的主要内容。
5. 试分析凯恩斯经济周期理论中的三大心理因素如何引起经济波动。
6. 概述货币主义经济周期的主要内容和政策主张。
7. 概述理性预期学派的经济周期理论。
8. 简述第二次世界大战后主要发达国家的经济发展阶段。
9. 概述第二次世界大战后经济周期的特点。

第四章

世界市场行情研究的指标体系与资料

【导读】

经济行情研究主要是分析社会总体经济活动的发展过程，从而掌握其变动的规律及其特点。这种分析是通过对反映总体经济活动的各种指标来进行的。行情研究的过程也就是对一系列相互关联的经济指标进行分析的过程，是通过分析有关的经济指标来判断、度量、探究行情变动的规律和特点，并在此基础上估计未来发展趋势的过程。因此，行情研究需要有一个相互联系的指标体系来反映社会经济现象及其运动过程，说明经济现象质和量的变化关系。

依据指标在经济周期发展过程中表现出来的特点，可以将行情指标划分为领先指标、同步指标和落后指标。按照指标内容，行情指标可以分为经济指标、贸易指标、生产指标、金融货币指标、价格指标等。

为保障世界市场行情指标的准确性，在指标计算过程中，需要首先掌握相关的资料，因而资料的来源与收集、资料的鉴别与利用等问题也是行情研究中较为关键的内容。

【学习重点】

1. 指标的含义
2. 指标的分类
3. 指标在行情研究中的作用
4. 资料的收集方法
5. 资料的鉴别和利用原则

世界市场行情包括经济行情和商品市场行情两个部分。经济行情研究主要是分析社会总体经济活动的发展过程，从而掌握其变动的规律及其特点。要科学地分析世界经济行情，需要利用大量能反映当前世界经济基本状况的经济指标。由于社会再生产的具体发展过程最终要通过数量概念来表现，因而统计数字形式的经济指标对于分析经济行情具有特定的重要作用。通过这些指标，可以把握社会经济现象，看出各国再生产的具体发展变化，从而判断经济周期的阶段，并在此基础上估计未来的发展趋势。因此，开展行情研究，首先就是收集和整理那些能够反映总体经济活动的众多资料，从中获取相应的指标信息。没有足够的资料，行情研究就无法进行，更谈不上得出正确的结论。

第一节 指标与指标体系

一、指标的概念与分类

经济指标是反映一定社会经济现象数量方面的名称及其数值。经济现象的名称用经济范畴表述，经济范畴的数量方面则通过数值反映。例如，社会总产品和国民收入是经济范畴，表现这些经济范畴数量方面的名称及其数值"社会总产值××亿元""国民收入××亿元"就是经济指标。它可以说明社会经济现象量的变化和质的关系，并能提供经济情况和周期变化的具体概念[⊖]。

在行情的研究中，单凭一两个指标并不能说明整个经济情况的变化，即使它们是十分重要的指标，也只能反映社会再生产过程局部或侧面的发展变化，而社会再生产过程是生产、交换、分配和消费四个环节的有机统一，因此我们通常借助于一系列指标来进行行情的研究和分析。我们将一系列相互关联的指标组成的整体叫作指标体系。指标体系应该包括哪些指标，需要我们根据实际情况，在基本理论的指导下加以选择。

在各国行情研究机构所用的指标体系中，具有代表性的是美国经济研究所（National Bureau of Economic Research，NBER）的指标体系。美国经济研究所于1920年创办，是一个美国私营、非营利的机构，同时也是美国最大的经济学研究组织。该所的目的是研究经济的运作，进行实证的经济学研究。美国诺贝尔经济学奖获奖者中有多位曾是美国经济研究所的研究员。该研究所通过观察数以百计的经济指标在历次商业循环中的变动特征，从中选择出具有代表性的一系列经济指标，并根据其在经济周期发展过程中表现出来的特点，将之区分为三种类型，建立了"领先—同步—落后"指标体系，我们在进行一般经济行情研究时，可参考这一体系。其中，领先指标（Leading Indicators）也称预兆性指标，该指标的变化一般先于总体经济情况的变化而发生变动，故对经济的发展趋势有预兆作用，是行情预测所依据的主要指标。同步指标（Coincident Indicators）也称为重合指标。这类指标与总体经济活动的变化基本趋于一致，我们可以根据它的变动来分析总体经济的运行状况。落后指标（Lagging Indicators）又叫滞后指标。这类指标的变化往往落后于总体经济情况的变化。对于分析目前的状况或预测可能出现的发展趋势而言，落后指标的用途不大。

在行情研究中，我们还可以根据指标所反映的内容将其划分为经济指标、贸易指标、生产指标、金融货币指标、价格指标等。这一分类是从再生产过程的不同环节来区分的。

二、指标在行情研究中的作用

如前所述，行情研究的过程可以说就是对指标进行分析的过程。因此，指标的作用是不言而喻的。从行情研究的角度看，指标的作用主要表现在以下几个方面。

（一）可通过对一系列经济指标的分析和研究，描述行情的状态

行情研究首先要对经济和市场状况做出描述性的分析，即回答"目前状况如何"这样的问题。例如，当前世界经济处在周期的什么阶段？具有怎样的特征？各主要经济体宏观经

⊖ 杨逢华，朱明侠，薛书武. 世界市场行情. 北京：中国商务出版社，2008.

济状况如何？这些问题必须通过对有关指标的分析才能找到合适的答案。如果经济增长率止跌回升，失业率下降，物价水平回升，说明世界经济进入了复苏阶段，而各主要经济体在上述指标上的不同，则反映了其宏观经济状况的差异。

（二）可以通过一些指标的变化来衡量行情变动的幅度

经济和市场行情总是在变化的，这是由经济发展的性质和国际市场所具有的特征决定的。指标不仅可以描述行情的状态，还可用来衡量行情波动的幅度。在上面的例子中，要进一步判断复苏是微弱的还是强劲的，就要借助于相关指标变动的幅度进行分析。

【阅读资料】

世界经济正在经历强劲复苏，金融危机以来世界经济持续低迷的局面似乎已经成为过去式。在没有新的负面冲击的情况下，世界经济还会继续繁荣。然而，2018 年世界经济面临诸多风险和挑战，其中比较重要的挑战包括美国财政货币政策的负面外溢效应、逆全球化趋势、全球债务水平持续高涨和全球资产泡沫破裂的风险。2018 年的世界经济形势，在很大程度上取决于这些风险因素的发展。

一、世界经济出现广泛的同步增速回升

世界经济扭转了增速持续下滑的趋势。国际货币基金组织（IMF）2018 年 1 月的数据显示，2017 年世界 GDP 增长率按购买力平价（PPP）计算约为 3.7%，比 2016 年提高 0.5 个百分点。全球经济增长率自 2010 年以来持续下降的趋势已经结束，并出现反转。增速回升在发达经济体和发展中经济体中普遍存在。发达经济体的 GDP 增长率从 2016 年的 1.7% 提高到 2.3%，其中美国从 1.5% 提高到 2.3%，欧元区从 1.8% 提高到 2.4%，日本从 0.9% 提高到 1.8%。新兴市场和发展中经济体的 GDP 增长率从 2016 年的 4.4% 提高到 4.7%，其中中国从 6.7% 提高到 6.9%，俄罗斯和巴西扭转 GDP 负增长趋势，俄罗斯从 −0.2% 提高到 1.8%，巴西从 −3.6% 提高到 1.1%。全球约有 120 个经济体在 2017 年实现了增速回升，这些国家的 GDP 占世界 GDP 总额的 3/4 左右。增速下降的经济体主要是印度和中东及北非地区。印度的 GDP 增长率从 2016 年的 7.1% 下降到 2017 年的 6.7%，中东及北非地区的 GDP 增长率从 2016 年的 4.9% 下降到 2017 年的 2.5%。印度经济增速下滑主要是因为《废钞令》和统一全国商品和服务税改革带来的临时性的负面影响，而中东及北非地区经济下滑主要是地缘政治冲突造成的不稳定所致。

世界经济回暖也体现在劳动力市场上。美国失业率持续下降，2017 年 12 月已经降至 4.1%，比 2016 年年末下降了 0.6 个百分点。欧盟失业率已于 2017 年 11 月降至 7.3%，比 2016 年年末下降了 0.9 个百分点。日本失业率于 2017 年 12 月降至 2.6%，比 2016 年年末下降了 0.3 个百分点。美国、欧盟、日本的失业率均为 2008 年金融危机以来的最低水平，日本的失业率更是 21 世纪以来的最低水平。

全球物价水平也有所回升，表明世界市场上的需求正在增长。全球消费物价指数（CPI）增长率从 2016 年的 2.8% 上升到 2017 年的 3.2%。世界各国需求增长最明显的证据是世界出口总额增长率快速回升。世界出口总额从 2012 年以来持续低增长，并在 2014 年 8 月至 2016 年 10 月期间一直处于负增长状态，从 2016 年 11 月开始实现正的增长，至 2017 年 11 月，同比增长率已高达 12.9%。国际贸易的回升也具有广泛的基础。2017 年 11 月，美国出口总额同比增长 10%，欧盟出口总额同比增长 16.1%，亚洲地区出口总额同比增长

12%。国际贸易重新活跃是世界经济繁荣最重要的标志之一。

【节选自：姚枝仲. 2018 年世界经济展望. 国际贸易，2018（2）：4 - 7.】

（三）可通过对指标的分析预测行情变动的趋势

行情研究的最终落脚点是对未来可能出现的趋势进行预测。这种预测不是主观臆断，而是需要大量的统计指标作为依据。例如，我们预测一国经济情况趋向恶化，此时，必须用一组经济指标来证明。经济危机的基本特征是工业生产下降、固定资本投资缩减、商品库存增加、订单减少、失业人数增加等。所以，我们是从这些经济指标的变动中来判断该国经济发生危机的可能性及其深度的。

因此，概括起来，指标的作用主要是描述、衡量及预测行情的发展变化。

当然，经济指标众多，研究需要依据马克思主义经济周期理论，利用最能反映周期变化规律和周期各阶段基本特征的那些指标，观察和分析各个指标发展变化的特点以及它们之间的相互联系和相互影响，从而对当前行情变化的特点及其发展前景做出正确的分析和预测。

应当强调的是，指标体系对于研究经济行情固然非常重要，但不能视为唯一的依据。在行情的研究中，不能仅凭指标体系进行分析和预测，还需要运用马克思主义的理论和方法，把握再生产发展运动的规律和趋势，使之与经济指标配合使用。换言之，全面掌握行情动态的各种信息、资料，对行情的研究有着重要的意义。

第二节　资料的来源与收集

资料在行情研究中具有重要作用，为了有效地进行行情研究，必须了解资料的来源，掌握资料收集、选择、鉴别和使用的方法。可以说，资料的收集与利用是获得对研究对象的正确认识、开展行情分析与预测的起点。

一、资料的来源

行情研究的资料来源十分广泛，国际组织、政府机构、各类研究团体、企业经常发布有关经济情况的公报、研究报告等。这些资料通常可以通过一些数据库、专业网站或各种类型的出版物获得，如联合国商品贸易数据库、世界贸易组织数据库、国际粮农组织官网、各个国家的政府官网、期刊、杂志、报纸、统计性刊物等。掌握资料来源就是要了解哪些机构或部门发表哪些资料。一般来说，行情研究需掌握的资料有以下几类主要来源。

（一）国际组织资料

第二次世界大战以后，世界上出现了多种全球性或区域性的集团组织，如联合国（United Nations，UN）、经济合作与发展组织（Organization for Economic Cooperation and Development，OECD）、欧盟（European Union，EU）、石油输出国组织（Organization of the Petroleum Exporting Countries，OPEC）等。这些国际组织根据自身的性质和特点，编辑出版了许多统计性和综合性的期刊、研究报告等，建立了自身的数据库系统。

1. 联合国及其机构发表的资料

联合国可以说是一个世界政府，设有众多的国际组织与机构，其中有许多是经济和贸易方面的国际组织与机构。例如，联合国经济和社会理事会（United Nations Economic and Social Council）、联合国贸易和发展会议（United Nations Conference on Trade and Development）、国际货币基金组织（International Monetary Fund）、联合国粮食及农业组织（Food and Agriculture Organization of the United Nations）等。这些组织及机构发表了大量综合性的经济贸易资料，以及有关国家或产品的资料见表4-1。

表4-1 联合国及其下设国际组织所发表的经济贸易资料

刊物名称	资料内容
联合国《统计月报》（Monthly Bulletin of Statistics）	主要包括世界及各国的工矿业生产、建筑业、交通运输业、国内贸易、对外贸易、财政金融、国民生产总值、国民收入、人口、就业与失业、工资、物价等方面的资料
联合国《统计年鉴》（Statistical Yearbook）	除《统计月报》包括的大部分内容外，还有世界农业产品、商品的消费量、能源的生产及消费量、教育、科学、文化方面的统计
联合国《世界统计简编》（World Statistics in Brief）	包括世界、各大洲和具体国家的人口、国民生产总值、工农业生产、主要商品消费、交通运输、国际旅游、对外贸易、教育、科学及文化等有关的统计资料
粮农组织（FAO）《统计月报》（Monthly Bulletin of Statistics）	主要包括世界及各个国家的农业生产、畜牧业生产、农产品的进出口贸易、市场价格等
联合国《国民账户统计年鉴》（Yearbook of National Accounts Statistics）	包括各国国民生产总值的数量及构成、国民收入、个人收入、企业收入等方面的资料
联合国《工业统计年鉴》（Yearbook of Industrial Statistics）	主要包括世界、各类国家、区域集团、个别国家和具体部门的工业生产指数、产值、产量、就业人数、工资数额等
粮农组织（FAO）《生产年鉴》（Production Yearbook）	包括世界、各地区、各个国家的耕地面积、农业人口、农产品产量、农产品价格、化肥和农药的施用量、农业机械的拥有量等
联合国《国际贸易统计年鉴》（Yearbook of International Trade Statistics）	主要发表世界、各地区及各个国家的国际贸易值、量、结构、分布、价格、贸易条件以及主要商品的国际贸易值和主要国家的贸易分布等资料
贸发会议《国际贸易与发展统计手册》（Handbook of International Trade and Development Statistics）	包括世界、各地区、各个国家的国际贸易值、量、结构、分布、价格、贸易条件等，还包括世界及各国的人口、国民生产总值、工农业生产指数、国际收支等项目的统计资料
国际货币基金组织《贸易方向》（Direction of Trade）	主要发表世界、各地区及各国家的进出口值、进出口的地理分布等方面的统计数据
贸发会议《商品价格统计》（Monthly Commodity Price Bulletin）	发布主要初级产品的进出口价格、综合及分类价格指数等资料
国际货币基金组织《国际金融统计》（International Financial Statistics，IFS）	主要内容有各国的外汇汇率、外汇储备、国内外债务、货币供应量、贴现率、利息率、国民生产总值、国民收入、国际收支、工业生产、消费物价、进出口贸易、国际市场价格指数、主要商品的价格等方面的数据。该刊物有月刊及年鉴

（资料来源：转引自杨逢华，林桂军. 世界市场行情. 北京：中国人民大学出版社，2005.）

在联合国建立的数据库中，联合国商品贸易统计数据库（UN Comtrade）以及国际货币基金组织数据库使用十分广泛。联合国商品贸易统计数据库由联合国统计署创建，是目前全球最大、最权威的国际商品贸易数据型资源库，每年超过200个国家和地区向联合国统计署提供其官方年度商品贸易数据，涵盖全球 99% 的商品交易，真实反映国际商品流动趋势。数据最早可回溯至 1962 年。各国家上报的数据均被转换成联合国统计署的统一标准格式，所有商品值按呈报国家的货币汇率或月度市场比率和交易额度转换成美元，商品数量尽可能被转换成公制单位。

国际货币基金组织提供的一些最具权威的宏观经济数据集，被认为是宏观经济数据的权威资源。除表 4-1 中列出的统计外，国际货币基金组织数据库中还包括国际收支统计（Balance of Payment Statistics，BOPS）和政府财政统计（Government Finance Statistics，GFS）。前者涉及数据有当前账户余额和构成、金融账户余额和构成、储备资产等。根据不同国家按季度、年度提供自 1967 年以来的数据。数据每月更新。后者提供 145 个成员的政府财政运行统计数据。

2. 其他国际组织的资料

除联合国外，其他国际组织也编辑出版了许多统计性和综合性的期刊及各类研究报告等。例如，经济合作与发展组织出版的《主要经济指标》（*Main Economic Indicators*）是一个综合性、时效性、代表性都很强的统计刊物。该刊物按部门和国家分类，每月发表，包括发达国家的国民收入和生产资料、工业生产指数、物价指数、国内外贸易指数、劳动力统计、批发和零售贸易指数以及利息率等多方面的统计资料。它不仅具有年度数据，而且有季度和月份数据；不但有具体的数据资料，还有多种指标资料的曲线图表。该刊物对于研究发达国家的经济行情非常具有参考价值。另外，世界贸易组织每年都会出版《贸易统计年鉴》，该年鉴中包含了世界主要贸易国贸易情况的详尽数据。对于研究全球贸易结构，双边及多边贸易等都提供了非常重要的支撑。世界贸易组织数据库包含货物贸易和服务贸易两方面的数据信息，力求通过丰富翔实的时间序列数据，全方位、多视角、深层次地展示各国贸易状况，为分析判断世界各国贸易趋势提供依据。

（二）政府机构的资料

各国政府及其所属机构发布的资料也是行情研究的重要资料来源。一些国家的商务部、贸易部、统计局、中央银行等定期公布大量的经济贸易方面的资料。例如，美国的农业部、商务部、劳工部、卫生部等 12 个部门中都有相应的统计机构，商务部人口普查局和经济分析局是全美最大的、最具综合性的统计机构，其基本职能是负责联邦及各州的 GDP 核算、投入产出核算和国际收支核算等。美国的政府部门还编辑出版多种经济和贸易方面的期刊，例如，《外国经济趋势》（*Foreign Economic Trends*）、《海外商务报告》（*Overseas Business Reports*）、《商业现状》（*Survey of Current Business*）、《商业状况文摘》（*Business Conditions Digest*）、《国际经济指标》（*International Economic Indicators*）、《全球市场调研》（*Global Market Survey*）以及《总统经济报告》（*Economic Report of the President*）等。这些刊物的资料丰富、内容广泛。美国联邦统计网站建立了对联邦统计机构网站的链接，也对美国各州的统计机构网站进行链接. 该网站还提供大量联邦统计数据的检索。另外，日本政府统计局统计数据库提供日本各种统计数据的检索，包括人口和家庭、劳工和工资、国家财政、商业、信息和通信、科学技术、价格、房地产、家庭收入和开支、文化、地区以及历史统计数据的检索。英国中央统计局发表的《每月统计摘要》（*Monthly Digest of Statistics*）则是一份内容丰富、涉及范围广泛的研究英国一般经济动态的必备资料。

（三）企业及研究机构的资料

实力雄厚的大型企业、投资银行、商业组织、研究机构、学术团体等也是行情研究重要的资料来源。例如，美国的《华尔街日报》（*The Wall Street Journal*）、英国的《金融时报》（*Financial Times*）以及《经济学家》（*The Economist*）等，是研究美国市场和英国市场所必备的资料。很多商业公司也建立了内容丰富的数据库。例如，EIU（The Economist Intelligence Unit）公司的数据库资源包含了商业（Business）、经济（Economy）、行业（Industry）、政治（Politics）、法规（Regulations）五个大类，其分析和预测覆盖全球 200 多个国家的政治、经济以及商业领域；Global Insight 作为 IHS 旗下的一家公司，则提供最全面的国家、地区和行业层面的经济和金融资讯，内容包括世界各国经济统计数据，涵盖各个经济行业。另外，一些区域性的银行，如亚洲银行、欧洲银行等也能为市场营销调研人员提供丰富的贸易、经济信息。

发达国家还有许多的学术性团体或行业协会，如经济学会、营销学会、企业学会、广告协会、出口协会等，它们通常也编辑出版一些报纸、期刊资料，其中也不乏能够用于市场研究的资料。

二、资料的选择

在从事某一个具体项目研究时，不可能也没有必要利用所有的资料，因此要对不同来源的资料进行选择。

选择资料，首先是熟悉各种资料的来源，掌握有关资料的内容和特点，然后根据行情研究的主题和涉及的范围来确定所需资料。一般来说，在研究世界经济或国际贸易的总体状态及发展趋势时，宜用联合国及其所属机构以及发达国家发表的资料，因为这些资料相对齐全且包括的范围广泛，尤其是对不同国家进行比较时，联合国所属机构的资料更加有效。在研究个别国家的经济状态时，宜用有关国家政府部门发表的资料，如美国的《商业现状》、英国的《每月统计摘要》等。这些资料的内容详细、及时，反映的情况比较全面。在研究有关具体商品时，宜用有关行业或集团组织发布的资料。例如，在分析石油市场时，可以选用石油输出国组织或其他石油主要生产国行业组织发表的资料；研究金融产品的市场动态，应该注意使用英国《金融时报》和伦敦五金交易所报道和发布的资料；分析世界农产品市场的价格及供求关系，应特别注意利用联合国粮农组织（FAO）、美国道琼斯商品价格指数（Dow Jones Commodity Price Index）及英国《经济学家》杂志所发表的有关资料。

总之，行情研究人员应根据具体的研究项目和内容来决定行情研究资料的利用。

三、资料的收集方法

（一）案头调查法

案头调查法是指行情研究人员大量查阅有关出版物来取得所需资料的一种方法。这是行情研究活动中，尤其是经济行情研究中采用的收集资料的主要方法。这种方法简单易行、成本较低，能收集到范围广泛、内容较为复杂的多种资料。利用案头调查法收集到的资料一般是经过其他人整理过的资料，称为次级资料，也叫二手资料。

（二）实地调查法

实地调查法是行情研究人员通过实地调查、观察、访问等途径获取有关资料的方法。例如，行情研究人员到实际销售市场接触消费者或企业用户，收集有关商品价格、商品的质量、消费结构、消费前景等方面的资料。这种方法可用于具体商品市场的研究。通过实地考察所收集的资料称为原始资料，也叫第一手资料。

（三）其他资料收集方法

行情研究还可以利用企业外部人员收集资料。随着社会分工越来越专业化，一些企业或机构专门从事信息的收集、加工、储存及传播活动，如各种类型的咨询机构、信息开发公司、研究所及机构等。这些企业或机构通常有较强的信息开发能力，备有多种类型的资料。行情研究人员可以通过购买来收集资料。

随着现代信息技术的发展和计算机的普及，越来越多的人利用网络搜寻二手资料。它避免了调研人员跑图书馆或借不到所需图书资料的烦恼。根据所需资料的网址，可以直接借助浏览器如微软公司的 Internet Explorer 查询。如果不知道所需的网址，可以使用搜索引擎如百度查询网址。

第三节　资料的鉴别和利用

资料的鉴别和利用应考虑下述原则：

一、时效性

资料使用价值的大小在很大程度上取决于资料的时效性，这对于经济行情的研究无疑是非常重要的。有些反映行情变化的资料可以随时获得，例如股票价格和主要发达国家货币汇率的变化会随时在金融市场上反映出来；重要原料和农产品的价格在国际商品交易所中每天都有报道。但是，大多数的经济行情指标，例如国内生产总值、工业生产指数、失业人数和失业率、固定资本投资、国内贸易、对外贸易、国际收支等，都不能随时报道，也不能随时获取。发达国家统计机构发表这类指标，本身需要一段调查、统计、计算、印刷和出版的时间。这样，在我们研究当前发达国家经济时，就会遇到不能及时获得必要资料的困难。但发达国家的一些重要经济指标，在没有正式付印在有关刊物上以前，往往先由通讯社或报纸发表出来，即使有时发表的是"初步估计数字"（标号为 e 或 p，意为 Estimated 或 Provisional），我们也可以利用。我国有关驻外机构能够比国内的研究者更快地得到有用的资料，这为我们提供了研究工作的方便。随着信息系统的发展和信息工作的加强，我们将会更加及时地获得所需要的资料。

二、代表性

行情研究所获得的资料必须能够代表其所反映的经济现象。对于我们分析世界市场行情而言，没有代表性的资料、指标数据是没有任何意义的。例如，分析全球的总体经济发展状况，零售物价指数就不具有代表性，需要使用全球性的生产、金融、贸易等多种指标来综合分析。

三、一致性

在行情研究中我们常常会发现，不同的资料来源可能发表内容相似的资料。如果有来自两种以上资料来源所发表的同一种资料，我们要尽量使用一种来源的资料，以避免在分析时交替使用，相互矛盾，造成结论的混乱，导致行情研究的失真。例如，关于我国对外贸易额，在中国海关总署、中国商务部、世界贸易组织数据库、联合国商品贸易统计数据库等处都能找到相关的数据内容。但是由于统计来源或口径方面的差异，来自不同部门的数据可能存在一定的差异性。因而在实际的关于我国对外贸易的行情研究中，研究者要尽可能地使用同一个来源的相关数据，这样才能够在较大程度上确保研究结论的准确性。

四、可靠性

行情研究所获得的资料必须是真实可靠的，这就要求行情研究在收集资料时，应尽可能收集权威性机构所发表的资料。如前所述，各国际组织、政府机构以及一些企业和研究机构，常常在某些领域的资料发布上获得广泛的认可，如联合国粮农组织关于土地使用和农业生产方面的数据，世界银行在国外债务和购买力平价方面的资料，各国官方统计机构的国民经济统计等。

【关键词】

经济指标　经济指标体系　"领先—同步—落后"指标体系　案头调查法　实地调查法

【拓展阅读】

[1] 杨逢华，朱明侠. 世界市场行情 [M]. 北京：中国商务出版社，2008.
[2] 克斯里尔，斯卡普. 股票期货市场预测指标 [M]. 冯睿，译. 北京：地震出版社，2006.
[3] 张德存. 世界市场行情分析 [M]. 北京：科学出版社，2009.

【复习思考题】

1. 世界市场行情指标的定义是什么？
2. 如何认识指标在行情研究中的作用？
3. 世界市场行情资料的主要搜集方法有哪些？
4. 世界市场行情资料的有哪些主要来源？
5. 资料的鉴别和利用应考虑哪些原则？

第五章

经济行情研究的主要指标（一）

【导读】

　　经济行情主要是针对宏观经济的发展状态做出的分析，这一分析过程需要很多的经济指标。其中，国民收入是最重要也最具代表性的经济指标，能够衡量一国总体经济情况趋好或趋坏，也可以反映一个国家在较长时期内的经济发展规模和发展速度，是体现经济行情的重要"晴雨表"；固定资本投资对宏观经济运行具有先导作用，其增减意味着生产能力的增减，也决定了供给和需求的增减；就业和失业指标反映经济活动的盛衰；工业生产指标是反映经济周期变化的主要标志。

【学习重点】

1. 国民收入指标在经济行情分析中的作用
2. 固定资本投资的概念
3. 固定资本投资指标在世界市场行情分析中的作用
4. 就业和失业指标在世界市场行情分析中的作用
5. 工业生产指标在世界市场行情分析中的作用

第一节　国　民　收　入

　　在日常生活与理论研究中，国民收入都是一个经常被提及的经济指标。特别是第二次世界大战以后，随着凯恩斯主义的盛行，各国政府日益重视对宏观经济的干预和调节。为了掌握宏观经济的发展动向和趋势，许多国家的官方机构都越来越系统地编制反映宏观经济动态的国民收入和国民生产方面的经济统计指标。

一、国民经济核算体系

（一）国民经济核算

　　国民经济核算是以整个国民经济为对象的全面、系统的宏观经济核算，它以一定的理论为基础，综合运用会计、统计、数学等方法对社会再生产全过程进行系统的计算、测定和描述，从数量上反映国民经济运行状况，反映社会再生产过程中生产、分配、交换、使用各环节之间以及国民经济各部门之间的内在联系。国民经济核算可以提供经济运行的信息和数据，实现为政府宏观经济管理、决策提供信息、咨询、监督和服务的功能。

（二）国民经济核算体系

　　国民经济核算体系是在核算理论的指导下，为进行国民经济核算而制定的一整套标准和规范，也是用来指导各国国民经济核算实践的指导性文本。作为一种规范或标尺，国民经济核算体系既有其相对的独立性和稳定性，又会随着经济社会的发展、制度的变迁而发生变化。

国民经济核算方法有两种，又称两大核算体系。一种叫作物质产品平衡体系，我国和苏联以及东欧的一些国家曾采用该体系；另一种叫作国民账户体系，目前已有170多个国家采用该体系。

1. 物质产品平衡表体系

物质产品平衡表体系（The System of Material Product Balances，MPS）源于苏联，主要为经互会国家使用，又称"东方体系"。1950年—1957年，在多年理论研究和核算实践基础上，苏联中央统计局统一制定了一系列国民经济平衡表，从而形成了以国民经济综合平衡表为中心，包括人、财、物平衡表在内的物质产品平衡表体系，并逐步推广到经互会国家。

1965年开始，MPS在国际上得到了系统的阐述，1971年，随着《国民经济平衡表体系的基本原理》正式制定并以联合国统计委员会的名义公布，MPS实现国际化。1984年，经互会统计合作常设委员会又对MPS进行了重大修订，形成了新MPS，增加了部门联系平衡表、居民收入和消费指标、非物质服务平衡表，并扩展了劳动平衡表，内容上也有了较大突破。

1990年以后，随着苏联的解体、东欧国家体制的转型，加上MPS自身存在的重大缺陷，1993年在联合国第27届统计年会上MPS被宣布终结。

2. 国民经济账户体系

国民经济账户体系（The System of National Accounts，SNA）是从国民收入统计发展而来的。1953年联合国统计委员会公布了《国民经济核算体系及其辅助表》，标志着SNA的诞生。1968年、1993年和2007年，联合国先后三次公布修订的SNA，并向市场经济国家推荐使用。SNA成为目前国际上通用且唯一的一种国民经济核算体系，世界上绝大多数国家和地区都采用SNA进行核算。

3. 两大核算体系的比较

无论是MPS还是SNA都是适应国家宏观经济管理需要而建立和发展起来的国民经济核算体系。作为一种公共产品，它们都对指导各国经济运行、提供宏观经济信息、协调各方统计工作发挥了重大的作用。同样，两种核算体系从产生、发展到成熟也都经历了多次修改和调整。但是，由于两者是不同经济体制和经济运行机制下的产物，因而彼此间仍存在较大的差异。

（1）产生的现实基础以及对生产的理解不同 MPS产生在计划经济体制的国家，依据劳动的生产性将全部经济活动部门分成两大领域：物质生产领域和非物质生产领域。生产的定义只限于工业、农业、建筑业、运输邮电业和商业部门的物质产品生产和生产性劳务，其他均为非生产活动。SNA产生于市场经济体制的国家，采用的是扩展性生产的概念。认为所有创造效用并取得收入的活动，不管是生产物质产品还是提供各类服务，均是生产活动。正是由于对生产的理解不同，导致了两者在核算范围、内容和方法上的差异。

（2）核算的范围、内容不同 MPS对生产的理解是限制性的，因此它的核算范围限于物质产品，把非物质生产性的服务活动排除在外。在核算内容上，主要反映物质产品的生产、交换和使用的实物运动，而对第三产业的状况、对资金的运动、分配和使用状况及国际收支状况反映不力。MPS 的主要指标是社会总产值和国民收入，前者是物质生产部门的总产品总和，后者是净产值总和。SNA 采用扩展性生产的概念，它的核算范围覆盖整个国民经济各部门，在核算内容上既核算货物和服务的实物流量，还注重收入、支出、金融交易等资金流量和资产负债存量的核算。SNA 的主要核算指标是国内生产总值（GDP）和国民生产总值（GNP）。相比 MPS，SNA 更能全面地反映国民经济运行的全貌，也能更好地反映社会再生产中实物运动与价值运动交织在一起的复杂运动过程。

（3）核算方法不同　MPS 以单式平衡表为主要核算形式，采用单式记账方法，核算时往往注重平衡表内的平衡关系，而不太注意平衡表之间的平衡关系。SNA 主要采用复式记账法，通过账户体系把社会再生产各环节、国民经济各部门紧密衔接起来。

（三）我国国民经济核算体系的形成与发展

自 1949 年以来，随着社会生产力的发展、经济体制的变化和核算水平的提高，我国国民经济核算也得到了相应的发展，迄今为止已经经历了三个阶段。

1. MPS 在我国的建立和发展阶段（1952 年—1978 年）

这一阶段是 MPS 在我国的建立和发展阶段，是与当时我国实行高度集中的计划经济管理体制相适应的。

2. MPS 与 SNA 并存阶段（1979 年—1992 年）

这一阶段是我国国民经济核算体系目标模式的选择期。为适应当时有计划的商品经济发展的需要，1992 年我国统计部门专门制定了《中国国民经济核算体系（试行方案）》，这一文本混合了 MPS 与 SNA 两种体系。国家统计局不仅发布 MPS 下的"国民收入"数据，同时发布 SNA 下的"国内生产总值"数据，并且成功地解决了国民核算历史资料的转换问题。

3. SNA 的全面实施阶段（1993 年至今）

为适应建立社会主义市场经济的需要，我国对原有的国民经济核算制度及方法进行了修订和调整，取消了 MPS，取消了国民收入统计，明确将国内生产总值作为国民经济核算的核心指标，同时着手编制资产负债表和国民经济账户，开展资源环境核算的研究工作，并成功推出了中国国民经济核算体系的新版本《中国国民经济核算体系（2002）》。2002 年版国民经济核算体系的颁布标志着我国的国民经济核算步入了新的发展轨道。

二、SNA 中的主要总量指标

SNA 是由国民收入账户、投入产出账户、资金流量账户、国际收支账户和国民资产负债账户五个部分组成的。我们进行宏观经济行情分析时使用最多的是国民收入账户，其中最重要、最常用的四个总量指标是：国民生产总值（GNP）、国内生产总值（GDP）、国民生产净值（NNP）、国民收入（NI）。这四个指标尽管在概念、数额及对宏观经济动态反映上各不相同，但是它们的变动趋势基本一致。作为分析研究一国整体经济行情发展的指标来说，它们没有多大差异。特别是国内生产总值和国民生产总值之间的差异更小。因此，这里主要对国内生产总值指标进行重点阐述，同时对其他指标的概念、在研究经济行情时的不同作用以及彼此的相互关系加以简要说明。

（一）国内生产总值

国内生产总值系国民经济账户体系 SNA 中总量核算的核心指标，在世界各国经济发展评价和宏观经济分析中有着广泛的应用，是一个最具有综合性的经济指标。在行情研究，尤其是经济行情研究中，国内生产总值是进行分析和预测的主要指标。

1. 国内生产总值的概念

国内生产总值（GDP）是反映一个国家总体经济活动的最重要的经济指标，是指在一定时期、一国领土范围内，所生产的全部最终产品和服务的价值，即国民经济各部门所创造的商品和劳务的新增价值总和。它包括物质生产部门所创造的新增价值，也包括非物质生产部门所创造的新增价值。

理解 GDP 需要明确以下几点：

（1）按市场价格计算　在计算 GDP 时，各种最终产品和服务的价值都要按照市场价格来计算，而不能按照某种计划价格或人为的价格来算。GDP 一般仅指市场活动导致的价值，家务劳动、地下经济等非市场活动不计入 GDP。

（2）按最终价值计算　GDP 核算的是最终产品的价值或社会总产品的增加值，中间产品价值不计入 GDP，否则会造成重复计算。

（3）按生产的最终产品计算　GDP 是一定时期内（通常为一年）所生产而不是所售卖的最终产品的价值。一定时期一国生产的全部价值产出都应计入 GDP，不管是售出还是作为存货。

（4）按流量计算　GDP 是计算一定时期内生产的最终产品的价值，是流量而不是存量。流量是一定时期内发生的变量，存量是一定时点上测算的量。若某人花 20 万元购买了非本年建造的旧房，这 20 万元就不能计入 GDP，因为这 20 万元在房屋的生产年度已经计算过了。

（5）按地域计算　GDP 是一国范围内所生产的最终产品的市场价值，从而是一个地域概念，采用的是"国土原则"。所谓国土原则，是指凡是在本国领土上创造的收入，不管是否来自本国国民，都计入 GDP。

GDP 有三种表现形态：价值形态、收入形态和产品形态。价值形态就是指 GDP 是所有常住单位在核算期内产出的所有货物和服务价值超过同期投入的全部非固定资产货物和服务价值的差额，即所有常住单位的总增加值之和；收入形态是所有常住单位在核算期内创造并分配给常住单位和非常住单位的初次分配收入之和；产品形态则表现为最终使用的货物和服务，包括消费品、投资品和出口品。

2. GDP 的计值方法

GDP 是以货币金额来表示的。第二次世界大战结束以后，发达国家由于持续通货膨胀，物价不断上升，货币不断贬值。以当时价格表示的 GDP 不能准确地反映其实际变化趋势。因此，在发达国家发布的统计资料中，通常包括两种 GDP。一种是按照当时价格计算的，即按当年价格水平计算当年的 GDP，叫作名义 GDP；还有一种是按照固定价格计算的 GDP，这种计算方法剔除了通货膨胀的因素，能够比较客观地反映国民经济活动的真实变化，被称为实际 GDP。物价上涨的因素是用 GDP 消费价格指数来剔除的（又称为 GDP 平减指数或内含价格水平指数）。这种指数是一种专门编制的用以反映 GDP 变化的价格指数，旨在衡量 GDP 所包括的所有商品和劳务的平均价格的变动。某一年的实际 GDP 就是当年价格的 GDP 除以当年"GDP 消费价格指数"而得出的数值。计算公式如下：

$$实际 GDP = 名义 GDP \div GDP 消费价格指数 \times 100$$

2019 年美国的名义 GDP 为 214277.00 亿美元，GDP 消费价格指数为 112.35，实际

GDP = 214277 ÷ 112.35 × 100 = 190722.74（亿美元），2017年—2019年美国GDP与GDP消费价格指数见表5-1。

表5-1 2017年—2019年美国GDP与GDP消费价格指数

年份	2017	2018	2019
名义GDP（亿美元）	195194.24	205802.23	214277.00
实际GDP（亿美元）	181087.52	186381.30	190722.74
GDP消费价格指数	107.79	110.42	112.35

（数据来源：美国经济分析局（BEA），https://www.bea.gov。）

3. GDP的编制方法

GDP具有三种表现形态，意味着它可以从三个角度进行核算与编制，也就是说，编制GDP一般有三种方法：生产法（部门法）、收入法（成本法）和支出法（最终产品法）。这三种方法从不同侧面反映国民经济的变动。

（1）生产法（部门法） 生产法是指从生产过程出发计算的GDP，也就是价值形态的GDP。它反映一定时期内生产单位通过生产活动新创造的价值和固定资产的转移价值，即总产出扣除中间消耗以后的差额。因此，生产法GDP的计算公式为

生产法GDP = ∑部门增加值 = ∑各部门总产出 − ∑各部门的中间消耗

2017年美国GDP（生产法）见表5-2。

表5-2 2017年美国GDP（生产法） （单位：百万美元）

项　　目				金额
GDP（生产法）				19485393.848
	按基本价格计算的全部活动总增加值，不含金融中介服务			18803200.678
		按基本价格计算的全部活动总增加值		18803200.678
			农业、林业和渔业	178579.605
			工业	2768161.57
			建筑业	779727.255
			批发零售贸易、维修、交通运输、住宿和餐饮业	3070794.743
			信息和通信	1332919.453
			金融和保险活动	1436790.386
			房地产业	2386913.613
			专业和科技活动，行政和支持服务	2223232.787
			公共行政和国防，强制性社会保障，教育，卫生和福利	4129506.688

（续）

项 目			金额
		其他服务活动	496574.583
		间接测算的金融中介服务	0
	税减产品补贴		682193.17
		产品税	743485.00
		产品补贴	−61291.83
	统计误差		0

（数据来源：美国经济分析局（BEA），https：//www.bea.gov。）

分析 GDP 的部门构成，可以确定各个部门（或各类产业）在总体经济活动中的地位以及整个经济结构的变化，这可以通过比较不同时期各部门的产值在 GDP 中所占比重来进行。

（2）收入法（成本法） 收入法是指通过把参加生产过程的所有生产要素的所有者的收入相加来获得 GDP 数据的一种计算方法。这些要素分配的收入包括支付给雇员的劳动报酬、上缴政府部门的生产税、补偿固定资产正常磨损的固定资产折旧以及属于生产单位的盈利。因此，收入法 GDP 计算公式为

收入法 GDP = 劳动者报酬 + 生产税净额 + 固定资产折旧 + 营业盈余

式中，劳动者报酬是指劳动者因从事生产活动所获得的全部报酬，体现了劳动这种生产要素在生产的价值中所获得的收入；生产税净额是指生产税减去生产补贴的差额，代表政府参与生产单位分配所获得的收入；固定资产折旧是指在固定资产的使用寿命内，按确定的方法对应计折旧额进行的系统分摊，反映了固定资产在当期生产中的转移价值；营业盈余是指增加值扣除劳动者报酬、生产税净额和固定资产折旧后的余额，是生产单位在生产过程中产生的盈余收入，营业盈余代表的主要是资本要素从当期生产中所获得的报酬。

分析 GDP 的收入构成，可以大致看出不同要素投入在国民收入中所占的相对地位及其变动趋势，也可以通过不同国家的对比观察各国要素收入的差别，美国、俄罗斯 2017 年 GDP（收入法）见表 5-3。

表 5-3 美国、俄罗斯 2017 年 GDP（收入法）

	美国		俄罗斯	
	额度（百万美元）	占比	额度（百万卢布）	占比
GDP 总额（收入法）	19485393.87	100%	91843154.2	100%
劳动者报酬	10420585.2	53.48%	43897536.4	47.80%
营业盈余和混合收入总额	7922103.149	40.66%	37972555.6	41.35%
生产税净额	1285876.752	6.60%	9973062.197	10.86%
统计误差	−143171.232			

（数据来源：美国经济分析局（BEA），https：//www.bea.gov。）

（3）支出法（最终产品法） 支出法是从最终使用角度反映常住单位在一定时期内生产的最终成果的价值总量。GDP 的支出构成，从统计方法来说比较准确及时，分类也比较

详细，因此用途比较广泛。支出法 GDP 的三个组成部分是消费、投资和出口。其中消费即最终消费，主要使用对象是居民和政府；投资即资本形成总额，使用对象以企业为主，包括固定资本形成和库存增加；出口即供国外的最终使用，计算时应扣除进口。因此，其计算公式应为

$$支出法 GDP = 最终消费 + 资本形成总额 + 净出口$$

用支出法核算 GDP 可以很好地反映实际需求的状况，因为最终消费反映消费需求，资本形成总额反映投资需求，净出口反映货物和服务的贸易顺差或逆差而产生的外部需求，美国 1987 年、1997 年、2007 年、2017 年 GDP（支出法）见表 5-4。

表 5-4　美国 1987 年、1997 年、2007 年、2017 年 GDP（支出法）

（单位：百万美元）

年份	1987	1997	2007	2017
总额	4855215	8577552	14451860	19519424
国内需求	4999985	8679523	15170286	20094759
最终消费支出	3853172	6757318	11905252	16069274
家庭最终消费支出	3076279	5536790	9706431	13312060
政府最终消费支出	776893	1220528	2198821	2757214
资本形成总额	1146813	1922206	3265034	4025485
固定资本形成总额	1119664	1851279	3231084	3995296
库存变化	27149	70927	33950	30189
对外贸易差额	-144770	-101971	-718426	-575336
出口	363943	953803	1660853	2356727
货物	265554	699887	1161271	1538356
服务	98389	253916	499582	818371
进口	508713	1055774	2379280	2932063
货物	414768	885654	1999662	2379802
服务	93945	170120	379618	552261

（数据来源：美国经济分析局（BEA），https：//www.bea.gov。）

从表 5-4 可以看出，美国 GDP 按支出法编制，分为国内需求和外部需求两部分，其中国内需求又可以分为最终消费支出和资本形成总额两部分。各个部分又有更细致的划分。其他发达国家的支出法 GDP 也基本如此。支出法 GDP 结构能够反映一国最终消费、资本形成和净出口及其具体构成项目在总需求中所占的份额，这对于了解一个国家的需求结构现状及其发展变化规律，制定正确的消费、投资和进出口政策，引导需求结构健康发展，具有重要的意义。

用支出法、收入法和部门法计算 GDP 理论上应该是一致的，但实际这三种方法所得出的结果往往并不一致。一般来讲，发达国家的 GDP 统计大多是按照支出法来进行的。这是由于这些国家传统上就很重视消费和资本形成，并且发达国家法律、金融、技术制度比较成熟，个人消费和个人收入统计系统相对完善。

（二）与 GDP 相关的其他指标

GDP 是一个综合性很强的宏观经济指标，在行情研究中还会经常用到与其相近或密切

相关的其他指标，如国民生产总值、国民生产净值、国民收入等。这些指标在分析经济行情时的基本作用与 GDP 大致相同。

1. 国民生产总值

国民生产总值（GNP）是指以货币表示，在一定时期内（年、季或月）、由本国居民创造的全部商品和劳务的新增价值的总和。

国民原则是以国民为主体计算生产活动成果的原则。国民包括住在国内或国外的本国公民，以及常住本国但未加入本国国籍的居民。凡是本国国民经营的生产活动，不管是在国内或国外，其生产成果都要计入本国产值；反之，外国国民在本国经营，其生产成果要从本国产值中扣除，加到外国产值统计中去。按国民原则计算的总产值称为国民生产总值。

与国民原则相对应的是国土原则。国土原则亦称"地域原则"，是指在计算生产活动成果时，以一国（或地区）领土为计算范围的原则。凡发生在本国（或本地区）领土范围内的生产活动，不管由谁经营、产品归谁所有，都需计入本国的产值；反之，超过本国的领土范围，即使为本国所有，也不予计算。按该原则计算的总产值称为国内生产总值（GDP）。

某国如果有资本输出，在国外持有资产，由此获得的利息、利润和股息等收入，则被视为本国居民所创造的收入。同时，这个国家也有资本输入，外国居民在该国也持有一定的资产，外国居民从本国获得的资产收入，则应视为外国居民的收入。国民生产总值和国内生产总值的关系就可用下列公式来表示：

国民生产总值（GNP）= 国内生产总值（GDP）+ 从外国获得的

资产收入 − 外国从本国获得的资产收入

国内生产总值（GDP）= 国民生产总值（GNP）− 从外国获得的资产

收入 + 外国从本国获得的资产收入

某国从外国获得的资产收入与外国从本国获得的资产收入的差额叫作国外净要素收入。因此，上述 GNP 和 GDP 的关系，可用比较简化的公式表述如下：

GNP = GDP + 国外净要素收入

GDP = GNP − 国外净要素收入

20 世纪 80 年代之前，大多数国家和地区的 GNP 与 GDP 相差甚微，而进入 20 世纪 80 年代之后，由于国际直接投资的迅猛发展，国外净要素收入逐渐变多。许多国家的 GNP 与 GDP 相差也越来越多。由于 GDP 统计的是在一国国土内产出的总价值，无论是本国居民生产投资带来的，还是由外国居民生产投资带来的都包括在内，这种价值的实现，都必须和这个国家的各种要素相结合，包括这个国家的劳动力、土地、资源、市场及制度，从而在政治、经济、社会、文化等各个方面推动国家的发展和进步。因此，通常认为 GDP 比 GNP 更能够较为真实地反映一国经济发展所具备的生产效率和竞争能力。在 20 世纪 80 年代后期至 90 年代初，许多国家的国民经济核算尤其是季度经济增长率的统计及其公布，纷纷由原来的注重 GNP 向注重 GDP 转变。

作为衡量生产的总尺度，GDP 更能反映一个国家或地区的实际生产规模和经济景气状况，就研究经济发展水平、预测经济增长速度、考察产业比例关系、分析经济增长与通货膨胀或通货紧缩的相互关系等方面来说，采用 GDP 比采用 GNP 更合适。

2. 国民生产净值

国民生产净值（NNP）是指一个国家在一定时期内，国民经济各生产部门生产的最终产品和劳务价值的净值。国民生产总值（GNP）或国内生产总值（GDP）包括了总投资，而国民生产净值只包括净投资，二者之间的差额就是资本消费，也就是固定资本折旧。

从理论上讲，用国民生产净值（NNP）来反映一个国家的经济实绩更能确切地说明问题，但是由于折旧的数字较难估计，因此，一般还是用 GDP 或 GNP 指标。

3. 国民收入

国民收入（NI）有广义和狭义之分。广义的国民收入是指国民生产总值（GNP）。这个概念是指生产总值决定了收入总值，而收入又是支出的来源，支出又决定了生产，这三者的循环导致 GNP 就等于国民收入。不过，一般意义上的国民收入指的是狭义的国民收入，是指一国的劳动和财产在一定时期内生产商品和劳务的过程中通过价值分配所获得的全部收入，包括工资、利息、利润和地租的总和。这个概念强调的是一国的各种要素的收入。通常国民收入是按要素成本或成本价格计算的。

4. 个人收入

个人收入是指一个国家一年内个人得到的全部收入，即个人从各种途径所获得的收入的总和，包括工资、租金收入、股利、股息及社会福利等。个人收入反映了该国个人的实际购买力水平，预示了未来消费者对于商品、服务等需求的变化。个人收入指标是预测个人的消费能力，未来消费者的购买动向及评估经济情况好坏的一个有效指标。

5. 个人可支配收入

个人可支配收入等于个人收入扣除向政府缴纳的所得税、遗产税和赠与税、不动产税以及交给政府的非商业性费用等（统称非税支付）以后的余额。个人可支配收入被认为是消费开支的最重要的决定性因素。因而，常被用来衡量一国生活水平的变化情况。

根据以上对各个指标的分析，我们发现，这些指标之间的数量关系如下：

$$GNP = GDP + 国外要素净收入$$

$$NNP = GNP - 资本折旧$$

$$国民收入 = NNP - （间接税 + 转移支付 + 统计误差）+（政府津贴 - 政府企业盈余）$$

间接税是商品和劳务在生产、销售和使用过程中所缴纳的税，如货物税、销售税、烟酒税、进出口关税、娱乐税及不动产税等。间接税加在销售价格中被计入 GNP 或 NNP，但不构成要素收入，企业只不过是担当了政府的征税机构，所以在国民收入中应扣除。

转移支付是企业不以取得商品或劳务做补偿的支出，在生产过程中并不具有生产费用（要素收入）补偿的意义，在核算国民收入时应将其减去。转移支付主要表现为馈赠与捐款，占 GNP 的比重很小，在行情研究中一般可忽略不计。

统计误差是指分别用不同方法统计的 GNP 所得数值之间的差额。一般以支出法统计的数字为准，其他方法统计的数值与支出法所得数值的差额即统计误差，它不具有经济意义。

政府津贴是政府对于企业因价格政策和措施遭受损失而给予的补助金，是弥补售价低于成本的损失，不是销售收入，构成企业收入，属于企业生产要素的组成部分，因此，应该计入国民收入。

政府企业盈余是指政府在销售产品和劳务时获取的利润，与税收一起构成政府财政收入来源，因此作为减项。

我们可以把 NNP 下面的数额很小、重要性不大的项目予以简化，国民收入与其他指标的关系可以描述为

国民收入 = GDP + 国外要素净收入 - 资本折旧 - 间接税 + 政府津贴

国民收入 = GNP - 资本折旧 - 间接税 + 政府津贴

国民收入 = NNP - 间接税 + 政府津贴

个人收入 = 国民收入 - 企业未分配利润 - 公司所得税 - 社会保险税费 + 转移支付

个人可支配收入 = 个人收入 - 个人所得税

三、GDP 在世界市场行情分析中的作用

通过科学、准确核算而获得的 GDP 数据，可以用来作为分析宏观经济走势的重要依据。因此，在众多国家的经济统计中，GDP 都被认为是反映宏观经济动态最富有综合性的指标。

（一）可利用 GDP 总量指标和人均指标衡量经济发展水平，分析经济发展动态

1. GDP 可以反映一国或地区一段时间内的经济发展规模和速度

直接利用 GDP 数据可以反映一个国家或地区在较长时期内的经济发展规模和经济增长速度。但引用数据时要注意，这个指标有按照生产法计算的，也有按照收入法计算的，还有按照支出法计算的，这三者的数值存在差异，使用中应加以区分。同时也应区分名义 GDP 和实际 GDP。

在进行动态比较时，同样如此，见表 5-5。

表 5-5　2000 年与 2019 年美国 GDP 动态比较　（单位：亿美元）

	2000 年	2019 年	倍数
名义 GDP	102523.47	214277.00	约 2.09
实际 GDP	131309.87	190731.00	约 1.45

（数据来源：美国经济分析局（BEA），https：//www.bea.gov。）

如表 5-5 所示，美国 2000 年的名义 GDP 是 102523.47 亿美元，2019 年名义 GDP 达到了 214277.00 亿美元，是 2000 年的 2.09 倍；如果按照实际 GDP 算，则 2000 年、2019 年的 GDP 值就是 131309.87 亿美元和 190731.00 亿美元，后者是前者的 1.45 倍。从中可以看出名义 GDP 和实际 GDP 的巨大差异。理论上，剔除价格变动影响的对比更能说明实际经济增长的程度。

关于经济增长率，也应区分名义增长率和实际增长率的不同，2018 年与 2019 年美国 GDP 对比见表 5-6。

表 5-6　2018 年与 2019 年美国 GDP 对比　（单位：亿美元）

年份	2018	2019
名义 GDP	205802.23	214277.00
实际 GDP（2010 年基期）	186381.64	190731.00

（数据来源：美国经济分析局（BEA），https：//www.bea.gov。）

如表 5-7，美国 2018 年的名义 GDP 为 205802.23 亿美元，2019 年的名义 GDP 为 214277.00 亿美元，2019 年较上年的经济增长率应为：

$$（214277.00 \div 205802.23 - 1）\times 100\% = 4.1\%$$

这样计算得出的增长率被称为名义增长率。名义增长率中包含了价格的变动。只有剔除价格变动的经济增长率才是实际的经济增长率，所以实际的经济增长率其实就是 GDP 物量

指数的变形。一般来说，用实际 GDP 才能真实反映经济增长率。这里应明确一点，计算某两年的实际 GDP 增长率时，应注意按某年的不变价格（如 2000 年）GDP 去对比。如表 5-6，2018 年和 2019 年均以 2010 年为基期，因此，美国 2019 年相对于 2018 年的 GDP 实际增长率应为：$(190731.00 \div 186381.64 - 1) \times 100\% = 2.3\%$

【知识窗】GDP 物量指数

GDP 物量指数即国内生产总值物量指数，是当期不变价 GDP 与基期不变价 GDP 之间的比例系数，即：

$$GDP\ 物量指数 = 当期不变价\ GDP \div 基期不变价\ GDP$$

它反映的是一个国家（地区）一定时期内 GDP 的物量变动情况。从生产角度来说，它综合反映了国民经济各个行业的物量变化情况；从使用角度来说，它综合反映了居民消费、政府消费、固定资本形成总额、存货增加、货物和服务净出口等各项最终使用的物量变化情况。

2. 利用同年不同国家 GDP 数据进行国际比较

还可以利用不同国家之间同一年的 GDP 数值，横向比较各国的经济规模和经济实力。在利用 GDP 数据进行国际对比时，需要注意货币换算和价格调整问题。目前，国际上通用的货币换算方法有汇率法和购买力平价法。前者直接根据汇率来换算两国间的货币，例如将人民币的 GDP 折算成美元后进行比较。由于存在官方的汇率数据，这种方法计算简单，但官方汇率一般只能从名义上反映两国的货币比值，很难准确反映不同国家货币购买力的真实比率。后者是利用购买力平价来换算两国货币。

【知识窗】购买力平价

20 世纪 60 年代后半期开始，联合国统计司、世界银行、美国宾州州立大学研究组吸取了多年研究成果，提出了购买力平价计算方法。联合国统计委员会决定采用购买力平价法逐步开展对不同国家的 GDP、价格水平或收入水平进行比较，从而揭开了国际比较项目（International Comparison Program，ICP）的序幕。所谓购买力平价，是指一个国家的货币单位能够买到的商品和服务相当于在其他国家购买同质商品和服务的本币数量。这种方法虽然能更真实地反映国家间的差距，但是实际操作中也存在着诸多不确定性问题，加上各国经济发展水平、自然条件、资源、生活习惯、观念不同，世界各国所使用的商品在其人均总量和构成上有着明显的差异，由此得到的购买力平价也常常有一定程度的局限性。

3. 利用 GDP 平均指标衡量居民生活水平

可以利用 GDP 的平均指标来衡量一国或一个地区富裕程度以及居民生活水平。一国或地区 GDP 数据除以一国或地区的人口数量，就是我们常说的人均 GDP。相对于 GDP 总量，人均 GDP 更能反映生产的真实效率。但利用人均数据时，应注意以下几个问题。

第一，需要注意人口指标的口径，理想的状态是用当地的常住人口作为分母，因为常住人口才是当地经济生产的"主力军"。实际计算中由于数据来源的关系，通常会采用户籍人口计算，由于人口流动的特点，这很容易高估经济发达地区的人均 GDP，而低估欠发达地区的人均 GDP。

第二，要注意结合其他指标来分析。这是因为按照人口平均的 GDP 只有在一定条件下才能真实地反映居民的生活水平和国家的富裕程度，如果整个社会的收入分配较平均，这时按人口平均的 GDP 可作为一个国家或地区富裕程度、居民生活水平高低的标志。如果整个社会的收入分配极不平均，少数人占有社会较多的财富，而多数人比较贫困，这时若把人口平均的 GDP 当作衡量一个国家或地区富裕程度及其居民生活水平的指标，则数据很虚假。因此，我们可以结合基尼系数来分析。

【知识窗】基尼系数

基尼系数（Gini Index、Gini Coefficient）是指国际上通用的、用以衡量一个国家或地区居民收入差距的常用指标。基尼系数最大为"1"，最小等于"0"。基尼系数越接近 0 表明收入分配越趋向平等；国际惯例把 0.2 以下视为收入绝对平均，0.2 ~ 0.3 视为收入比较平均；0.3 ~ 0.4 视为收入相对合理；0.4 ~ 0.5 视为收入差距较大，当基尼系数达到 0.5 以上时，则表示收入悬殊。

（二）可利用 GDP 核算主体和三种计算方法进行结构分析

可通过对 GDP 进行结构分析，考察宏观经济不同角度、不同侧面的状况及趋势。

1. 通过对核算主体进行分类来实现结构分析

可以通过对核算主体进行分类来实现结构分析，如 GDP 的产业结构分析、行业结构分析、地区结构分析、部门结构分析等，其中产业结构分析尤其重要。可通过各个产业增加值在 GDP 中所占的比重，反映一个国家的产业结构，也就是农业、工业、建筑业、交通运输业、通信业、批发和零售业等各种产业在整个国民经济中所占的比重。这对于了解一个国家的产业结构现状及其发展变化规律、制定正确的产业发展政策、引导产业结构健康发展具有重要的意义。根据配第 - 克拉克的产业结构理论：随着经济的发展，第一产业国民收入和劳动力的相对比重逐渐下降；第二产业国民收入和劳动力的相对比重上升。经济进一步发展，第三产业国民收入和劳动力的相对比重也开始上升。目前，大多数发达国家的产业结构特征呈现"三二一"递减的趋势，即第三产业增加值的比重最高，第二产业次之，第一产业最低。我国的产业发展进程基本符合克拉克定律。几十年来。第一产业比重明显下降，第二产业比重居高不下，第三产业比重显著上升，长期以来产业结构从高到低呈现"二三一"的态势，近年来又有接近"三二一"的结构特征。图 5-1 是我国 1979 年—2019 年三大产业的变动轨迹，图 5-2 则是 2014 年世界部分国家 GDP 构成情况的比较。图 5-2 中的农业增加值、工业增加值、服务业增加值所占比重也即三大产业比重。可见，与国际上的一些国家，尤其是发达国家对比，我国的第三产业比重还很低。大力发展第三产业仍是我国产业结构优化的主要目标。

除了产业结构分析，还可以对 GDP 的行业、地区结构进行分析，以便进一步了解经济发展存在的差距及问题。

2. 可以从 GDP 的三种计算方法出发进行结构分析

在生产法中，将中间消耗、增加值与总产出进行比较得到的结构相对指标可以反映生产过程的投入与产出构成。其中，中间消耗率反映中间消耗与总产出的比重，该指标越低，生产过程中的单位消耗越少，生产效率越高；反之就说明生产效率较低。如果结合不同的消耗类型，如原材料消耗、能源消耗等指标，则更有利于反映生产过程的消耗结构，有利于改善生产与消耗结构、提高劳动效率。增加值率是增加值与总产出的比值，与中间消耗率互为逆

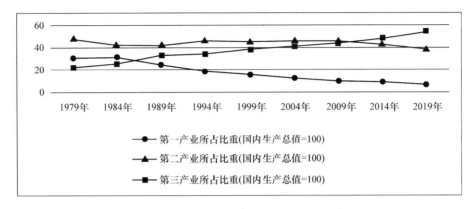

图 5-1 我国 1979 年—2019 年三大产业的变动轨迹

（数据来源：中国国家统计局。）

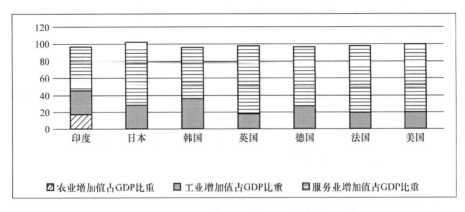

图 5-2 2014 年世界部分国家 GDP 构成情况比较

（数据来源：美国经济分析局（BEA）。）

指标，提高增加值率也就意味着要降低中间消耗率。在管理中，我们常常要求提高生产的附加值，或者要扩大增加值率高的产业比重，这就要求我们了解不同行业的生产特点及其增加值率计算的特点。一般而言，制造业的中间投入较多，因此制造业的中间消耗率相对较高，而第三产业投入的消耗较少，是附加值相对较高的产业。所以发展第三产业有利于提高生产效率，改善产业结构，创造更高的附加值。

在收入法中，可以分析收入分配的要素结构。将劳动者报酬、营业盈余、固定资产折旧、生产税净额等指标与增加值进行对比，计算的结构相对数可以体现各个要素在收入分配中的作用和地位，并可以进行合理性判断。其中，劳动者报酬部分体现了生产中的劳动所得，属于个人所得；生产税净额部分体现了国家强制参与生产所获得的部分，属于国家所得；固定资产折旧及营业盈余体现了生产过程中资本要素投入所得，属于企业或集体所得。基于收入法的 GDP 结构分析对于体现收入分配的原则及合理性，协调国家、集体、个人三者关系具有积极意义。

在支出法中，可以计算最终消费率、资本形成率、外贸依存度等结构指标，来分析消费、投资、出口在 GDP 增长中的地位和作用，关注三者比例关系并采取相应的宏观政策可以促进国民经济持续、健康发展。主要指标的计算公式如下：

$$最终消费率＝最终消费÷GDP$$
$$资本形成率＝资本形成总额÷GDP$$
$$外贸依存度＝进出口总额（或净出口）÷GDP$$

如果有更详细的核算资料，还可以对各个项目的内部结构进行分析。例如，各产业内部、行业内部、地区内部的结构分析；在生产消耗、生产投入过程中的产品结构分析；收入分配中劳动要素、资本要素等的内部结构分析；最终使用中消费内部结构、投资内部结构分析；等等。

（三）可利用贡献率、拉动率分析各部门对 GDP 的作用

GDP 是多个部门生产活动的结果，也是多种最终需求的总和，因此在行情分析中可以利用贡献率或拉动系数对各部门、各组成部分对 GDP 的作用进行分析。贡献率是指增量之间的比值，增长速度之间的比值叫作弹性系数。拉动系数则是贡献率与增长率的乘积。例如，我们要考察某个产业对 GDP 增长的贡献。则：

$$某部门对经济增长的贡献率＝该部门增加值的增加量÷GDP 增加量$$
$$某部门对 GDP 的弹性系数＝该部门增加值的增长率÷GDP 的增长率$$

$$\begin{aligned}某部门对 GDP\\增长的拉动度\end{aligned}＝\begin{aligned}该部门增加\\值的增量\end{aligned}÷\begin{aligned}GDP 的\\增量\end{aligned}×\begin{aligned}GDP 的增长\\速度\end{aligned}＝\begin{aligned}某部门对 GDP\\的贡献率\end{aligned}×\begin{aligned}GDP 的\\增长率\end{aligned}$$

类似地，也可以计算各个组成部分的贡献率和拉动率，衡量最终消费、资本形成（投资）、净出口对经济增长的贡献以及它们各自的发展可以拉动 GDP 多少个百分点。据此，可以对经济增长的影响因素进行系统分析，如图 5-3 和图 5-4 所示。如果把分析点落到地域主体，则同样可以对不同地区的贡献率进行分析。

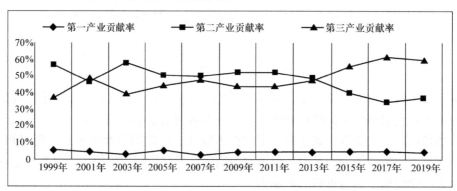

图 5-3　我国 1999 年—2019 年三大产业对 GDP 的贡献率

（数据来源：中国国家统计局。）

（四）可利用 GDP 核算资料进行多角度分析

除了上述几点外，还可以从其他不同角度展开分析，比较典型的分析是对于经济增长及其因素进行分析。通常以 GDP 或者 GDP 增长率作为外生变量，通过恰当的数量模型进行模拟，找出经济增长的影响因素或决定因素。也可以将经济增长作为内生变量，讨论经济增长、生产规模对经济和社会的影响。还可以将 GDP 与国民收入、国内生产中净值等指标结合起来分析更多的问题。

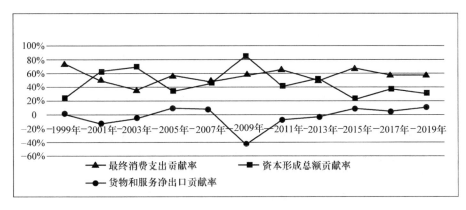

图 5-4 我国 1999 年—2019 年三大需求对 GDP 的贡献率

（资料来源：中国国家统计局。）

【阅读资料】

消费对经济增长贡献率已达 76%

商务部 12 日召开专题新闻发布会，会上发布的 2018 年商务工作亮眼的"成绩单"，传递出迈向高质量发展的积极信号，凸显了对外开放的坚定步伐。

消费对经济增长贡献率 76.2%

商务部副部长钱克明介绍说，2018 年社会消费品零售总额 38.1 万亿元，增长 9%。中高端商品和服务消费增长较快，化妆品、家电、通信器材等商品销售较旺，居民服务性消费支出占消费总支出比重升至 49.5%。消费新业态蓬勃发展，网上零售额突破 9 万亿元，增长 23.9%。"消费连续五年成为经济增长的第一动力，对经济增长贡献率为 76.2%，比上年提高 18.6 个百分点。"他说。

对于 2018 年社零总额增速同比出现回落，商务部市场运行司副司长王斌分析说，这受到国内外多重因素影响，特别是与汽车和住房类相关的一些商品消费出现阶段性增长乏力所致，在这些领域我们与发达国家相比还有很大的增长空间。"9% 的增速仍处于中高速增长区间。我国消费结构升级仍处于上升期，消费规模稳步扩大，消费模式不断创新，消费升级趋势不变。"王斌说，预计 2019 年社零总额将继续处于平稳较快增长区间。

货物进出口超 30 万亿元

2018 年，我国货物贸易总额 4.62 万亿美元，增长 12.6%，其中出口 2.48 万亿美元，进口 2.14 万亿美元。"这个成绩应当说是超出预期的。"商务部综合司司长储士家说，2018 年我国进出口总额、出口额和进口额都创历史新纪录，站上了一个新的高度。2018 年一年的净增加值就超过 2001 年我国刚加入 WTO 全年的进出口总额。这一成绩在国际范围内亦表现良好。根据有关统计，2018 年中国货物贸易增速快于美国、德国、日本等贸易大国和主要经济体平均增速。除规模创新高，我国外贸还呈现出结构持续优化、发展动力加快转化、发展更趋平衡等特点。例如，去年进口对进出口增长的贡献率超过出口，达到 56.6%，成为拉动外贸增长的重要动力，这成为我国外贸平衡发展的一个重要迹象。储士家认为，尽管当前外贸形势复杂严峻，我国外贸稳定发展仍然具有诸多有利因素，特别是国内主动扩大开放、稳外贸政策效应显现、产业升级加快等将成为有力支撑。"我们有信心在 2019 年保持外贸稳定增长。"

实际使用外资增3%

2018 年，全球跨国直接投资同比下降 19%，连续三年下滑。相比之下，我国 2018 年实际使用外资 1349.7 亿美元，同比增长 3%，实现逆势增长。商务部数据显示，来自发达经济体的投资较快增长，英国、德国、韩国、日本、美国对华投资分别增长了 150.1%、79.3%、24.1%、13.6%、7.7%。此外，利用外资结构持续优化，制造业利用外资占比升至 30.6%，高技术制造业利用外资增长 35.1%，特斯拉、宝马等项目取得积极进展。中部地区和西部地区快速增长，实际使用外资分别增长 15.4% 和 18.5%。

来之不易的成绩离不开高水平开放。据商务部外资投资管理司司长唐文弘介绍，2018年，我国努力推进投资自由便利化，推动修订全国外商投资准入负面清单和自贸试验区负面清单；提高投资促进水平，引导外资更多投向现代农业、先进制造、高新技术、现代服务业等领域；加大投资保护力度，加快《专利法》修订进程。

他表示，未来将持续放宽市场准入，全面深入实施准入前国民待遇加负面清单管理制度，不断加大对外国投资者合法权益的保护力度，营造国际一流外商投资环境。

对外直接投资 1298 亿美元

商务部数据显示，2018 年我国对外直接投资 1298 亿美元，增长 4.2%。据钱克明介绍，我国对外投资结构持续优化，主要流向租赁和商务服务业、制造业、批发和零售业、采矿业，对"一带一路"沿线国家直接投资 156 亿美元，增长 8.9%，对外承包工程为东道国当地创造就业岗位 84 万个。"一些国家相继加强对外国投资的安全审查，这给中国企业对外投资合作带来了一定的负面影响。"钱克明说，下一步，将继续鼓励引导有实力、信誉好的中国各类企业，按照市场原则和国际惯例开展对外投资合作。同时，也希望有些国家能够秉承开放包容的态度，为包括中国企业在内的投资者营造公开、透明、便利的营商环境，为构建开放型世界经济注入正能量。

电商覆盖近九成贫困县

据储士家介绍，2018 年，电商进农村综合示范新增贫困县 238 个，已累计支持 737 个国家级贫困县，覆盖率达 88.6%，超额完成年度计划。电商扶贫频道对接贫困县超过 500个。此外，商务部还积极开展产销对接扶贫，采购贫困地区农产品 72 亿元。开展"百城万村"家政扶贫对接，带动就业超过 10 万人，人均年收入约 4.5 万元。

他表示，2019 年将力争实现电子商务进农村综合示范对具备条件的国家级贫困县全覆盖，为打赢脱贫攻坚战做出应有贡献。

【节选自：消费对经济增长贡献率已达 76%. 新华日报，2019-02-13.】

第二节　固定资本投资

发达国家的投资统计资料，分国内投资统计和国际投资统计。国内投资是一个国家国内经济的重要组成部分，其统计包含于国民账户体系内，固定资本投资是其中的一个常用指标，在宏观经济行情分析中具有非常重要的作用。

一、固定资本投资的概念与分类

（一）概念

固定资本投资是以货币表现的建造和购置固定资本活动的工作量，它是反映固定资本投资规模、速度、比例关系和使用方向的综合性指标，即用于厂房、机器设备等方面的投资。发达国家统计中根据物体本身的移动性来区分固定资本和流动资本，因而认为住宅建筑也属于固定资本的一部分。

在固定资本投资活动中，投入表现为固定资本建造和购置过程中消耗的人工、建筑材料和有关费用，购置的设备、工具、器具。产出表现为固定资本投资形成的新增固定资本、新增生产能力（或工程效益）以及通过固定资本投资新增加的产出（如生产总值）、利润和税金等。所有投入都可以量化为一定时间范围内的资金投入和占有量。

（二）分类

企业增加固定资本投资是为了改善生产技术条件，扩大生产能力，以增强竞争能力，争取更多的利润。固定资本投资按照不同的标准有不同的分类方法。

1. 按照资金来源分类

根据投资资金来源不同，固定资本投资可分为国家预算内资金、国内贷款、利用外资、自筹资金和其他资金来源。

（1）国家预算内资金　国家预算内资金是指中央财政和地方财政中由国家统筹安排的基本建设拨款和更新改造拨款，以及中央财政安排的专项拨款中用于基本建设的资金和基本建设拨款改贷款的资金等。国家预算内资金曾是我国固定资本投资的主要形式，在计划经济时期，这一资金占固定资本投资的比重一般均在50%以上。改革开放以来，随着市场配置资源方式主导地位的确立，这一资金来源已经逐渐退居次要地位了，2017年国家预算内资金投资额38741.71亿元，只占固定资产投资总额的6.1%。

（2）国内贷款　国内贷款是指报告期内企、事业单位向银行及非银行金融机构借入的用于固定资本投资的各种国内借款，包括银行利用自有资金及吸收的存款发放的贷款、上级主管部门拨入的国内贷款、国家专项贷款、地方财政专项资金安排的贷款、国内储备贷款、周转贷款等。这一部分资金占我国固定资产投资的11%~28%。2017年，国内贷款72435.1亿元，占我国固定资本投资的11.33%。

（3）利用外资　利用外资是指报告期内收到的用于固定资本投资的国外资金，包括统借统还、自借自还的国外贷款，中外合资项目中的外资，以及对外发行债券和股票等。国家统借统还的外资是指由我国政府出面同外国政府、团体或金融组织签订贷款协议并负责偿还本息的国外贷款。在20世纪90年代前，我国利用外资的方式主要是银行贷款等间接融资，因此规模均不大。1992年以来，随着社会主义市场经济体制的确立，外商直接投资逐渐取代银行贷款，成为我国利用外资的主要形式，我国利用外资的规模也日渐加大。2017年，我国利用外资额2146.32亿元，占固定资本投资总额的0.3%，在我国固定资本投资中不占主要地位。

（4）自筹资金　自筹资金是指建设单位报告期内收到的，用于进行固定资本投资的上级主管部门、地方和企、事业单位自筹资金。这是我国当前固定资本投资的主要资金来源。2017年，全国自筹资金526046.26亿元，占我国固定资本投资的82.3%。

2. 按照构成分类

按工作内容和实现方式，固定资本投资可分为：建筑安装工程，设备、工具、器具购置，其他费用。

（1）建筑安装工程　建筑安装工程（建筑安装工作量）是指各种房屋、建筑物的建造工程和各种设备、装置的安装工程。这一类投资占我国固定资本投资的比例，从1981年的71.8%逐渐下降到2017年的70.04%，虽然比重有所下降，但仍居主导地位，这反映了我国虽然在逐渐调整新建项目过多的偏向，但由于新开工项目过多，基建战线过长，固定资本投资效益差的局面在很长一段时间内仍难以得到根本改观。

（2）设备、工具、器具购置　设备、工具、器具购置是指购置或自制达到固定资本标准的设备、工具、器具的价值，固定资本的标准按财务部门规定。新建单位、扩建单位的新建车间按照设计和计划要求购置或自制的全部设备、工具、器具，不论是否达到固定资本标准均计入"设备、工具、器具购置"中。这一类投资占我国固定资本投资的比例一直比较稳定，一般介于18%～29%之间，2017年这一类投资的比重为18.04%。

（3）其他费用　其他费用是指在固定资产建造和购置过程中发生的，除建筑安装工程和设备、工具、器具购置之外的各种应摊入固定资产的费用。这一项投资在我国固定资产投资中所占比重也比较稳定，一般介于10%～18%之间，2017年这部分投资为11.93%。

二、固定资本投资在宏观经济行情分析的作用

固定资本投资作为经济增长的重要引擎，对宏观经济运行具有先导作用，国内外的研究表明，投资的扩大对于GDP的增长发挥着重要的作用。因此，在经济行情的研究中，应充分关注固定资本投资的作用。

（一）可利用固定资本投资的变动分析一国经济总量平衡和经济增长速度的发展趋势

固定资本投资的紧缩与扩张是影响经济总量平衡和经济增长速度的重要因素。

一方面，它既可以作为需求因素，也可以作为供给因素同时作用于经济增长。短期内固定资本投资作为一种需求可以促进经济的增长，长期内固定资本投资可以形成新的生产能力，扩大再生产的规模，从而增加社会的总供给，是一种增加供给的手段，也可推动经济的增长。因此，当固定资本投资扩张时，意味着经济将会出现增长趋势，而当固定资本投资紧缩时，经济增长将会放慢甚至停滞。

另一方面，固定资本投资可直接促进建筑业、工业等行业生产的增长，直接转化形成当期GDP，同时具有多级传导和扩散功能，对生产资料市场和消费品市场的繁荣可以起到间接的推动作用，拉动经济的增长。

（二）可利用固定资本投资方向分析一国的产业结构、产业空间分布、产业规模效应和技术状况

在经济发展过程中，产业结构优化是一个重要的方向。一般来讲，现存的产业结构是由过去的固定资本投资在各部门的配置形成的。调整现存的不合理的产业结构，包括产业的空间布局，可以主要依靠调整固定资本投资方向来实现。

（三）可利用固定资本的平均使用期限分析经济危机的周期性

经济危机发生的年限和经济周期的长度与固定资本的平均使用期限有关。固定资本的价值是在若干年内转移到产品价值上去的，也就是说它的价值经过若干年后才转移完毕。因此，固定资本是过若干年才更新一次的。危机是大规模新投资的起点，而大规模新投资活动的开展促进了社会需求和社会生产的发展。大规模新投资促进周期的活跃，再达到新的周期高涨，而后，又是一次危机，又是一个大规模新投资的起点。所以，危机发生的年限、周期的长度与固定资本的平均使用期限有关。马克思就是从这个意义上来论证固定资本的再生产

（更新）是危机周期性的物质基础。马克思在论证这个问题时，观察到在大工业中那些具有决定性的部门中，固定资本的平均使用期限为 10 年。因而认为危机的周期也大约为 10 年。经济危机的周期并非是固定不变的。固定资本使用期限的长短，既决定于其物质磨损，又决定于其精神磨损。随着市场竞争越来越激烈，技术更新周期越来越短，固定资本的精神磨损也越来越快。机器设备在使用价值远未消失之前而不得不重新置换，所有企业都把改进和采用新技术作为竞争的重要手段，经济危机周期越来越呈现缩短趋势。

（四）可利用固定资本投资指标作为标志来分析经济周期的变化特征

固定资本投资的一般表现是：危机和萧条阶段，投资缩减；复苏和高涨阶段，投资增加。但是，在周期变化过程中，固定资本投资的变化与作为周期变化主要指标的工业生产的变化并非完全一致。这主要表现在危机阶段和萧条阶段。

危机阶段的初期，固定资本投资往往并不下降，可能停止上升，甚至还继续上升一段时间。这是因为危机前的高涨阶段，投资增加很多，随后虽然危机开始，但是已经开工的厂房建筑和已经开始安装的机器设备仍需要继续完成。第二次世界大战后，在美国所发生的历次危机中，固定资本投资的下降一般都比工业生产的下降要晚 1～2 个季度。在萧条阶段向复苏阶段过渡时，固定资本投资的回升一般也比工业生产的回升要晚一些。

第三节　就业与失业指标

就业是关系着国计民生的重大问题，是经济繁荣的重要标志之一，充分就业是各国政府在干预经济时所追求的目标之一。然而，当今世界上任何一个国家都不可能做到百分之百的充分就业。因此，失业问题也是当今困扰着许多国家的社会问题。就业与失业指标是判断宏观经济运行的重要指标，依据它们可以为国家实施宏观调控提供参考和导向。

各个国家官方有关就业和失业的统计，是劳动力资源及其配置的统计，它所涉及的劳动力是指一定年龄以上能够从事经济活动的工资和薪金获得者，不包括武装部队人员。这些劳动力被称为经济活动人口。简单地说，这些人中从事工作的人就是就业者，失去工作或者等待工作的人就是失业者。

一、就业指标

（一）就业的有关指标

1. 就业者

根据国际劳工组织规定，就业者是指那些在过去一周中从事了至少一个小时有收入的工作或者暂时离开了工作岗位（如休假）的人。

2. 就业率

就业率是指满足劳动年龄，有工作的人占全部劳动年龄人口的比例。在这段时间内，当然有可能出现没有收入性工作或在寻找工作的人，因此就业率不会达到100%。在我国，劳动年龄人口一般是指年满 16 周岁（含）至依法享受基本养老保险待遇的人员。2019 年我国就业人口为 77471 万人，占当年全国 81104 万经济活动人口的比重为 95.52%。

3. 就业结构

就业结构包括部门结构、性别结构和年龄结构。其中，部门结构是指在国民经济各个部门中就业人数占全部民用劳动力的比例。随着产业结构的调整，在美国等发达国家就业于第一产业的劳动力比重呈下降趋势，绝大部分就业者就业于非农业部门，尤其是集中于第三产业。当前美国第三产业就业比例已经超过了 80%。我国这一比例近年来增长也较快，到2019 年达到了 47.4%，如图 5-5 所示。

图 5-5　我国 2015 年—2019 年各产业人员就业状况
（资料来源：中国国家统计局。）

从性别结构与年龄结构看，最近几十年来，就业性别结构的特点是：随着女性社会地位的提高，女性的就业率越来越高。根据国家统计局的监测报告，2018 年，我国女性就业人员占全社会就业人员的比重为 43.7%。第二次世界大战后发达国家就业的年龄结构呈现的特点是：受教育水平提高的影响，年轻人最初就业的年龄逐渐提高，在经济衰退期间退休年龄提前。

4. 每周平均工作时数

工作时数变化可以用来预测未来经济活动发展的方向，它与总产出（GDP）密切相关，并随着个人收入的不同而变化，具有较高的敏感性。如果工作时数连续 3 个月保持增长，就是企业加快招人的明显信号。如果工作时数持续下降，就有可能看到裁员以及企业和消费者削减开支。制造业工作时数对社会产品需求的任何变化都非常敏感。若平均每周的工作时数低于 41 小时，表明经济正在挣扎；若工作时数在 41.5 小时以上，意味着企业活动正在进入高速档。从最近的历史看，美国制造业的平均工作时数位于衰退水平的 40.1 小时到高涨时期的 41.9 小时之间。表 5-7 显示了我国历年各职业人员调查周周平均工作时间。

表 5-7　我国 2014 年—2018 年各职业人员调查周周平均工作时间

（调查周 10 月 25 日—30 日）　　　　　　　　　　　　　　　　（单位：小时/周）

人员	2014 年	2015 年	2016 年	2017 年	2018 年
城镇就业人员	46.6	45.52	46.11	46.2	46.5
单位负责人	48.4	46.92	47.8	47.5	47.8
专业技术人员	43.9	42.85	43.4	43	43.2
办事人员和有关人员	43.8	43.09	43.7	43.5	43.6

（续）

人员	2014 年	2015 年	2016 年	2017 年	2018 年
商业、服务业人员	49.9	47.71	48.4	48.3	48.5
农林牧渔水利业生产人员	37.6	38.94	39.4	39.2	39.4
生产、运输设备操作人员及有关人员	49.5	47.88	48.5	48.9	49.2
其他职业就业人员	44	44.6	50.6	44.6	44.9

（数据来源：中国国家统计局、中国人力资源和社会保障部。）

在美国有关就业形势报告中，按照 30 多种工业部门对工作时数进行了分类。这个信息可以针对特别的经济部门为投资者提供启示。例如，如果建筑工业的工作时数减少了，就可能引起新屋开工率的下降，导致建筑工人的高失业率，并波及与房屋建筑有密切关系的其他行业。

（二）就业指标与经济行情的关系

就业对经济行情的影响主要表现在以下几个方面：

1. 从长期趋势看，就业人数总是随人口和劳动力的增加以及经济的发展而增加

如图 5-6 所示，2010 年—2019 年，美国的就业人口随着经济活动人口的增长逐年增加。

图 5-6　美国 2010 年—2019 年就业人口及经济活动人口

（资料来源：OECD。）

2. 经济结构的变化引起就业结构的相应变化

按照产业发展的规律，目前许多国家农业就业人数减少，而非农业就业人数增加。非农业部门中物质生产部门的就业人数绝对值增加而相对值减少，劳务生产部门的就业人数绝对值和相对值都增加。就业结构的这种变化对经济行情将产生一定的影响。在行情出现问题的时候，受影响较重的非农业的物质生产部门，生产明显缩减，就业人数因而也明显减少；而那些劳务生产部门受影响较小，其就业人数往往并不减少，甚至还继续增加。这样，由于非农业物质生产部门生产缩减、就业人数减少而造成的对社会消费的不利影响，可因劳务生产部门就业情况较好而得以部分抵消。例如，在第二次世界大战后美国历次经济危机中，作为反映周期变化的指标来说，物质生产部门，主要是制造业部门就业人数的变化非常明显，每次经济危机时期就业人数都有下降；而劳务生产部门的就业人数，除 1957 年—1958 年危机期间稍有减少外，其他多次经济危机期间都没有减少，反而有所增加。

3. 就业人数的变动与经济活动的盛衰有关

当一个国家的经济处在危机和萧条阶段时，生产缩减，企业大批解雇工人，社会就业人数就会减少。当经济处在复苏和高涨阶段时，生产增长，就业人数就会增加。总之，就业人数随着经济情况的变化而变化。

二、失业指标

失业是许多国家面临的重要难题，发生严重失业还会引发社会的不安定。因此，很多国家都把"充分就业"作为发展经济的重要目标之一，但是这一目标的实现非常困难。国际劳工组织（ILO）为定义和测度失业制定了一些标准并推荐给世界各国。目前，欧盟国家、经济合作和发展组织国家以及世界上很多其他国家，在度量失业时都遵循 ILO 推荐的基本定义，在实践上根据自己的国情进行微调。

（一）失业的概念

1. ILO 对失业的定义

ILO 规定：失业人员是指在一定年龄以上，在参考时期内没有工作，目前可以工作而且正在寻找工作的人。具体来讲，就是要满足下列情况中的一种：

1）因工作合同已终结或暂时停止，目前没有工作但正在寻找有报酬的工作的人。

2）从未受雇工作，现正寻找有报酬工作的人。

3）目前尚无工作，但已经安排好在某一段时期后开始从事一项新工作的人。

4）暂时被解雇而又没有薪金的人。

2. 主要发达国家及我国对失业及其统计标准的界定

严格地说，ILO 所提供的并不是准确的失业定义，而是度量失业的一些参考标准。因为要照顾到不同国家的情况和发展水平，它不得不在某些方面允许灵活处理。因此，世界各国在使用这些失业标准时都会根据本国的情况采用，从而形成具有本国特色的失业定义。一些发达国家对失业及统计标准的界定具体见表5-8。

表5-8　一些发达国家对失业及统计标准的界定

国别	失业调查形式	统计标准的界定	失业率
美国	劳动力调查	调查周中无工作，过去4周内（含调查周）曾进行求职活动，有工作能力的15岁以上者，包括被暂时解雇的工作者和等待30天内开始新工作者	失业人数/劳动力资源（不含军人）
日本	劳动力调查	调查周中无工作，并进行求职活动，有工作能力的15岁以上者，包括等待过去求职活动结果者	失业人数/总劳动力资源
英国	职业介绍机构业务统计	调查日中无工作，有工作能力者，向失业保险所提出救济申请者（失业保险、补助及免交保险费）	申请失业救济者/总劳动力资源

（续）

国别	失业调查形式	统计标准的界定	失业率
德国	职业介绍机构业务统计	调查日中在职业介绍机构登记求职者，且希望每周19小时以上及3个月以上的付薪雇用，有工作能力者	登记失业人数/总劳动力资源（不含军人）
法国	职业介绍机构业务统计	无工作，调查日向职业介绍机构提出应征固定全日制就业申请，进行求职登记者，且能够立即工作的15岁以上者	失业人数/总劳动力资源
意大利	劳动力调查	调查周无工作，且正求职的14岁以上者	失业人数/劳动力资源（不含军人）
加拿大	劳动力调查	调查周中无工作，过去4周内（含调查周）曾进行求职活动，且有能力的15岁以上者。包括自调查周起，4周内有新工作的待业者	失业人数/劳动力资源（不含军人）
澳大利亚	业务统计	在联邦就业服务机构登记求职，过去4周进行求职活动无业的15岁以上者	失业人数/劳动力资源

（资料来源：赵春明．世界市场行情新编．2版．北京：机械工业出版社，2016．）

我国目前对于失业的统计分为调查失业率和人力资源社会保障部的登记失业率。二者的区别主要体现在以下三个方面：

一是统计方法不同。调查失业率由统计部门通过劳动力调查，采取调查员入户访问的方式获取就业失业信息；登记失业率由人力资源社会保障部门根据失业人员在就业服务机构登记的行政记录计算而来。

二是失业定义不同。调查失业率中使用的失业人员定义采用国际劳工组织推荐的国际标准，失业人员是指当前无工作，正在努力寻找工作，有合适的工作后能够马上开始工作的人。登记失业率中使用的失业人员是指有劳动能力，有就业要求，处于无业状态，并在公共就业和人才服务机构进行失业登记的城镇常住人员。

三是统计范围不同，调查失业人员统计范围是16周岁及以上常住人口，不考虑其户籍所在地和类型；而登记失业人员统计范围是劳动年龄（年满16周岁，含16周岁至依法享受基本养老保险待遇）内的常住人口。通过抽样调查获得的失业率就是调查失业率。

（二）失业的类型

失业的具体状况和引发失业的因素非常多，按失业者意愿划分，失业可分为自愿失业和非自愿失业。

自愿失业是指工人所要求的实际工资超过其边际生产率，或者说不愿意接受现行的工作条件和收入水平而未被雇用所造成的失业。这种失业是由于劳动人口主观不愿意就业而造成的，所以被称为自愿失业，无法通过经济手段和政策来消除，因此不是经济学所研究的范围。

非自愿失业是指有劳动能力、愿意接受现行工资水平，但仍然找不到工作的现象。这种失业是由于客观原因造成的，因而可以通过经济手段和政策来消除。经济学中所讲的失业是指非自愿失业。具体来说，非自愿失业可分为以下几种类型：

1. 摩擦性失业

摩擦性失业是指由于劳动力市场功能上的缺陷造成的临时性失业，如新生劳动力找不到工作，工人转换工作岗位时出现的工作中断等，这类失业一般来自劳动力市场的变动。

2. 结构性失业

结构性失业是指劳动力供给和需求不匹配造成的失业，其特点是既有失业，又有空缺职位。失业者或者没有合适的技能，或者居住地不当，因此无法填补现有的职位空缺。结构性失业在性质上是长期的，而且通常起源于劳动力的需求方。这种失业是由经济变化导致的，这些经济变化引起特定市场和区域中的特定类型劳动力的需求相对低于其供给。

3. 周期性失业

周期性失业是指经济周期波动所造成的失业，即经济周期处于衰退或萧条时，因需求下降而导致的失业。当经济发展处于一个周期中的衰退或萧条时，社会总需求不足，因而厂商的生产规模也缩小，从而导致较为普遍的失业现象。周期性失业对于不同行业的影响是不同的，一般来说，需求的收入弹性越大的行业，周期性失业的影响越严重。

4. 季节性失业

季节性失业是指由于某些行业生产条件或产品受气候条件、社会风俗或购买习惯的影响，对劳动力的需求出现季节性变化而导致的失业。

5. 技术性失业

技术性失业是指在生产过程中引进先进技术代替人力，以及改善生产方法和管理而造成的失业。从长期看，劳动力的供求总水平不会因技术进步而受到影响；从短期看，先进的技术、生产力和完善的经营管理以及生产率的提高，必然会取代一部分劳动力，从而使一部分人失业。

（三）衡量失业状况的指标

1. 失业人数

失业人数是指一定时期（月、季、年）内的全部失业人数，它能够反映失业队伍的大小和失业的严重程度。不同国家统计失业的方法不同，因为各个国家总人口和劳动力人数差异较大，用这一指标不能准确和直观地比较各国失业的严重程度。

2. 失业率

失业率是指失业人口占民用劳动力或全部劳动力的比例，各个国家的统计标准不同。这个指标不仅可以反映失业的严重程度，能够代表经济发展的好坏，而且可以通过国际比较对各国的失业状况进行分析，例如葡萄牙和美国 2008 年—2010 年、2015 年—2018 年失业人数及失业率（按保留两位小数计算，可能存在误差），见表 5-9。

表 5-9　葡萄牙和美国 2008 年—2010 年、2015 年—2018 年失业人数及失业率

年份		2008	2009	2010	2015	2016	2017	2018
15 岁及以上失业人口数量（千人）	葡萄牙	417.95	517.45	591.2	646.5	573.03	462.83	365.93
	美国	8924.25	14264.58	14824.75	8296.33	7751.00	6982.25	6313.92
15 岁及以上人口失业率	葡萄牙	7.55%	9.43%	10.77%	12.44%	11.069%	8.87%	6.99%
	美国	5.76%	9.267%	9.62%	5.29%	4.867%	4.35%	3.90%

（数据来源：美国经济分析局（BEA），https：//www.bea.gov。）

【阅读资料】

新冠引发美国一个世纪以来最严重的失业危机，多个州失业率超 10%

商业内幕网 3 月 4 日报道，根据美国劳工统计局的新数据，新冠病毒引发了美国近一个

世纪以来最严重的失业危机，但各州的损失差异很大。在整个 2020 年，美国全国范围内的平均失业率为 8.1%，疫情造成了失业率的大幅上升，直到现在还处于曲折的复苏进程中。然而，这一平均数字未能反映出各州间的巨大差异。

首先，去年美国有四个州的年平均失业率超过 10%。内华达州的经济下滑最为严重，2020 年平均失业率为 12.8%。夏威夷州和加利福尼亚州紧随其后，平均水平分别为 11.6% 和 10.1%。

根据周三的报告，纽约是美国首次新冠肺炎疫情暴发的中心，2020 年平均失业率为 10%。

相反，一些州的劳动力市场的失业率上升可以忽略不计。内布拉斯加州表现最好，其自身 4.2% 的失业率几乎是全国平均数字的一半。紧随其后的是南达科他州和犹他州，平均失业率分别为 4.6% 和 4.7%。各州的就业人口比例也出现了差距。该指标是衡量失业率的一个替代指标，因为它将退出劳动力范畴的美国人也计算在内。有 15 个州的就业人口比率降至历史最低点，这导致了人们对美国有史以来最严重的经济衰退的担忧。内华达州、夏威夷州和罗得岛州的下降幅度最大。全国比例从去年的 60.8% 降至 56.8%。密西西比州和西弗吉尼亚州的就业人口比率最低，分别为 50.6% 和 50.3%。可以肯定的是，这两个州的数字都不是历史上最低的。内布拉斯加州在今年年底的就业人口比率最高，达到 66.7%。总的来说，有 23 个州的失业率高于全国数字。然而，美国 50 个州和哥伦比亚特区的就业人口比率都比 2019 年的水平有所下降。

【节选自：王木木. 新冠引发美国一个世纪以来最严重失业危机，多个州失业率超 10%. 2021 - 03 - 05，https：//www. 163. com/dy/article/G49T185R0534IP97. html】

3. 失业结构

失业结构是相对于就业结构而言的，包括部门结构、性别结构、年龄结构和种族结构等。部门结构是指第一、二、三产业中失业的轻重程度对比。性别结构是指在失业人群中男女比例情况。随着女性社会地位的提高，女性失业率也越来越低。年龄结构是指失业人口年龄的分布情况。通过表 5-10 可以清晰地看到，在美国的全部人口中，不同年龄阶段、不同性别、不同的经济周期阶段失业状况的差异。

表 5-10　美国的失业率

年份	2008	2009	2010	2015	2016	2017	2018
15～24 岁女性	11. 1333%	14. 825%	15. 8083%	10. 3667%	9. 3%	8. 0583%	7. 6583%
15～24 岁男性	14. 3417%	20. 1417%	20. 8417%	12. 775%	11. 425%	10. 325%	9. 4917%
25～54 岁女性	4. 6167%	7. 1833%	7. 8083%	4. 5583%	4. 275%	3. 8833%	3. 3583%
25～54 岁男性	4. 9667%	9. 2167%	9. 3083%	4. 375%	4. 05%	3. 6333%	3. 1833%
55～64 岁女性	3. 6667%	6. 0083%	6. 25%	3. 5833%	3. 2917%	3. 0583%	2. 7667%
55～64 岁男性	3. 7417%	7. 1583%	7. 9583%	3. 925%	3. 7917%	3. 15%	3. 025%
15 岁及以上女性	5. 4083%	8. 0583%	8. 6167%	5. 175%	4. 7917%	4. 3167%	3. 8333%
15 岁及以上男性	6. 0917%	10. 2917%	10. 5167%	5. 375%	4. 9417%	4. 4%	3. 95%
15 岁及以上人口	5. 775%	9. 2667%	9. 6167%	5. 2917%	4. 8667%	4. 35%	3. 9%

（数据来源：美国经济分析局（BEA），https：//www. bea. gov。）

4. 平均失业周

平均失业周是指失业者失业的平均时间长度，是衡量失业严重程度的一个重要指标。由于平均失业周的变化慢于总失业状况，因此这是一个落后指标。与平均失业周相关的还有15 周以上的长期失业率，反映长期失业情况。

（四）失业指标与经济行情的关系

1. 失业人数的变化与周期阶段的变化有明显关系

经济危机阶段和萧条阶段失业人数大量增多，复苏阶段失业人数逐渐减少，高涨阶段失业人数进一步减少。但有时经济复苏已持续一段时间，而失业人数仍无明显减少，甚至还继续增加，说明经济回升乏力。

2. 年度失业人数不能很确切地反映经济危机阶段失业人数的变化及其严重程度

年度失业人数是每年各月失业人数的平均值，因此难以反映危机阶段的失业状况。如果我们把危机阶段中失业人数最多的月份与危机前失业人数最少的月份相比，就能更清楚地看出危机期间失业的严重程度。因此，在考察失业指标时，应尽量采用月度数据。

3. 西方国家在经济危机中不仅失业状况日益严重，而且失业状况不一定会伴随危机过去而减弱，即便经济增长，也不一定带来失业的减少

这是因为每次经济危机过后都会促进企业改进技术，新技术的使用会相对减少对劳动力的雇用。除此之外，产业结构往往也会发生较大的改变，雇用人数较多的传统部门的衰落与雇用人数较少的新兴部门的兴起引起结构性失业。因此，经济复苏阶段，失业人数减少的过程很慢，失业人数减少的程度有限，这既是复苏缓慢和乏力的结果，也是复苏缓慢和乏力的原因。另外，经济增长虽然是就业增长的前提，但高经济增长并不一定创造更多的就业机会。仅仅依靠一般意义上的经济增长，失业问题是难以解决的。失业的降低不仅取决于经济增长率，还取决于经济增长方式。

4. 失业会导致部分劳动力资源的闲置和浪费，使资源不能优化配置，影响经济的增长

劳动力是生产中最活跃的因素，劳动力资源有别于其他资源的最显著特点是它的不可保留性，它会随时间的推移而逐渐丧失。大量失业人员的存在使劳动力闲置，不能与生产资料有效结合，使生产规模缩小，政府税收减少，社会福利支出增加，财政负担加重，从而使经济增长放慢。

5. 失业会引发社会问题，影响劳动力素质的提高

失业使失业者及其家庭失去了正常的经济收入，遭受贫困和精神痛苦，甚至面临生存危机，危及劳动力的再生产，也使劳动者无力提高自身的文化、技术水平，进而影响劳动力素质的提高。大量失业人口的长期存在不利于社会稳定。在社会保障制度不健全、人们心理承受能力较低的情况下，大量失业人员如果长期找不到工作，会对社会秩序的稳定构成极大的威胁。失业导致贫困人口的增加，还会使社会贫富差距进一步扩大，进而激化社会矛盾，影响社会稳定。

第四节　工业生产指标

工业生产是一国物质生产的重要组成部分，发达国家的工业都非常发达。即便目前在大多数工业化国家 GDP 总值中，服务业所占比重最大的情况下，工业生产的重要意义仍不可忽视。工业生产的变动会对整个国民经济产生较大的影响。因此，我们在研究宏观经济行情时，关于工业生产的各类指标不可或缺。

一、工业生产指数

发达国家发表关于工业生产动态的相关统计，这些统计既有涉及全部工业生产动态的，也有涉及类别工业生产动态和个别工业生产动态的，一般都用指数表示，只有个别工业部门的生产也可以用绝对数值表示。

（一）工业生产的范围及分类

在发达国家发表的统计资料中，目前关于产业分类使用的是《国际标准产业分类》（ISIC）第四版，这是联合国统计委员会制定的国际通用的统计分类中的一种，是对生产性经济活动进行的国际基准分类。在这个标准中，工业生产包括四个部分：采矿和采石业，制造业，电力、煤气、蒸汽和空调供应，供水、污水处理、废物管理和补救。发达国家和地区大多根据这一分类进行工业生产的统计，也有些国家根据本国具体情况进行了调整，如美国的工业统计就只包括三个部分：采矿和采石业，制造业，电力、煤气、蒸汽和空调供应；还有的国家只包括两个部分：制造业，电力、煤气、蒸汽和空调供应，如新加坡○。这种分类方法基本上是按照行业进行的。另外还有一种分类方法是按照市场进行分类，也就是将全部工业产品按性质区分为最终产品、中间产品和原材料；或将其区分为投资品、中间产品、消费品和原材料；也可分为全部产品和原材料两部分。

【知识窗】《国际标准产业分类》(ISIC) 第四版

《国际标准产业分类》(ISIC) 从诞生至今，已历经半个多世纪，经过多次修订，目前已成为世界上对经济活动进行分类的最成熟、最权威、最有影响力的国际标准之一。我国于2002 年 10 月 1 日起正式实施的《国民经济行业分类》（GB/T 4754—2002）就改编自《国际标准产业分类》第三版。2008 年，联合国统计委员会公布了《国际标准产业分类》(ISIC) 第四版（ISIC Rev. 4）。其中工业生产的范畴如下：

1. 采矿及采石业

该门类包括自然产生的固态（煤和矿石）、液态（石油）或气态（天然气）矿物的采掘。采掘可通过地下或地上采矿、矿井作业和海底采矿等方式进行。本门类也包括旨在制备用于市场销售的原料的辅助活动，诸如粉碎、碾磨、清洗、干燥、分类、选矿以及天然气液化等。

2. 制造业

制造业包括将原料、物质或成分转变成新产品的物理或化学变化。商品的实质性改变、革新或改造也被视为制造。组装制成品的组成部分被视为制造。

3. 电力、煤气、蒸汽和空调供应

电力、煤气、蒸汽和空调供应包括电力和燃气公用事业作业，其生产、控制和配送电力或燃气及提供蒸汽和空调供应。这包括通过线路、干线和管线等永久性基础设施（网络）

○ 联合国在线统计月报，https：//unstats. un. org/unsd/mbs/app/DataSearchTable. aspx。

供给电力、天然气、蒸汽和热水等，以及在工业园区或住宅楼配送电力、燃气、蒸汽和热水等。

4. 供水、污水处理、废物管理和补救

供水、污水处理、废物管理和补救活动包括管理（含收集、处理和处置）多种形式的废物，例如固体或非固体工业或生活垃圾和污染场地相关的活动。供水活动也归入本门类，因其通常也由从事污水处理的单位执行。

(二) 工业生产指数与经济行情的关系

反映工业生产动态变化的主要指标是以指数的形式出现的。其中，反映全部工业生产动态的指标被称为工业生产总指数，反映类别工业生产动态的指标被称为类别工业生产指数，反映个别工业生产动态的指标被称为个别工业部门指数。

1. 工业生产总指数与经济行情

工业生产总指数是反映全部工业生产动态的指数。在发达国家，全部工业生产占全部物质生产的绝大部分，也占国内生产总值的很大比重。因此，工业生产总指数通常被看作反映经济周期变化的重要指标，其统计发布包括年度、季度、月度的不同数据，在分析经济行情时，应分别加以利用，具体见表 5-11。

表 5-11　部分发达国家工业生产总指数

国家	2009 年	2010 年	2011 年	2012 年	2013 年	2014 年	2015 年
日本	86.9	100.0	97.1	97.7	96.9	98.7	97.4
英国	96.8	100.0	99.4	96.6	96.0	97.4	98.8
美国	94.4	100.0	103.2	106.3	108.5	111.8	112.3

(数据来源：美国经济分析局 (BEA), https://www.bea.gov。)

1) 利用工业生产总指数（月度）上升或下降的基本趋势来划分经济周期的阶段

经济高涨阶段的后期，工业生产总指数出现了下降趋势，表示经济周期由高涨阶段转入危机阶段。危机发展到一定时期，工业生产基本上停止下降，或只有微弱而不稳定的回升，表示周期已由危机阶段转入萧条阶段。工业生产的回升比较稳定而有力，表示周期已由萧条阶段进入复苏阶段。当工业生产明显地、稳定地超过危机前的最高水平时，表示周期已由复苏阶段进入新的高涨阶段。

2) 应以工业生产总指数的下降或上升的幅度，来衡量经济危机或衰退的深度、经济高涨的强度

工业生产总指数下降和上升的幅度可用百分比计算。以下降幅度为例，具体计算公式为

下降幅度 =（下降前的高点 - 下降后的低点）÷ 下降前的高点 × 100%

以美国 1974 年—1975 年的经济危机为例，工业生产在 1974 年 7 月开始下降，下降前的高点，即 1974 年 6 月，指数为 131.9，1975 年 3 月达到最低点，指数为 111.7。根据上述数据进行计算，可以看出，在这次危机中美国工业生产下降的幅度为 15.3%。

这样，我们可以对第二次世界大战后美国六次经济危机中工业生产下降的幅度进行比较。在这六次危机中工业生产分别下降了 10.1%、9.1%、13.5%、8.6%、8.1% 和 15.3%。由此，我们可以说，美国 1974 年—1975 年的经济危机是第二次世界大战以来最严重的一次经济危机，这次经济危机是世界性的。另外，根据各国工业生产下降的幅度可以比

较各国经济危机的深度。在这次世界性经济危机中，美国、日本、法国、英国和意大利工业生产下降的幅度，分别为 15.3%、21.4%、14.9%、11.4%、23.0%。我们基本上可以说，这次世界性经济危机以意大利最为严重。当然，危机的严重程度并不能完全以工业生产的下降幅度来衡量，还需要结合其他方面的情况。在 1979 年—1982 年这次世界性经济危机中，美国和其他主要资本主义国家工业生产下降的幅度并不是第二次世界大战后历次经济危机中最大的，但其持续时间却是第二次世界大战后历次经济危机中最长的，因而我们也可以说，1979 年—1982 年的经济危机是第二次世界大战后最为严重的一次世界性的经济危机。

3）可以利用工业生产总指数（月度）计算经济危机或衰退持续的时间

可以用工业生产月度指数连续下降的月数表示经济危机或衰退持续的时间。例如，在 1974 年—1975 年经济危机期间，美国危机的持续时间为 9 个月，英国为 21 个月，法国为 18 个月，意大利为 16 个月。在 1979 年—1982 年的经济危机期间，上述各国经济危机持续的时间分别为 44 个月、41 个月、40 个月和 38 个月。经济危机持续的时间也可用来分析不同国家总体经济活动受危机影响的程度。经济危机持续的时间越长，经济受其影响的程度就越深。因此，在 1979 年—1982 年世界经济危机期间，美国受经济危机的影响最为严重。

4）可利用工业生产年度指数研究其长期变化

在利用工业生产总指数研究工业生产长期的变化趋势时，应使用年度指数。例如，要分析 1950 年—1970 年的 20 年中，或者 1971 年—1981 年的 10 年中，美国工业生产的大概情况，那么根据这 20 年中，或者 10 年中美国的工业生产一共增长了多少，每年平均增长多少，可以得出一个所需要的基本概念。

5）尽可能利用调整季节因素的工业生产季度和月度指数

工业生产的季度和月度指数，都有调整季节因素的和未调整季节因素的两种指数。在利用时，应尽量使用调整季节因素的指数。这类指数消除了季节因素对工业生产的影响，能够比较明显地反映经济周期的变化。如果有的国家只发表未调整季节因素的指数或者有的国家调整季节因素指数的发表要晚于未调整季节因素的指数，我们用未调整季节因素的指数，也能分析有关国家经济情况的大概趋势。利用未调整季节因素的指数时，要注意以当年各季各月的指数与上年同季同月的指数相比，从增长率或下降率变化的趋势中，可以大致看出周期变化的趋势。

2. 类别工业生产指数与经济行情

在发达国家，全部工业生产是由许多部门工业生产构成的，因而有类别工业生产指数。在周期变化过程中，不同组类的部门工业生产的动态并不完全相同，而是各有其规律和特点。在经济危机阶段，工业生产总的来说是下降的，但从不同组类的工业部门来说，它们下降的时间有先有后，下降的幅度有大有小。在复苏阶段和高涨阶段，不同组类的部门工业生产的回升，也有时间上和幅度上的差异。周期变化过程中，不同组类部门的工业生产动态不同，它们对其他部门，如对对外贸易部门的影响也就会有所不同。因此，我们研究经济行情时，不仅要了解经济周期的一般规律和特点，了解工业总生产变化的一般规律和特点，还应当了解不同组类的工业部门生产变化的不同规律和特点。

在按部门分类的工业生产中，制造业最为重要，它的产值占全部工业生产产值的绝大部分。在周期变化过程中，制造业生产的动态与全部工业生产动态基本一致，因而前者可以代表后者，美国工业生产指数（2010 年 = 100.0）见表 5-12。

表 5-12　美国工业生产指数（2010 年 = 100.0）

年份	2009	2010	2011	2012	2013	2014	2015
工业生产总指数	94.4	100.0	103.2	106.3	108.5	111.8	112.3
工业生产 - 采矿指数	95.1	100.0	105.6	113.4	120.7	134.0	131.7
工业生产 - 制造业指数	94.0	100.0	103.2	106.2	107.4	108.8	110.0
工业生产 - 电力、燃料和蒸汽指数	96.4	100.0	99.7	97.4	99.6	100.9	100.2

（数据来源：美国经济分析局（BEA），https：//www.bea.gov。）

在制造业的两个分类——耐用品类与非耐用品类中，生产资料与消费资料相混淆，但从其所包括的具体部门来看，耐用品工业部门主要是生产资料，非耐用品部门主要是消费资料。因此，在周期变化过程中，耐用品工业部门生产的动态接近于生产资料部类的动态，非耐用品部门生产的动态接近于消费资料部类的动态。通常而言，耐用品类工业生产的变动幅度大于非耐用品类工业生产变动的幅度。在 1979 年—1982 年的经济危机中，美国的全部工业生产下降了 8.9%，制造业下降了 10.4%，其中耐用品下降了 14.6%，而非耐用品只下降了 4.8%。

3. 个别工业部门生产指数与经济行情

研究经济行情时，还应注意个别部门的生产动态。一些工业部门，如钢铁业、汽车业、建筑业、电子业及化工生产等，在国民经济中占有重要地位，这些部门生产的变动会对整个工业生产乃至整个国民经济产生较大的影响。因此，在经济行情研究中，不能忽视那些个别工业部门生产指数的变动。

个别工业部门生产的变化，除受周期因素的影响外，还受政治、科技进步以及国际市场上竞争力量对比变化等非周期因素的影响，其中有的是长期历史性的变化。在 1979 年—1982 年经济危机期间，美国的军械生产增加了 15.5%，皮鞋及其制品的生产下降了 14.3%，纺织品的生产下降了 13.4%，钢铁生产剧减，这一方面是因为美国始终要维持强大的军事实力以及向第三世界，特别是中东地区大量出售军火；另一方面是因为美国产品市场竞争力减弱，外国服装、鞋类、钢铁产品大量进入美国市场。另外，由于科技进步、代用材料不断增加，美国的钢铁等产业部门也逐渐成为"夕阳产业"而走向衰落。

二、订单

大多数企业在进行生产时，会根据购货者的订单提前进行。它们不断接受订单，不断进行生产以履行订货合同，按订单接受的先后陆续生产。订单接受在前，安排生产在后。因此，订单数量的增减，不仅能反映当前经济情况的好坏，还能预示今后一定时期内经济情况的好坏。订单指标是具有预兆意义的指标之一。

（一）有关订单的统计

有关订单的统计指标，一般有四种，分别是新收订单、未交货订单、交货期限和保证生产期限。

新收订单是在特定时期（某年或某月）所收到的全部订单。未交货订单（手头订单）是在特定日期（某年年底或某月月底）全部未完成交货的订单。订单数额的变化可以用金额表示，也可以用指数表示。以金额表示未消除物价变化的影响，以指数表示消除了物价变化的影响，反映出物量的变化。关于新收订单和未交货订单的统计一般是分门别类的，最重要的是制造业的订单统计，因为制造业占全部工业的绝大部分。

在制造业中，耐用品的订单统计对于研究经济行情有比较重要的意义。耐用品一般是指预期寿命至少在 3 年以上的产品（如汽车、计算机、家用电器、飞机、通信设备），它们代表企业投资支出中非常重要的组分，可以看作固定资本投资。固定资本投资的变化是危机周期性的物质基础，固定资本投资的增减，关系着周期的未来发展趋向。所以，我们预测经济发展前景时，要注意制造业，特别是耐用品订单增减的预兆意义。

交货期限是指从接受订单到完成交货所需时间的长短。保证生产期限是指工厂现有的未完成交货订单按其生产能力至少可开工多少时间。

（二）订单与经济行情的关系

1. 新收订单与经济行情

新收订单的增加或减少，反映着经济情况的趋好或趋坏。当经济处在经济周期的衰退阶段，市场情况恶化，商品销路不畅，工业部门接收的订单便会减少，耐用品部门的订单更是如此。当经济回升、市场情况逐渐好转时，商品的销路开始旺盛，耐用品部门接收的订单就会逐渐增加。企业为了扩大生产，就会增加固定资本投资，因而对耐用品部门的订单也会不断增多。由此可见，在经济行情研究中应注意新收订单的动态，参见图5-7。

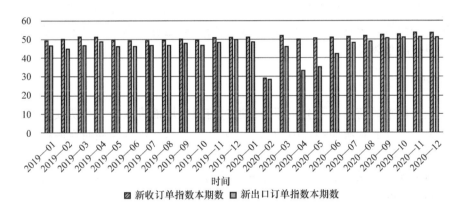

图 5-7　我国新收订单指数与新出口订单指数走势

（资料来源：中国国家统计局。）

我国的新收订单统计量以指数表示，同时发布新收订单和新出口订单两个指数。这种统计指标的发布，可以更清晰地分析出口活动的未来发展态势。

2. 未交货订单与经济行情

未交货订单是过去一定时期新收订单数额减去陆续完成交货的订单数额，是一个积累的数额。当经济情况恶化时，新收的订单会逐渐减少，积累的未交货订单也随之减少。当经济情况趋向好转时，新收订单会逐渐增加，积累的未交货订单也随之增加。所以，在经济周期的变化过程中，新收订单的数额和未完成交货订单的数额变化，基本上是一致的。因此，未交货订单的变化对经济的周期性波动也有预兆意义。

未交货订单增加可能引起生产过程中交货延期和通货膨胀的压力，可以预示生产资源的紧张程度。在未交货订单积压较多的时候，企业必须增加生产能力，雇用更多的工人，让生产线超时运行，否则就可能失去顾客和潜在的订单。因此，未完成订货量是新的资本投资和就业增长的标志。工厂和设备方面的较大支出将会刺激更多的经济活动，提升国家的工业基础。工厂就业上升时，私人收入也上升，这有助于产生更多的家庭支出。当然，这同时也预示着另一个风险：当公司围绕物质资源和劳动力的争夺变得紧张时，会驱使通货膨胀压力增加。

未交货订单下降可能由两个原因引起：一是企业运行处于最优水平，能够快速满足所有涌入的订单；二是订单自身显著减少。订单的显著减少将会导致未来生产的下降和就业的减少。总体说来，未交货订单在经济强劲增长时上升，而当商业活动乏力时下降。

3. 交货期限、保证生产期限与经济行情

企业接到新订单不会立即进行生产，而是安排在一定时期后进行生产，生产过程也需要一定的时间。所以，从接受订单到完成交货所需要的时间就构成了交货期限，而交货期限的长短与经济情况的好坏直接相关，交货期限的长短反映经济情况的好坏。当经济情况恶化时，新收订单会迅速减少，未交货订单也不断减少，交货期限就会缩短；当经济情况较好时，新收订单会不断增加，未交货订单也会越积越多，因此交货期限也会越来越长。

保证生产期限，就是按照现有的生产能力，制造业的手头订单可以维持多少时间。保证生产期限的长短与生产情况的好坏有关，也与一般经济情况的好坏相联系。因为保证生产期限的长短与未交货订单的多少直接相关。当经济不景气时，制造业的手头订单会越来越少，因而保证生产期限就越来越短。当经济情况好转时，制造业的未交货订单会越来越多，因而保证生产期限也越来越长。

三、库存指标

企业所生产出来的商品，不会立即全部通过流通领域而进入个人消费或生产消费，总会有一部分成为生产领域和流通领域中的储存。处在储存状态中的商品叫作库存。工业企业为了保证生产能够继续进行，避免停工待料，必须保持一定数量的原料和辅助材料。在市场竞争非常剧烈的情况下，保证如期交货、缩短交货期对于争夺市场非常重要，而保持一定数量的原料、辅助材料的库存，则是维持连续生产、如期交货、缩短交货期的一个重要条件。工业企业生产出来的成品的一部分，也会在一定时期内处于仓库中。商业部门，包括批发商和零售商，也必须保持一定数量的库存。有货可供也是争夺市场和争取顾客的一个重要条件，脱销将失去市场和顾客。

工商企业在任何时候都持有一定数量的库存，但是库存数量的显著增加或显著减少，则与经济情况的好坏有直接关系。因此，库存指标是研究经济行情的一个重要指标。

（一）库存的有关指标

企业存货是指在一定的时间（月末、季末、年末）生产厂商、批发商和零售商保存在库房里的产品数量，是以"账面价值"表示的货币价值。账面价值是工商企业核算成本的一种记账方法，它不等于现实的市场价值，随着市场行情的变化，可以高于或低于现实市场价值。这种统计主要按部门分类，即分为制造业、零售业和批发业三大类。每一大类又分为一些副类，美国通常是分为耐用品和非耐用品两个副类。保持一定数量的库存，是保证持续生产和销售的必要条件，而库存积压和库存增加则是生产过剩的直接表现。但是，多少数额的库存算是适度而不是过多或过少，不能只从库存的绝对金额来考察。在物价波动的情况下，金额统计的库存变化不能清楚地反映库存数量的变化。

存销比率（I/S）这个指标可以在一定程度上解决这个难题。存销比率，又叫存货－销售额比，是某一时期库存价值与销售价值的比率，它提供了现有库存可供销售多少时间的概念，也就是说按照最近一个月的销售速度需用多少个月才能卖完存货。存销比率计算公式为

$$存销比率 ＝ 本月平均库存额 ÷ 本月销售额$$

或

$$存销比率 ＝（上月末库存额 ＋ 本月末库存额）÷ 2 ÷ 本月销售额$$

例如，某个企业5月末库存为20万元，5月的销售额为10万元，那么该企业的存销比率即为20÷10＝2，意思是说，这个月该企业的库存额（即使不再进货）可以销售两个月。有一个非常普遍的经验法则，即不要储存价值超过一个半月销售额的货品，即存销比率应为1.5。有些部门要求得少一些，另一些部门则要求得多一些。例如，汽车制造商按惯例喜欢在车场上保持接近两个月的销售额的汽车。如果交易商那里的汽车存货超过两个月的供应量，就等于打出了"黄旗"，说明它们保持了超过需求的数量，这可以作为汽车购买活动衰减的新证据。I/S太高了，企业将不再继续增加库存，而这一步骤可能会终止生产活动。I/S太低了意味着面向消费者的销售比存货增长更快。如果零售商不采取进一步的行动，迟早有一天将无货可卖。为了避免这一困境，企业需要赶紧下更多的商品订单，从而加快经济增长。显然，存销比率指标的变化比库存价值更能反映库存是偏多还是偏少，更能反映库存与周期变化的关系。美国有关统计机构公布的存销比率统计见表5-13、表5-14。

表5-13 美国存销比率（调整季节因素前后）

项目 时间	销售额（百万美元）			存货（百万美元）			存货－销售额比		
	2003年12月	2003年11月	2002年12月	2003年12月	2003年11月	2002年12月	2003年12月	2003年11月	2002年12月
调整后									
全部企业	889797	881635	831472	1190686	1187687	1168999	1.34	1.35	1.41
生产商	346533	341454	323362	438106	438126	444188	1.26	1.28	1.37
零售商	292400	291921	275763	458123	456845	436103	1.57	1.56	1.58
商品批发商	250864	248260	232347	294457	292716	288708	1.17	1.18	1.24
调整前									
全部企业	945296	855100	868285	1178306	1230733	1155640	1.25	1.43	1.33
生产商	344042	333414	316560	427737	439491	433756	1.24	1.32	1.37
零售商	343377	286269	319815	453333	485870	431121	1.32	1.70	1.35
商品批发商	257877	235417	231910	297236	295372	290763	1.15	1.25	1.25

（资料来源：鲍莫尔. 经济指标解读. 徐国兴，申涛，译. 北京：中国人民大学出版社，2005. ）

表5-14 美国按企业类型分类的存销比率（调整后）

类型	2002年12月	2003年11月	2003年12月
零售交易商（总计）	1.58	1.56	1.57
零售交易商（不包括机动车辆及零部件交易商）	1.43	1.39	1.39
机动车辆及零部件交易商	1.99	2.06	2.06
家具、电器商店	1.70	1.68	1.69
建筑材料、园林设备物料交易商	1.73	1.66	1.66

（续）

类型	2002 年 12 月	2003 年 11 月	2003 年 12 月
食品和饮料店	0.83	0.81	0.81
服装服饰店	2.48	2.41	2.41
日用商品店	1.73	1.66	1.67
日用商品店（不包括租赁百货商店）	2.06	2.00	1.99

（资料来源：鲍莫尔. 经济指标解读. 徐国兴，申涛，译. 北京：中国人民大学出版社，2005.）

（二）库存与经济行情的关系

1. 库存积压是经济危机的重要表现

经济危机是生产过剩的危机，是生产出来的商品超过了市场容量因而销售不出去的危机。库存积压是经济危机的一个重要表现。在危机的初期，生产下降的速度比销售下降的速度要慢一些，故库存越积越多。随着危机的扩展和深化，生产下降的速度加快，当生产下降速度超过销售下降速度时，库存就开始减少。如果危机时期伴有物价下跌，那么将促进库存的消化。危机继续发展和深化并转入萧条的过程，也就是库存从积压到逐渐消化的过程。萧条时期，库存继续消化而达最低水平，这就为生产的恢复创造了条件。复苏时期，生产逐渐恢复，市场前景看好，企业又开始补进存货，以适应生产发展和市场发展的需要。所以，库存不断增加，是危机发展的一个标志；库存降至最低水平，是危机阶段过渡到萧条阶段的一个标志；库存恢复增加，是萧条阶段过渡到复苏阶段的一个标志。高涨阶段，库存也是增加的。这不只是生产和市场发展的需要，还因为企业考虑到价格将进一步上涨要尽量增加一些库存。另外，通货膨胀越来越严重，物价不断上涨，货币贬值，企业认为保存商品将比资金投入借贷市场有利，投机因素加剧了物上上涨，商品库存将会增加得更多。高涨阶段库存的增加，既是高涨阶段的标志，又是危机条件逐渐成熟的标志。在高涨阶段后期，存货加速积累，往往预示危机条件的成熟。在萧条阶段后期，库存降至最低水平时，往往预示复苏条件的成熟。从这个意义来说，库存指标是预测经济行情的一个重要指标。

2. 以固定价格表示的库存指标更能客观地反映经济周期变化的规律和特点

20 世纪 70 年代以来，通货膨胀越来越严重。危机时期物价仍然上涨，危机比较短暂而且往往是跨年度发生的。这样，以当时价格表示的年度库存价值，就表现不出危机时期库存变化的特点。如果采用以固定价格表示的库存价值，并采用季度数值，就能比较清楚地看出整个周期过程、特别是危机阶段库存变化的规律和特点了。

3. 制造业和批发业库存变化对周期变化的反映比零售业更明显，原材料库存变化对周期变化的反映比加工品和制成品更明显

在按照部门分类的库存变化统计中，各类库存变化对于经济周期变化的反映程度不同。例如，英国于 1979 年第 3 季度开始经济危机，制造业从 1979 年第 4 季度起，批发业从 1980 年第 1 季度起，库存价值基本上是逐季减少，而零售业库存数值只有一个季度减少，且减少不多。这是由于零售贸易与个人消费直接相关，在危机前的高涨阶段，库存增加的盲目性较小，而危机阶段个人消费减少甚微、甚至还继续增加。这样，在周期变化过程中，零售业库存的变化小于制造业和批发业。在制造业库存中，原材料库存变化对周期变化的反映比加工品和制成品更明显。这是因为，在高涨阶段，企业家对市场往往盲目乐观，并预期原材料的稀缺和进一步涨价，大量争购和囤储原材料。也正因为如此，随后的危机和萧条阶段，原材

料的购买剧减，原材料库存的减少也就更明显一些。

四、产能利用率

（一）产能利用率的概念

产能利用率是指企业发挥生产能力的程度，计算公式为

$$产能利用率 = 实际产能 \div 设计产能 \times 100\%$$

这个数据指标的重要性表现在三个方面。首先，一个国家的实力是以该国家在需要的时候能生产多少来判断的，产能利用率反映了产业部门的规模和应变能力。其次，产能利用率有助于了解没有充分挖潜的生产企业、公共事业、采掘部门在将来需要更多产出时的表现。最后，产能利用率具有一定的预测价值。它是企业投资支出的一个很好的领先指标，对正在形成的通货膨胀压力有警示作用。

（二）产能利用率与经济行情的关系

当某一行业产能利用率较低时，该行业原材料供给较为充裕，各个企业不会考虑增加雇用新的工人或者投资新设备。一旦由于某种原因，该行业开始以接近其自身100%的潜力努力生产，情况就会发生变化。而后企业将逐渐感受到零部件和中间产品数量的短缺和价格的上涨。随着原材料成本不断抬高，售价也必须提高。当全部企业的运行接近于所有行业的全部生产能力时，就会出现资源短缺，并产生通货膨胀。

产能利用率高会导致新的工厂设备投资和工厂扩张，这意味着未来企业将增加产出。制造业的产能利用率在经济繁荣时一般会上升，在需求疲软时则下降。

一般来说，产能利用率随着经济周期上升或下降。如果产品订单减少，工厂产出下降，那么产能利用率就低。一般美国产能利用率的警示区在80%左右。如果产能利用率在80%以下，企业可能会失去继续投资的信心，甚至有可能引致新一轮的失业。当产能利用率在81%的时候，生产比较安全，一般不会引发通货膨胀。当利用率进入82%～85%的范围时，生产瓶颈就会出现，这会对价格尤其是生产者物价水平产生新的压力。[⊖]

五、采购经理人指数

（一）概念

采购经理人指数（Purchasing Managers' Index，PMI），是通过对采购经理人的月度调查统计汇总编制而成的指数，涵盖了企业采购、生产、流通等各个环节。作为国际通行的宏观经济监测指标体系之一，PMI 已成为经济运行活动的重要评价指标和反映经济变化的"晴雨表"，对国家和地区经济活动的监测和预测具有重要作用。近年来，任何一个重要经济体发布的月度 PMI，都会引起政府、商界和社会公众的广泛关注和高度重视。

PMI 体系是由扩散指数和加权综合指数构成的一个指数体系，具有一定的领先性，可以发挥经济周期波动的预警功能。

在世界范围内，对采购经理人的调查始于20世纪初的美国采购管理协会（简称 NAPM，是美国供应管理协会，简称 ISM 的前身），最初，该协会从全国各地的买家那里非正式地搜集信息，1930 年开始向美国商务部定期报送信息，1931 年起定期出版《NAPM 制造业商务

⊖　鲍莫尔. 经济指标解读. 徐国兴，申涛，译. 北京：中国人民大学出版社，2005.

报告》，其中就包括采购经理人指数。制造业的波动在经济周期的波动中占据较大分量，而且也影响着服务业的发展，所以制造业 PMI 成为关注焦点。

我国自 2005 年 7 月开始发布"中国制造业 PMI"，由国家统计局负责组织实施和数据处理，由中国物流与采购联合会向社会发布指数及相应的商务报告。该指数为政府、金融机构和企业经营者提供了重要的决策参考。

（二）中美 PMI 构成对比

与其他统计指标相比，制造业 PMI 具有发布的及时性，一般当月末或下月初就可发布；另外，PMI 来源于被调查者的主观定性判断，仅需要被调查者在"上升""下降"和"不变"三个答案中来选择，不需要精确的定量数据，然后经汇总得到，减少了定量数据在采集过程中的误差。国外学者还认为定性数据可以减少针对少数行业产生的冲击。由于调查对象为采购经理或主管采购业务活动的副总经理，他们直接面向企业采购一线，能够把握市场脉搏，使该指数反映企业经营状况比较准确，而且制造业对于整体经济的反映性也比较好。

美国的 PMI 体系包括 10 个扩散指数，指数或调查反映的内容如下：

1）新订单（New Orders）：调查当前月份工厂、部门或公司的生产水平与前一月相比的变化情况。

2）未交付订单总数（Backlog of Orders）：调查当前月份工厂、部门或公司的未完成（unfilled）订单水平与前一月相比的变化情况。

3）新出口订单（New Export Orders）：反映当前月份工厂、部门或公司的新出口订单水平与前一月相比的变化情况，如果企业没有出口，则在调查问卷中选择没有出口项。

4）进口（Imports）：反映当前月份工厂、部门或公司的总进口水平与前一月相比的变化情况，包括原材料、组件、中间品等的进口。

5）生产（Production）：反映当前月份工厂、部门或公司的生产状况与前一月相比的变化情况。

6）供应商配送（Supplier Deliveries）：反映当前月份供应商配送时间表现与前一月相比的变化情况。这个调查项目的问题选项顺序为减慢、加快或不变，与其他问题选项正好相反，因为配送时间的增加反映了正面的经济方向。

7）原材料存货（Inventories）：反映当前月份工厂、部门或公司购买的原材料存货总体水平与前一月相比的变化情况。

8）客户存货（Customers' Inventories）：反映当前月份客户存货水平与前一月相比的变化情况。

9）人员雇佣（Employment）：反映当前月份工厂、部门或公司的总体就业水平与前一月相比的变化情况。

10）价格（Price）：反映当前月份工厂、部门或公司购买的商品价格水平与前一月相比的变化情况。

我国的 PMI 包括新订单指数、生产指数、从业人员指数、供应商配送时间指数、原材料库存指数、积压订单指数、新出口订单指数、采购量指数、进口指数、产成品库存指数和购进价格指数 11 个指数。

（三）PMI 与经济行情的关系

PMI 是一项全面的经济指标，概括了整体制造业状况、就业及物价表现，是全球最受关注的经济资料之一。

1. 可利用 PMI 分析宏观经济走势

PMI 是以百分比来表示的，常以 50% 作为经济强弱的分界点：当指数高于 50% 时，被解释为经济扩张的信号；当指数低于 50%，尤其是非常接近 40% 时，则被解释为经济萧条的信号。一般在 40%~50% 之间时，说明制造业处于衰退阶段，但整体经济还在扩张阶段。表 5-15 反映了 PMI 与商业周期的关系。

表 5-15　PMI 与商业周期的关系

PMI 指标	与商业周期的关系（月）	时段
PMI 综合指数	领先顶点 14.9，领先谷底 3.1	1975.1—1994.9
生产	领先顶点 15.4，领先谷底 3.6	1975.1—1994.9
新订单	领先顶点 15.9，领先谷底 4.0	1975.1—1994.9
库存	领先顶点 14.1，领先谷底 1.1	1975.1—1994.9
供应商配送	领先顶点 12.3，领先谷底 8.7	1975.1—1994.9
就业	领先顶点 15.1，领先谷底 2.1	1975.1—1994.9

（资料来源：KAUFFMAN R G. Indicator qualities of the NAPM report on business Journal of Supply Chain management, 2006, 35 (2): 29-37.）

2. 可利用 PMI 制定宏观经济调控政策

分析 PMI 有利于国家经济与产业经济的宏观调控与预测。PMI 是各国特别是发达国家反映经济活动快速的、及时的先行指标。通过 PMI，可以及时监测和预测经济与商业活动中出现的问题和趋势，使政府对宏观经济走向的判断与调控建立在科学的基础上。

3. 可利用 PMI 中的物价、就业指数等预测行业发展动态

除了对整体指数的关注外，PMI 中的支付物价指数及收取物价指数也被视为物价指标的一种，而其中的就业指数常被用来预测失业率及非农业就业人口的表现。

4. 可利用 PMI 指导企业的活动

分析 PMI 有利于指导企业的采购、生产、经营等活动。PMI 调查涉及企业生产、采购、库存、销售、价格等多个环节，反映了企业全面的商业活动。PMI 以及基于 PMI 的商务报告对企业的实际经营活动具有极强的指导作用，使企业特别是大企业集团的战略决策与业务调整有一个可靠的依据。

【阅读资料】

12 月份制造业采购经理人指数和非制造业商务活动指数稳中有缓

——国家统计局服务业调查中心高级统计师赵庆河解读 2020 年 12 月中国采购经理人指数

2020 年 12 月 31 日国家统计局服务业调查中心和中国物流与采购联合会发布了中国采购经理人指数。对此，国家统计局服务业调查中心高级统计师赵庆河进行了解读。

12 月份，我国经济恢复向好势头继续巩固，中国制造业采购经理人指数、非制造业商务活动指数和综合 PMI 产出指数分别为 51.9%、55.7% 和 55.1%，虽低于上月 0.2、0.7 和 0.6 个百分点，但均继续位于年内较高运行水平，连续 10 个月保持在荣枯线以上。

一、制造业采购经理人指数稳中略落

进入第四季度，制造业复苏步伐有所加快，12月份制造业PMI为51.9%，虽略有回落，但仅比上月的年内高点低0.2个百分点，制造业总体保持稳步恢复的良好势头，景气度处于年内较高水平。本月主要特点如下：

一是产需两端继续改善。生产指数和新订单指数分别为54.2%和53.6%，虽较上月回落0.5和0.3个百分点，但均为年内次高点，且两者差值继续缩小，制造业保持较好增势，产需关系更趋平衡。在调查的21个行业中，分别有18个和17个行业的生产指数和新订单指数位于扩张区间，其中黑色金属冶炼及压延加工、通用设备、专用设备、计算机通信电子设备及仪器仪表等行业两个指数均高于56.0%，相比上月有不同程度上升，行业增长动能增强，生产活动加快。

二是进出口指数连续四个月保持扩张。新出口订单指数和进口指数分别为51.3%和50.4%，低于上月0.2和0.5个百分点，继续位于景气区间。调查结果还显示，出口企业生产经营活动预期指数连续8个月回升，达到全年高点，制造业出口企业对市场发展信心不断增强。

三是高技术制造业引领作用持续显现。今年以来，高技术制造业PMI始终高于制造业总体，本月为55.8%，虽较上月回落0.4个百分点，但仍为年内次高点。其中，生产指数、新订单指数和从业人员指数分别为59.3%、58.2%和52.6%，高于制造业总体5.1、4.6、3.0个百分点，表明高技术制造业产需两旺，用工需求持续增长，对制造业总体复苏的带动较为显著。

四是价格指数升至全年高点。近期部分大宗商品价格持续攀升，加之市场需求继续回暖，推动制造业原材料采购价格和产品销售价格加速上涨，本月主要原材料购进价格指数和出厂价格指数分别为68.0%和58.9%，高于上月5.4和2.4个百分点，均为全年高点。从行业情况看，石油加工煤炭及其他燃料加工、黑色金属冶炼及压延加工、有色金属冶炼及压延加工等上游行业的两个价格指数均高于70.0%，比上月显著上升。原材料价格快速上涨加大了企业成本压力，本月反映原材料成本的企业占比为49.4%，为近两年高点。

五是大、中型企业PMI继续保持在临界点以上。大、中型企业PMI均为52.7%，继续运行在52.0%及以上的景气区间；小型企业PMI为48.8%，低于上月1.3个百分点，降至荣枯线以下。本月小型企业中反映原材料成本、物流成本和劳动力成本的比例分别较上月上升5.0、4.6和1.5个百分点，小型企业运营成本有所增加，盈利空间受到一定程度挤压。

二、非制造业商务活动指数扩张放缓

12月份，非制造业商务活动指数为55.7%，低于上月0.7个百分点，仍保持在55.0%以上的较高景气区间，非制造业延续稳步复苏势头。

服务业景气度保持较高水平。服务业商务活动指数为54.8%，虽低于上月0.9个百分点，但仍位于全年较高运行水平。从行业情况看，航空运输、电信广播电视卫星传输服务、货币金融服务、资本市场服务等行业商务活动指数持续位于60.0%以上高位景气区间，业务总量较快增长。此外，餐饮、房地产、生态保护及环境治理等行业商务活动指数位于临界点以下，企业经营活动有所放缓。从价格看，投入品价格指数和销售价格指数分别为53.1%和52.0%，比上月上升1.2和1.1个百分点，其中受大宗商品价格明显上涨的影响，与制造业密切相关的生产性服务业的两个价格指数明显高于生活性服务业。从市场预期看，业务活动预期指数为60.1%，连续6个月位于高位景气区间，表明多数服务业企业对市场稳定恢复持续看好。

建筑业继续保持较快增长。建筑业商务活动指数为 60.7%，高于上月 0.2 个百分点。其中，土木工程建筑业商务活动指数为 63.2%，较上月上升 6.6 个百分点，生产活动明显加快。从市场需求看，新订单指数为 55.8%，高于上月 1.8 个百分点，连续两个月回升，表明建筑业企业新签订的工程合同量继续增长，市场需求稳步扩张。

三、综合 PMI 产出指数运行总体稳定

12 月份，综合 PMI 产出指数为 55.1%，低于上月 0.6 个百分点，连续 4 个月保持在 55.0% 以上的较高景气区间，表明近期我国企业生产经营活动持续恢复向好。构成综合 PMI 产出指数的制造业生产指数和非制造业商务活动指数分别为 54.2% 和 55.7%。

【节选自：国家统计局：http：//www. stats. gov. cn/tjsj/sjjd/202012/t20201231_1811925. html.】

【关键词】

GDP　固定资本投资　每周平均工作时数　失业率　工业生产指数　手头订单　库存
产能利用率　采购经理人指数

【拓展阅读】

［1］杨逢华，林桂军. 世界市场行情［M］. 北京：中国人民大学出版社，2006.
［2］赵春明. 世界市场行情新编［M］. 2 版. 北京：机械工业出版社，2016.
［3］张德存. 世界市场行情分析［M］. 北京：科学出版社，2009.
［4］鲍莫尔. 经济指标解读［M］. 徐国兴，申涛，译. 北京：中国人民大学出版社，2005.
［5］高玲芬. 国民经济核算概论［M］. 杭州：浙江工商大学出版社，2013.
［6］许宪春. 国内生产总值价格和物量指数［J］. 中国统计，2020（5）：10 - 11.
［7］孟文强. 中美制造业采购经理人指数（PMI）的比较［J］. 知识经济，2019（3）：23 - 24.

【复习思考题】

1. 简述 GDP 的核算方法。
2. 试述 GDP、GNP、NI、NNP 之间的关系。
3. 概述 GDP 在宏观经济分析中的作用。
4. 说明失业的种类。
5. 简述失业与宏观经济行情的关系。
6. 论述工业生产指标与经济行情的关系。
7. 简述就业指标与宏观经济行情的关系。
8. 比较两大 GDP 核算体系。
9. 简述固定资本的分类。
10. 简述固定资本投资对宏观经济行情的影响。
11. 简述中国国民经济核算体系演变的过程。
12. 简析订单在行情分析中的作用。
13. 简述存销比率的概念及其与经济行情分析的关系。
14. 简述产能利用率的概念及其与经济行情分析的关系。

第六章

经济行情研究的主要指标（二）

【导读】

国内贸易指标是从商品流通领域反映一国经济活动盛衰的重要指标。一般的国内贸易统计指标通常分为零售销售额和批发销售额两大类，在这两大类下，又各分为耐用品与非耐用品销售额，以及更详细的分类统计。国内贸易指标反映经济的周期性波动，其中批发贸易比零售贸易、耐用品比非耐用品对周期的反应更为敏感。

国际（对外）贸易指标反映的是货物贸易，即狭义的国际（对外）贸易的情况，是研究世界与各国经济行情以及各国间经济关系的重要指标。作为反映周期变化的指标，国际贸易指标存在一定的滞后性，经济的周期性波动对不同类型国家的对外贸易影响也不尽相同。国际收支是一个国家在一定时期内（一年、半年或一季）同其他国家进行经济、贸易等往来而发生的收支总额的对比，其变动情况主要反映在国际收支平衡表中。国际收支状况影响各国经济关系与世界经济形势。

综合商品价格是较为重要的、具有代表性的一组商品或一系列商品价格的平均价格，是反映一般物价水平的价格。综合商品价格指数包括批发价格指数、零售价格指数及反映国际市场价格变化的世界商品价格指数。综合商品价格指数属于先行经济指标，对经济周期的波动反映较为敏感，既反映一般经济行情，也可以反映某一类商品市场行情和价格变化特征及其发展趋势。股票价格指数是运用统计学中的指数方法编制而成的综合反映股票价格在不同时间和空间条件下平均变动的相对数。从长期趋势上看，股票价格变化与经济周期变化基本一致，作为预兆性指标，其转折性变化往往早于经济周期的转折性变化。影响股票价格的因素错综复杂，近年来股票价格的波动还存在脱离经济行情实际波动的趋势。

【学习重点】

1. 国内贸易指标与经济行情
2. 国际贸易指标与经济行情
3. 国际收支与经济行情
4. 综合商品价格与经济行情
5. 股票价格指数与经济行情

第一节 国内贸易指标

一、国内贸易与国内贸易指标的分类

国内贸易指标是从商品流通领域反映一国经济活动盛衰的重要指标。按贸易程序来划

分，国内贸易可分为零售贸易（Retail Trade）和批发贸易（Wholesale Trade）。零售贸易是零售商向广大消费者出售商品的贸易，批发贸易则是企业之间的贸易。生产企业采购原料、半成品、机器设备或出售半成品、成品给中间商、批发商，批发商将商品出售给零售商，都属于批发贸易。在实践中，批发商也可能兼营零售贸易，零售商也可能兼营批发贸易，但这并不改变零售贸易与批发贸易的本质区别。

与此相适应，一般的国内贸易统计指标通常分为零售销售额和批发销售额两大类，在这两大类下，又各分为耐用品销售额与非耐用品销售额，以及更详细的分类统计。美国的国内贸易统计将批发贸易做了进一步的区分，形成了三大项目，即制造业销售额、批发商销售额和零售商销售额。其中，制造业销售额也属于批发销售。

二、国内贸易指标与经济行情

（一）国内贸易指标反映经济的周期性波动

经济行情是生产、消费和流通各个领域具体发展变化的总和，流通领域作为生产与消费的中间环节，与生产和消费相互联系、相互影响，其有关指标的变动，既反映生产领域的变化，又反映消费领域的变化，同时还能体现市场的供求关系，是经济周期性波动的同步指标。当经济处于危机和萧条阶段，生产缩减，失业增加，国内商品流通也会趋于萎缩；而当经济处于复苏和高涨阶段，投资和生产增长，就业率提高，失业率减少，引起市场活跃和销售增加，国内商品流通也会趋于扩大。

（二）在国内贸易中，批发贸易与零售贸易对经济周期的反应有所不同

批发贸易通常是工商企业之间的贸易，其对周期的反应更敏感。在经济危机期间，随着生产的缩减和需求的下降，企业之间的贸易会趋于萎缩；零售贸易是零售商与消费者之间的贸易，而消费品中有很多是生活必需品，即便在经济危机期间，这类商品销售的缩减也很有限，甚至有可能不缩减。以美国为例，在1948年—1949年、1953年—1954年、1957年—1958年、1973年—1975年的危机中，以当时价格计算的批发贸易额分别下降了4.3%、0.6%、2.1%和2.6%，而零售贸易额除在1960年—1961年危机中有轻微下降外，其余各次危机中都有所上升。根据美国人口普查局的年度报告，2015年，美国批发贸易额出现2008年金融危机以来第一次大幅下降，批发贸易额较2014年减少5.28%，而同期的零售贸易额则增长了1.9%。

（三）在零售贸易中，耐用品比非耐用品对周期的反应更敏感

耐用品使用时间较长，且多为非生活必需品，在消费上通常没有明显的时限性，可根据需要提前或延缓购买。这样一来，一旦出现经济危机或经济衰退，消费者就会减少或推迟购买这类商品。非耐用品多为生活必需品，常常是人们一天不可少的商品，因此即便是经济衰退，这类商品的零售贸易也不会下降很多，而在经济高涨或繁荣阶段，消费者也不会大量增加对这类商品的消费。同样的道理，高级耐用消费品比一般耐用消费品对经济周期具有更高的敏感度。

三、应用国内贸易指标研究经济行情应注意的问题

（一）国内贸易指标在统计时没有剔除通货膨胀率

国内贸易指标在统计时一般采用的是名义价格，没有剔除通货膨胀因素，导致其在反映

国内贸易的实际变化上是有欠缺的。第二次世界大战之后，随着西方国家通货膨胀的持续发展，物价不断上涨。这样一来，即使危机时期国内贸易量有所下降，也被物价上涨所掩盖，导致以当时价格表示的国内贸易额往往是增加的。因此，在利用这一指标分析经济行情时，对此应予以考虑。

（二）在零售贸易中，季节性波动是一个不可忽视的因素

零售贸易额常常会在各季、各月出现季节性的变化，从而使其呈现一定的波动性。一个明显的例证是，在西方国家，每年11月和12月的零售数据会出现飙升，而1月和2月的零售数据则明显低落，这主要是因为圣诞节前的疯狂购物带来的结果。因此，在应用零售贸易额的季度和月度统计指标时，要注意季节波动的影响。很多国家发布的零售贸易统计中，都有调整季节变化和未调整季节变化的两种数据。在分析经济周期变化时，应选择调整季节变化的零售贸易额，以避免将季节因素引起的零售额变化误认为是周期变动的表现。未调整季节变化的零售贸易额也是有意义的，它可以帮助我们了解某些消费品在销售上的淡季和旺季，从而更有效地安排生产和销售活动。

【阅读资料】

美国2019年12月零售销售额环比增长

美国商务部16日公布的数据显示，归功于假日购物热潮，2019年12月美国零售销售额环比增长0.3%，同比增幅达到5.8%。除汽车销售额外，所有主要类别销售额均有增长。

数据显示，剔除汽车销售额之后，去年12月美国零售销售额环比增长0.7%，是去年7月份以来的最大增幅。同时，剔除食品服务、汽车、建筑材料和加油站之后的零售销售额环比增长0.5%，略高于市场预期。该对比数据可以更好地反映消费者的潜在需求。2019年全年，零售销售额增长3.6%，低于2018年近5%的增幅。数据公布后，美国国债收益率上升，美元收复部分"失地"。

具体来看，13个主要商品类别中有12个出现增长。其中，服装零售销售额增幅从去年3月份以来最大，建筑材料销售额则实现去年8月份以来最大增幅。加油站收入环比增长2.8%，是3月份以来最大增幅。

【节选自：中国服务贸易指南网，http://tradeinservices. mofcom. gov. cn/article/yanjiu/hangyezk/202001/97208. html。】

（三）第二次世界大战后西方国家普遍推行的"反危机"措施使国内贸易在经济周期中的变化出现了新的特点

第二次世界大战后，西方国家普遍推行"反危机"的措施。例如，放宽消费信贷（Consumer Cedit）条件就是一种常用的做法。消费信贷分为分期付款信贷（Installment Credit）和非分期付款信贷（Non‑installment Credit），其中分期付款信贷为主要形式，约占全部消费信贷的80%，主要用于耐用消费品和住宅建筑。消费信贷的广泛流行促进了第二次世界大战后西方国家耐用消费品的销售和生产。在经济衰退和危机时期，通过降低第一次付款金额、延长偿还期限等放宽消费信贷条件的做法，能够在一定程度上刺激购买，使危机期间国内贸易的缩减较为有限。

【阅读资料】

20世纪40年代，美国关于消费信贷的法律、制度和道德基础已经到位。20世纪50年代，信用卡在美国问世，负债消费逐渐成为美国家庭生活方式的典型特征。1980 年《存款机构放松管制和金融控制法案》批准在全国实行可转让提款单，还批准储蓄与放款协会将其资金扩大到发放消费信贷（以资产的 20% 为限）；允许储蓄与放款协会发放信用卡，开办信托业务；放松或取消了各州实行的对抵押贷款以及其他类型信贷收取高利率的限制。美国的消费者分期付款信用 1950 年为 215 亿美元，1960 年为 561 亿美元，而 1975 年高达 1967 亿美元。美国的滚动债务（主要是信用卡未付余额债务）占消费债务的比例，在 20 世纪 60 年代末仅约为 1%，20 世纪 80 年代末则上升到近 25%，20 世纪 90 年代末更是高达 33%。

【节选自：毛中根，杨丽娇，孙豪. 从生产大国到消费大国的传导机制——兼论美国经验. 哈尔滨工业大学学报（社会科学版），2015（1）：119 – 127. 】

第二节 国际贸易指标与国际收支指标

一、国际贸易指标

（一）国际贸易与国际贸易指标

国际贸易（International Trade）是指国家（或地区）之间商品和劳务的交换活动，是世界各国（或地区）之间国际分工的表现形式。从单个国家（或地区）的角度看，该国家（或地区）同其他国家（或地区）所进行的商品和劳务的交换活动称为对外贸易（Foreign Trade）。国际贸易是由各国的对外贸易构成的。

广义的国际（对外）贸易包括货物与服务，狭义的国际（对外）贸易不包括服务。我们通常使用的国际（对外）贸易指标反映的是货物贸易，即狭义的国际（对外）贸易的情况。这个指标在统计上可分为两大类：一类是国际（对外）贸易额，另一类是国际（对外）贸易量。

1. 国际（对外）贸易额

贸易额即贸易的价值衡量，它可以进一步细化为进口贸易指标和出口贸易指标，具体包括进口总额、出口总额、对外贸易总额、贸易差额和国际贸易额。其中，对外贸易总额是一个国家（或地区）出口总额与进口总额之和，贸易差额是一个国家一定时期内（通常是一年）出口总额和进口总额相比较的差额，国际贸易额则是各国（或地区）出口额折合成同种货币的加总。

世界各主要国家（或地区）以及联合国等机构都发表了比较详细的贸易额统计，表 6-1 是美国的对外贸易统计。

表 6-1 美国对外贸易统计　　　　（单位：亿美元）

	2017 年	2018 年		2019 年	
	金额	金额	同比	金额	同比
对外贸易总额	38863.57	42067.98	8.25%	41435.77	− 1.5%
出口总额	15464.73	16659.92	7.73%	16451.74	− 1.25%
进口总额	23398.84	25408.06	10.26%	24984.02	− 1.67%

（数据来源：美国商务部。）

除了对外贸易总额的统计以外，各国（或地区）还有按地区、国别、商品组类以及主要具体商品的贸易统计，反映该国家（地区）进出口的地理方向和商品构成。

2. 国际（对外）贸易量

由于世界市场上商品价格时涨时落，汇率波动与通货膨胀经常发生，为避免价格等因素影响贸易规模的真实性，往往还用国际（对外）贸易量，或者以某年为基准的国际（对外）贸易量指数或年递增率来反映贸易状况。

所谓国际（对外）贸易量，是以不变价格计算的世界（一个国家）一定时期贸易总额，其计算方法是：

$$\text{国际（对外）贸易量} = \text{一定时期的国际（对外）贸易额} \div \text{同期出口（该国进出口）价格指数} \times 100$$

例如，2008 年出口价格指数为 100，2020 年出口价格指数为 120，国际贸易额为 18 万亿美元，则按 2008 年不变价格计算的国际贸易量就是：

$$18 \text{ 万亿美元} \div 120 \times 100 = 15 \text{ 万亿美元}$$

国际（对外）贸易量指数是用国际（对外）贸易额指数除以国际（对外）贸易单位价值指数（Unit Value Index）计算得出的。其中，国际（对外）贸易额指数是以某个时期的国际（对外）贸易额除以基期（不变价格时期）的国际（对外）贸易额而计算出来的指数；国际（对外）贸易单位价值指数实质上是反映各种出口（进出口）商品价格平均变化趋势的价格指数，是用某个时期出口（进出口）总额除以按基期价格计算的等量商品的出口（进出口）总额所得的指数，其计算方法可用表示为

$$\text{国际（对外）贸易单位价值指数} = \sum P_1 Q \div \sum P_0 Q$$

式中，Q 代表某个时期出口（进出口）的各种商品数量；P_1 代表该期各种出口（进出口）商品的不同价格；P_0 代表这些商品在基期的出口（进出口）价格。

运用类似的方法，我们可以计算出各国进口总额、出口总额的物量指数。

（二）国际贸易指标与经济行情

在国际分工日益发展和深化的背景下，各国的经济发展都不同程度地与国际市场联系在一起，国际贸易反映着世界经济的变化与世界各国之间的经济联系，对外贸易反映着一国经济的变化及其参与国际分工的程度和在世界市场上的竞争能力。因此，国际贸易或对外贸易指标是研究世界及各国经济行情与经济关系的重要指标。

1. 国际贸易的变化反映着世界经济的变化

当世界主要国家处于经济复苏或高涨阶段，随着生产的发展，国际贸易也在发展；而当这些国家普遍进入危机和萧条阶段后，生产缩减，国际贸易随之萎缩。当然，如果只是少数国家发生经济危机，国际贸易一般不会缩减。从第二次世界大战后来看，西方国家的贸易在 1958 年、1975 年、1981 年和 1982 年出现了不同程度的下降、停滞或增幅减缓，当时均发生了世界性的经济衰退或危机。1990 年后，世界贸易仅在 1998 年、2001 年两度出现绝对值下降，降幅均在 3% 以内。2008 年，美国次贷危机引发经济危机，随着世界主要经济体集体步入衰退，2009 年的全球货物贸易额缩减近 25%，下降了 22.7%，货物贸易量则下降了 12.2%。

2. 作为反映周期变化的指标，国际贸易指标存在一定的滞后性

当危机已经开始，即使新的订货减少，国际贸易也不会很快下降，甚至可能继续增加。因为买卖合同从签订到交货，一般要经历一段较长的时间，过去一段时间签订的合同仍然要执行。例如，2008 年危机爆发后，G20 成员方的对外贸易几乎全部都是在 2008 年第四季度开始出现负增长的，到 2009 年才无一例外地出现绝对下降。反之，当周期向复苏过渡时，

贸易也不会很快增加，因为新签合同虽然在增加，但其从签订到执行，也要经历一段时间。另外，即便是世界性的经济危机，由于各国危机的起止时间并不一致，因而对国际贸易的影响在一定程度上会相互抵消并削弱。

国际贸易变化对周期变化反应迟缓的情况，从年度贸易统计上不宜看出，主要表现在季度贸易统计上。

3. 经济的周期性波动对不同类型国家的对外贸易影响不同

在经济危机期间，发达国家与发展中国家在进口、出口方面有不同的表现。对于发达国家而言，危机首先影响其进口贸易。由于国内经济萎缩，这些国家会很快减少原材料进口，并采取一些保护主义措施限制进口。同时，针对总供给大于总需求、工业品销售困难的现象，它们会采取措施加强出口，所以其出口贸易对经济危机的反应较慢，只有当经济危机逐渐深化并蔓延到多个国家时，其出口贸易才不得不缩减。发展中国家恰恰相反，由于它们主要向发达国家出口原料性商品，而从发达国家进口制成品，因此当危机或衰退来临时，发达国家缩减进口鼓励出口的做法，会使发展中国家出口贸易受限而下降，而进口贸易则受影响较晚，甚至继续增加。

4. 利用对外贸易指标研究个别国家经济行情时，应注意该国出口的地理方向或出口商品的构成

出口的地理方向反映一个国家主要的出口地区和国家，对这些地区和国家出口的变化，会对其整个出口产生较大影响，进而也会影响其整个经济情况的变化。例如，北美地区是美国主要的出口市场，北美地区市场情况的好坏会直接影响美国的出口贸易乃至整个经济情况。如果美国陷入经济危机而北美地区处于复苏或高涨阶段，则美国会因对北美地区出口的增加而缓和危机。反过来，如果美国步入经济复苏阶段，而北美地区仍处于危机或萧条阶段，则美国对北美地区的出口会缩减，这将使美国的复苏势头受到一定的抑制。

出口商品构成也是一个需要关注的指标。特别是对于某些发展中国家来说，存在出口商品品种单一的问题，一两种商品的出口往往占其全部出口商品较大的比重。例如，铜的出口占智利出口的40%以上，而在马来西亚的全部出口中，橡胶、椰子油和锡约占35%~40%。因此，单一出口商品情况的好坏，往往在很大程度上影响这些国家的经济情况。

【阅读资料】

中国贸易结构发生变化

《日本经济新闻》网站7月15日报道，由于中美贸易摩擦的长期化，中国的贸易结构开始发生变化。美国被东盟超过，按国家和地区来看降至中国贸易对象的第3位，与排在首位的欧盟的差距拉大。额外关税导致中国对美国进口锐减。

一方面，中国积极开拓东南亚和欧洲市场。中国对欧盟进出口总值为2.3万亿元，增长11.2%；对东盟进出口总值为1.98万亿元，增长10.5%。在中国的贸易对象中，欧盟2004年超过日本和美国，跃居首位，美国长期处在第2位。

报道指出，东盟和美国的差距在半年里超过2300亿元，如果中美贸易摩擦无法在短期内解决，美国全年或将排在第3位。如果美国的对华贸易额全年被东盟超过，将是有可比统计的1997年以来的首次。报道分析称，对中国来说，来自美国的进口产品主要是农产品和能源，它们容易找到替代供货商。

另一方面，中国对美国的出口产品主要是个人计算机和手机等工业产品，调整供应链需要较长时间。

【节选自：中华人民共和国商务部网站，http：//hk. mofcom. gov. cn/article/jmxw/a/201907/20190702882497. shtml。】

二、国际收支指标

（一）国际收支与国际收支平衡表

国际收支是一个国家在一定时期内（一年、半年或一季）同其他国家进行经济、贸易等往来而发生的收支总额的对比。国与国之间从事各种交易活动，不管是商品的输出输入、资金的借贷、跨国性的投资，还是非商业性交易，最终都是以国际收支体现出来的。一国国际收支状况的变化，既是国内经济情况变化的反映，又与其他国家经济情况的变化有关；与此同时，一国国际收支的变动，既影响该国国内经济的变动，又影响该国与其他国家的经济联系。因此，在开放经济条件下，研究一国经济行情，离不开对其国际收支的分析。

国际收支的变动情况主要反映在国际收支平衡表中。作为国际收支核算的重要工具，国际收支平衡表是对一个国家与其他国家进行经济技术交流过程中所发生的贸易、非贸易、资本往来以及储备资产的实际动态所做的系统记录。该表按照复式簿记原理编制，每笔交易都会产生一定金额的一项借方记录和一项贷方记录，即"有借必有贷，借贷必相等"。国际收支平衡表的标准组成包括两个基本部分：经常账户、资本和金融账户，每部分又分为若干二级项目和明细项目，分别表示性质各异的经济交易，见表6-2。对同一项目的借、贷两部分相加可求得每项的差额，顺差用"＋"号或不标记，逆差用"－"号表示。把国际收支各项目的差额累计取得其总差额，即国际收支差额。如果所有收入款项的累计数额多于支出款项的累计数额，则为国际收支顺差；如果收入款项的总额少于支出款项总额，则为国际收支逆差。例如，2019年我国的国际收支情况见表6-2。

表6-2　2019年我国的国际收支情况　　　　　　　　　（单位：亿美元）

项目	2019 年	项目	2019 年
1. 经常账户	1029	贷方	143
贷方	29304	借方	−112
借方	−28275	1. B. 2　投资收益	−434
1. A　货物和服务	1318	贷方	2575
贷方	26310	借方	−3008
借方	−24992	1. B. 3　其他初次收入	11
1. A. a　货物	3930	贷方	18
贷方	23866	借方	−7
借方	−19936	1. C　二次收入	103
1. A. b　服务	−2611	贷方	259
贷方	2444	借方	−157
借方	−5055	1. C. 1　个人转移	1
1. B 初次收入	−392	贷方	40
贷方	2735	借方	−40
借方	−3127	1. C. 2　其他二次收入	102
1. B. 1　雇员报酬	31	贷方	219

（续）

项目	2019 年	项目	2019 年
借方	−117	2.2.1.2　证券投资	579
2. 资本和金融账户	263	2.2.1.3　金融衍生工具	−24
2.1　资本账户	−3	2.2.1.4　其他投资	−985
贷方	2	2.2.2　储备资产	193
借方	−5	2.2.2.1　货币黄金	0
2.2　金融账户	266	2.2.2.2　特别提取款	−5
资产	−2605	2.2.2.3　在国际货币基金组织的储备头寸	0
负债	2871		
2.2.1　非储备性质的金融账户	73		
资产	−2798	2.2.2.4　外汇储备	198
负债	2871	2.2.2.5　其他储备资产	0
2.2.1.1　直接投资	503	3. 净误差和遗漏	−1292

注：1. 本表计数采用四舍五入原则，因此造成数据保留整数后有差异。

　　2. 根据《国际收支和国际投资头寸手册》（第六版）编制，资本和金融账户中包含储备资产。

　　3. "贷方"按正值列示，"借方"按负值列示，差额等于"贷方"加上"借方"。本表除标注"贷方"和"借方"的项目外，其他项目均指差额。

　　4. 金融账户下，对外金融资产的净增加用负值列示，净减少用正值列示。对外负债的净增加用正值列示，净减少用负值列示。

　　5. 国际收支平衡表采用修订机制。

（资料来源：国家外汇管理局网站，http：//www.safe.gov.cn/safe/zggjszphb/index.html。）

结合表6-2，对国际收支平衡表中主要项目的含义介绍如下：

1. 经常账户

经常账户（Current Account）反映的是居民与非居民之间经常发生的经济交易内容，显示的是居民与非居民之间货物和服务、初次收入和二次收入的流量，它是国际收支中重要的账户类别，往往会影响和制约国际收支的其他项目，该账户的差额称为经常账户差额。

（1）货物和服务（Goods and Services）　货物又称贸易收支或有形收支，包括进口与出口，它一般是整个国际收支平衡表中最重要的项目，对国际收支状况起着决定性作用。一国进出口货物的种类、数量和价格水平，对其贸易收支具有重要的影响。其中，出口记贷方，表示外汇收入增加；进口记借方，表示外汇收入减少。

服务又称劳务收支或无形收支，记录劳务的输出和输入。随着世界经济交往的发展，尤其是第三产业在一些国家的迅速发展，劳务收支的重要性日益凸显。它主要包括运输通信收支、保险收支、旅游收支以及其他服务收支。不少国家的劳务收支在该国的国际收支中占有重要地位，有的甚至超过了该国的贸易收支。

（2）初次收入（Primary Income）　初次收入是指由于提供劳务、金融资产和出租自然资源而获得的回报，反映劳动和资本流动引起的生产要素报酬的收支，主要包括职工报酬和投资收入两项内容。职工报酬是指非居民因工作而获得的现金或实物形式的工资、薪水和福利。本国向外国居民支付报酬记借方，外国向本国居民支付报酬记贷方。投资收入包括直接投资收入、证券投资收入和其他形式的投资收入，其中其他形式的投资收入是指其他资本如贷款所产生的利息。

（3）二次收入（Secondary Income）　二次收入账户表示居民与非居民之间的经常转移，具体包括政府和私人账户的经常转移。贷方记录一国居民从非居民处获得的经常转移，借方记录一国向非居民提供的经常转移。

2. 资本和金融账户

资本和金融账户（Capital and Financial Account）是指对资产所有权在国际上流动行为的记录，包括资本项目和金融项目两个部分。本国资本流出即本国对外进行投资记入借方，外国资本流入本国即本国吸收外国资本记入贷方。

资本账户（Capital Account）记录的是居民与非居民之间的应收和应付资本转移以及居民与非居民之间非生产非金融资产的取得和处置，具体包括非生产非金融资产的取得和处置以及资本转移两个项目。前者是指各种无形资产如专利、版权、商标、经销权以及租赁和其他可转让合同的交易；后者是指涉及固定资产所有权转移，同固定资产买进卖出联系在一起或以其为条件的资金转移以及债权人不索取任何回报而取消的债务。

金融账户（Financial Account）记录的是金融资产和负债的获得和处置金额。金融账户根据金融工具和职能类别划分，具体包括以下五个子账户：直接投资、证券投资、金融衍生产品和雇员认股证、其他投资及储备资产。金融账户差额反映对非居民的净贷款和净借款是如何获得融资的。如果不存在净误差与遗漏，则金融账户差额等于经常账户和资本账户的差额合计。

3. 净误差与遗漏

在实践中，由于数据来源和编制、统计资料的不完整和不准确等原因，国际收支统计各账户差额常常是不平衡的，为此，设立净误差与遗漏项目（Errors and Omissions Account），人为地进行调整，使平衡表达到平衡。净误差与遗漏是作为残差项，根据经常账户、资本账户和金融账户推算出来的，它可能是正值也可能是负值。当经常账户、资本和金融账户总计贷方总额大于借方总额，从而出现贷方余额时，则在净误差与遗漏项下的借方记入与该余额相同的数额；反之，当出现借方余额时，则在该项的贷方记入相同数额。

【阅读资料】

《国际收支和国际投资头寸手册》（第六版）标准下的国际收支统计变化

我国从 2015 年开始按照《国际收支和国际投资头寸手册》（第六版）的标准编制和公布国际收支平衡表和国际投资头寸表。与第五版相比，第六版加强了对经济体脆弱性和可持续性的分析和监测，更加关注国际投资头寸和资产负债表情况。主要变化有以下方面。

（1）主要项目名称有所调整。一类调整是项目的中文翻译改变，如"经常项目"改为"经常账户"，"资本和金融项目"改为"资本和金融账户"。另一类调整是项目的英文名称改变，为与国民账户体系等其他国际统计标准的相关概念相协调。如经常账户下的"收益"改为"初次收入"，"经常转移"改为"二次收入"等。

（2）项目归属及分类变化。一是"来料加工"在第五版下按照进口和出口分别记录在货物贸易的贷方和借方，而第六版是按照"工缴费"净额记录在服务贸易的贷方；"转手买卖"由服务贸易调整至货物贸易下，按净额记录在贷方。以 2013 年国际收支平衡表为例，"来料加工"出口 925 亿美元、进口 828 亿美元，根据第五版分别记录在货物贸易的贷方和借方下；而根据第六版，应按净额即 97 亿美元记录在服务贸易的贷方，在货物贸易中不再出现。2013 年"转手买卖"净收入为 686 亿美元，根据第五版记录在服务贸易的贷方项下；

而根据第六版，应记录在货物贸易的贷方，在服务贸易中不再现。二是将"金融衍生工具"从"证券投资"中单列出来，成为与"证券投资"并列的分类。三是将"储备资产"列于"资本和金融账户"下。为兼顾公众的使用习惯，我国在"资本和金融账户"下设"非储备性质的金融账户"和"储备资产"两个大项，前者口径与以往公布表式的"资本和金融账户"相同。2015年上半年"资本和金融账户"逆差583亿美元，其中"非储备性质的金融账户"逆差1259亿美元。

（3）列示方法变化。一是使用一列方式列示数据。以往我们在公布国际收支平衡表时按贷方、借方、差额三列列示数据，2015年起按照一列列示数据。这种列示方法有助于进行时间序列分析。二是"资本和金融账户"按差额列示而不再列示借贷方。主要是因为金融交易往往非常频繁，规模非常大，分析资产和负债的净变化比总流量更有意义。并且，总流量通常很难统计，很多时候需根据存量变化推算流量。另外，第六版给出了"资本和金融账户"新的记录方法，可将资产和负债的增加均记录为正值，减少均记录为负值。考虑公众的使用习惯，我国仍采用以往的记录方法，即将"资本和金融账户"资产净增加记借方（以负值表示），负债净增加记贷方（以正值表示），例如2014年"储备资产"增加记为－1188亿美元。

（4）直接投资的统计方法发生变化。新版直接投资统计的变化主要体现在对直接投资企业对境外母公司投资（逆向投资）的处理方法上。第五版中，根据投资方向，直接投资被划分为"我国对外直接投资"（ODI）和"外国来华直接投资"（FDI），其中ODI下既包括我国对外直接投资的资产，也包括我国对外直接投资的负债（逆向投资），并按照资产减负债的轧差方式记录对外直接投资净资产；同样，FDI项下则采用外国来华直接投资负债减去外国来华直接投资资产（逆向投资）的统计原则。根据该原则，如当年境内直接投资者对境外子公司股权和债权投资100亿美元，接受境外子公司贷款或股权投资（逆向投资）30亿美元，则这30亿美元负债将作为ODI资产的扣减项处理，最终当年ODI净增加70亿美元。FDI项下按同样原则处理。第六版中，直接投资不再对逆向投资进行轧差处理，而是根据该投资是形成资产还是产生负债分别加以记录。如，境外子公司对境内股东的股权和债务投资，记录在"负债"项下；外商投资企业对外国股东的股权和债务投资，记录在"资产"项下。还是上例，第六版中境内直接投资者对境外子公司的100亿美元投资将纳入我国对外直接投资统计，30亿美元的逆向投资将纳入外国来华直接投资统计。

（5）改进了部分存量数据统计方法。根据第六版的最新标准，我们全面采用市值法统计和编制我国国际投资头寸表中的各项数据，替代以往个别项目历史流量累计的方法。但是，由于部分重要数据的统计制度都是在近期开始实施，历史数据无法获得，因此，往期数据未能进行追溯调整，这样2014年前后的IIP（国际投资头寸）数据存在不可比的情况。例如，2014年及以前的证券投资股权负债数据采用历史成本法，对于上市企业在境外发行的股票按发行价格记录存量。2015年起我们采用了市场价值法，即按期末的股票市场价格进行记录。由于估值方法改变，造成2014年前后的该部分数据不可比。

【节选自：刘舒年，温晓芳．国际金融．5版．北京：对外经济贸易大学出版社，2017．】

（二）国际收支与经济行情

1. 国际收支状况影响各国经济关系与世界经济形势

在开放经济条件下，各国经济上存在着错综复杂的广泛联系，而国际收支涉及一国对外经济联系的几乎所有方面，是一国对外经济交往的系统反映，各国的国际收支状况常常影响其对外政策。当一国的国际收支恶化时（顺差大量减少或逆差大量增加），一般会采取一定的措施来改善自己的不利处境，如通过鼓励出口、限制进口来减少贸易逆差，通过提高利率吸引资本的流入等，而这些措施又会加剧各国在世界经济、贸易、金融领域的矛盾。持续大量的国际收支不平衡，容易引起贸易逆差国与顺差国的经济对立，双方矛盾的激化还可能导致贸易保护主义的抬头、外汇管制的出现和盛行或引发"贸易战"。世界范围内的国际收支不平衡，会直接威胁到国际金融体系的稳定，严重影响世界经济的发展，甚至导致政治上的冲突。

【阅读资料】

1985年，按照汇率法计算的日本GDP只相当于美国的32%，按照PPP计算的GDP也只相当于美国的38%，还远没有构成对美国的战略威胁，但是日本经济的赶超速度却令人瞠目。1985年日本实际GDP与1960年相比增长了4.6倍，而同期美国只增长了2.4倍。对外贸易是日本经济增长的主要动力，出口占GDP的比重从1960年的8.8%上升到1985年的12.7%，贸易差额则从2.5亿美元的逆差转变为467亿美元的顺差，占GDP的比重达到了2.5%。而且日本的顺差主要来自美国，1985年对美贸易顺差高达562亿美元，超过了日本对外贸易顺差总额，显示出其对美贸易的畸形依赖。在美国方面，进口占GDP的比重不断上升，1985年达到了8.3%，而1960年仅为2.9%，而且自20世纪70年代开始出现持续的贸易逆差以后，逆差总量迅速上升，到1985年已经从1971年的46亿美元激增到1485亿美元，对GDP的占比达到3.4%。其中，对日本的贸易逆差在1985年高达497亿美元，占总逆差的34%，相比之下，即使在布雷顿森林体系崩溃的时候，美国的贸易逆差不过100亿美元左右，仅占GDP的0.7%。这种前所未有的逆差引起了美国的极大关注，在这种压力下，白宫下属的USTR（United Sates Trade Representative，一般是指美国贸易代表办公室）在1985年7月对日本发起针对半导体产业的"301调查"，这在当时尚无先例，也是一种极限施压和单边主义的贸易霸凌。

【节选自：孙杰．日美贸易摩擦再评估：从广场协议到结构性改革．江苏社会科学，2020（2）：48–58；241–242.】

2. 国际收支状况可以部分反映一国金融实力的消长与汇率的变动趋势

如果一国国际收支持续出现顺差，外汇供过于求，它的通货的对外汇价就会坚挺，并可能成为国际货币市场上的"硬币"。本币过于坚挺，会引发大规模的套汇、套利和外汇投机活动，破坏国内和国际金融市场的稳定。另外，本币升值还会降低本国产品竞争力，降低出口，可能对国内经济带来不利影响。如果一国国际收支持续地出现逆差，则会增加对外汇的需求，促使外汇汇率不断上升，本币不断贬值，并可能成为国际货币市场上的"软币"。与此同时，长期的国际收支逆差，使一国的偿债率降低，如果陷入债务困境不能自拔，又会影响到本国的经济和金融实力，损害该国的国际信誉。

3. 国际收支状况与一国的国内经济情况密切相关，互为影响

一方面，一国经济的周期波动会引起国际收支不平衡。当一国经济处于衰退期时，社会总需求下降，进口需求也相应下降，国际收支发生盈余；相反，如果一国经济进入扩张和繁荣时期，则国内投资与消费需求旺盛，对进口的需求也相应增加，国际收支便出现逆差。所以，一国经济复苏和高涨的过程，往往也是国际收支恶化的过程。另一方面，国际收支状况会影响一国的国内经济状况与相关政策。国际收支逆差会引起外汇储备减少，国际清偿能力降低，必然会影响发展经济所必需的生产资料的进口，使经济增长受到抑制，导致失业的增加和国民收入增长率的相对与绝对下降。同时，为了应对国际收支的恶化，一国可能实行货币紧缩政策（如紧缩信贷、提高贴现率等），这类紧缩政策会抑制投资，引起生产下降和失业增加，加速经济危机的发生。

4. 国际收支中的不同项目对全部国际收支的影响不同

一国的全部国际收支差额，是由其对外经济关系中许多具体项目的差额综合而成的，每一个具体项目差额的变化，都对全部国际收支差额产生不同程度的影响，主要项目差额的变化，对国际收支差额产生主要影响。

总体来看，经常账户差额对每个国家的国际收支差额都有重要影响。如果经常账户保持顺差，其国际收支一般会处于比较有利的地位，并有可能输出资本。如果经常账户发生逆差，国际收支则处于不利地位，需要输入资本，增加对外负债。因此，人们往往用经常账户差额的变化代表一国对外收支状况的变化。分析货物贸易收支的数额，可以了解该国货物进出口总额及其在世界贸易中的地位。

资本与金融项目在国际收支中的地位越来越重要。在当今国际货币金融市场充满动荡的背景下，短期资本经常在各国之间大量流入和流出，这对有关国家的国际收支造成了很大影响。

对不同国家来说，影响全部国际收支的主要项目有所不同。发展中国家往往需要大量进口先进技术和机器设备及一些必要的消费品，而出口能力相对有限，且多半出口附加值较低的初级产品或劳动密集型产品，因而大多在贸易上呈现逆差，为了平衡国际收支不得不向发达国家举借大量贷款或吸引直接投资。这样，发展中国家的国际收支通常表现为经常账户的大量逆差，资本和金融账户的大量顺差。形成对比的是，发达国家的国际收支构成情况刚好相反。表 6-3 反映了 2010 年—2016 年我国国际收支差额主要构成。

表 6-3　2010 年—2016 年我国国际收支差额主要构成　　（单位：亿美元）

项目	2010 年	2011 年	2012 年	2013 年	2014 年	2015 年	2016 年
经常账户差额	2378	1361	2154	1482	2360	3042	1964
与 GDP 之比	3.9%	1.8%	2.5%	1.5%	2.3%	2.7%	1.8%
非储备性质的金融账户差额	2822	2600	−360	3430	−514	−4345	−4170
与 GDP 之比	4.6%	3.4%	−0.4%	3.6%	−0.5%	−3.9%	−3.7%

（资料来源：转引自徐玲．国际金融学．2 版．上海：华东理工大学出版社，2017.）

第三节　综合商品价格指标

综合商品价格不同于具体商品的价格，它是较为重要的、具有代表性的一组商品或一系列商品价格的平均价格，是反映一般物价水平的价格。因此，综合商品价格只能用指数表示，即以某年的价格水平为 100，其他年份的价格水平与之相比，上涨或下跌的趋势和幅度。综合商品价格指数反映一般经济行情，也可以反映某一类商品市场行情和价格变化特征及其发展趋势。该指数属于先行经济指标，对经济周期的波动反映较为敏感。

一、综合商品价格指标分类

综合商品价格指数包括批发价格指数、零售价格指数及反映国际市场价格变化的世界商品价格指数。这些指数还可以有分类指数，通过这些指数能看出各类商品的价格趋势及其在经济周期各阶段中的波动特点。

（一）批发价格指数

批发价格指数（Wholesale Price Index）也称为批发物价指数，或生产者价格指数，它衡量的是生产或批发环节的价格水平，是表示批发贸易市场上价格变化趋势的指数。批发贸易是生产厂商之间，生产商与零售商之间的贸易，是商品流转过程初级阶段（尚未到达消费者的终极阶段）的贸易。就同一个时期、同一种商品而言，生产厂家进行批发贸易时的价格往往比直接卖给消费者的价格要低一些。同时，由于企业最终要把它们的费用以更高的消费价格转移给消费者，通常认为批发价格指数的变动可以在一定程度上预测零售价格指数的变动。

各国编制的批发价格指数并不是包括所有的商品的，而只包括比较重要的有代表性的商品，少则几十种，多则几百种、上千种。除总指数外，还有分类、分组的批发价格指数。虽然各国分类、分组的方法不一致，但大同小异。有按加工程度分为原材料、半成品（中间产品）和制成品的，也有按商品的社会属性分为生产品和消费品的，还有分为农产品、建筑材料、进口商品等类别的。

（二）零售价格指数

零售价格指数（Retail Price Index）也称为零售物价指数，是零售价格的指数化。所谓零售贸易是零售商和消费者之间的贸易，是商品流转过程的终极阶段。由于这个价格指数主要涉及消费者为日常生活所支付的商品和劳务的价格，所以有些国家也称之为消费者价格指数。

在内容上，零售价格指数与批发价格指数不同。一方面，零售价格指数不仅包括消费品，它还包含劳务，如房租、交通费、医疗费、娱乐费用等；另一方面，零售价格指数所涉及的商品和劳务主要是与广大消费者的生活相关，因此有些国家也将这一指数叫作生活费用。

除总指数外，零售价格指数也有分类分组指数。各国的分类分组方法相差不大，主要包括食品、住房、交通、医疗、服装等类别。

【阅读资料】

如何解读和使用 CPI

首先，CPI 不包括投资品和隐形收费。CPI 反映的是居民购买并用于消费的商品和服务价格变动情况的宏观经济指标，反映的是消费品而不是投资品的价格变化情况，不包括房价和农业生产资料。另外，CPI 中也不包括乱收费和一些没有明码标价的隐形收费项目。

其次，CPI 不是绝对价格。CPI 反映的是当前的物价水平相对于过去某个时期上涨（或下降）的幅度，而不是绝对价格的高低，CPI 涨幅高并不意味绝对价格高；反之亦然。

再次，CPI 是一个平均数。在使用 CPI 时，既要看价格总水平的变化，又要看其内部不同类别价格的变动。总水平的上涨并不意味着所有商品和服务项目价格的全面上涨；反之亦然。

最后，CPI 并不是越低越好。目前，我国经济正处于高速增长和结构转型时期，较低的

CPI 并不利于经济的增长。这是因为如果商品、服务价格不断走低，可能使企业效益下降，从而造成就业机会减少、居民收入下降、市场消费不足等一系列问题，整个国民经济体系将陷入一种互相牵制的非良性循环中。

【节选自：国家统计局网站，http：//www. stats. gov. cn/tjzs/tjbk/201310/t20131031_450938. html.】

（三）世界商品价格指数

世界商品价格指数（World Commodity Price Index）是反映国际市场价格水平的指标。由于工业品品种规格复杂，同种商品各国的出口价格并不一样，很难编制出能够反映世界范围商品市场价格水平变化的总指数。我们通常使用的世界商品价格指数，实际上只是世界市场上重要的初级产品的综合价格指数。初级产品主要是指那些未经加工或加工程度很低的原料性商品，如粮食、农副产品和矿产品，多为非垄断性的"敏感商品"。这些商品在国际上都有公开市场，大都在商品交易所进行交易，经常有价格报道。人们将这些在国际贸易中占有重要地位的初级产品价格加权平均，就构成了世界商品价格指数。

目前，通常利用的世界商品价格指数有：路透商品研究局指数、高盛商品指数、罗杰斯世界商品指数、道琼斯商品指数、德意志银行商品流通指数。

1. 路透商品研究局指数

路透商品研究局指数（Commodity Research Bureau Index，CRBI）是最早创立的商品指数，诞生于1957年，最初由28种商品组成，其中26种在美国和加拿大上市。2005年6月20日，路透集团（Reuters）与 Jefferies 集团旗下的 Jefferies 金融产品公司进行合作，调整CRBI，更名为 RJ/CRBI。CRBI 以一揽子的商品价格为组成成分，原来所有商品的权重是等同的，而新的商品指数将所有商品分成四个权重等级，最高的原油权重为23%，最低的橙汁、镍、小麦权重只有1%。

【阅读资料】

涵盖了更多大宗商品价格的 CRBI，上半年新冠肺炎疫情初期曾创下106的最低值，而此前的次低值是1999年2月的113，到12月中旬时均值已回升到164。其间，芝加哥商品交易所（CBOT）大豆、小麦价格创2015年以来新高。伦敦金属交易所（LME）铜价超过8000美元，创2014年以来新高。黄金价格超过2000美元/盎司（2089.2美元/盎司），创历史新高。美国西德克萨斯轻质中间基原油（WTI）价格从历史上首次出现的负值回升到接近48美元/桶，其最高值474出现在2008年7月。金融危机爆发后，用了8个月的时间大幅下挫超过280个点，吃掉了过去6年累积起来的上涨，跌幅达到60%。但从 CRBI 指数的整体走势看，受原油价格涨幅拖累，目前的水平还没有达到2016年—2019年的均值185。

CRBI 指数涵盖的商品包括农产品的大豆、小麦、玉米、棉花、糖、冰冻浓缩橙汁、可可、咖啡、活牛、瘦肉猪，能源类的原油、取暖油、汽油、天然气，以及金属类的黄金、白银、铜、铝、镍共19种商品。对不同的商品赋予不同的权重，其中 WTI 原油权重23%，是所有品种中最大的；农产品中的大豆和玉米权重均为6%，小麦只有1%。

CRBI 指数由于采价的各种商品价格均来自期货市场，因此具有极好的实时性，在及时反映世界商品价格的总体变化方面有积极作用。它也是一种反映通货膨胀的较好指标，它与通货膨胀指数同方向波动，能很好地反映 PPI 和 CPI 的变化，经常被看作是通货膨胀的"指示器"，广受各界关注。

【节选自：王晓辉. 从金融视角看大宗商品价格变化. 中国粮食经济. 2021（1）：62－64.】

2. 高盛商品指数

高盛商品指数（Goldman Sachs Commodity Index，CSCI）于 1991 年创建，它是按全球商品产量给各指数成分赋予权重，也就是说，该指数中每种商品的分量是由最近 5 年该商品产量的平均价值所决定的。目前，GSCI 包括 24 种商品：6 种能源产品、5 种工业金属、8 种农产品、3 种畜牧产品、2 种贵金属，每种商品的权重每年调整一次。高盛商品指数显著的特点是其对能源价格赋予很高的权重，能源行业占了该指数 75% 的权重。2007 年 2 月，标准普尔公司从高盛公司购买了该指数，将其重新命名为标普—高盛商品指数。

3. 罗杰斯世界商品指数

罗杰斯世界商品指数（Rogers International Commodity Index，RICI）创建于 1998 年，原名罗杰斯原材料指数（RRMI）。它的创始人罗杰斯的初衷是设计一个国际性的，具有明显的透明度、协调性和流动性的指数。因此，这个指数包括的商品最广，最具国际性。它对商品和权重的选择是根据商品的消费而定的，现涵盖 36 种商品，包括能源、金属及农产品三大类，其中有一些比较陌生的商品，如锌、镍、原木、燕麦、大麦、羊毛、橡胶、生丝等，权重每个月调整一次。

4. 道琼斯—AIG 商品指数

道琼斯—AIG 商品指数（Dow Jones－AIG Commodity Index，DJAIG）于 1998 年建立，与 GSCI 类似，成分商品的权重是根据最近 5 年的全球平均产量与贸易量定的，权重在每年初调整一次。目前，这个指数包括 19 种商品。与 GSCI 不同的是，DJAIG 权重设计更具有多样性，没有突出在哪一类商品上赋予过大的权重。权重过低的商品将会从指数中被剔除。因此，在该指数中没有一种商品的权重超过 33% 或者小于 2%。

DJAIG 的分类商品指数有：能源指数（包括石油和天然气）、石油指数（包括原油、取暖油和无铅汽油）、贵金属指数、工业金属指数、谷物指数、畜产品指数、软商品指数、农产品和非能源指数等。另外，DJAIG 中每个商品成分都有自己的单一品种指数，另外还有可可、铅、锡、铂等非成分商品的单一指数。

5. 德意志银行流通商品指数

德意志银行流通商品指数（DBLCI）创建于 2003 年，包括 6 种商品，都是行业中流通性较好的商品。该商品指数调整的规定十分奇特：两个能源品种——分别是西德克萨斯轻质中间基原油（WTI）和热燃油，每个月调整一次，而其他四种商品每年调整一次。

二、综合商品价格指标与经济行情

（一）物价变化反映经济周期变化，但该指标在战后对经济周期变化的反映不如之前明显

第二次世界大战前，批发价格指数是反映经济周期变化最重要的指标之一，物价变化与周期变化的关系十分明显。例如，1929 年—1933 年的"大萧条"中，美国物价惨跌，全部商品批发价格下跌 33%，原材料批发价格下跌 44.4%，半成品批发价格下跌 37.2%，制成品批发价格下跌 26.7%。零售价格指数下降了 24.4%。战后受垄断和通货膨胀的影响，批发价格指数对经济周期的反映不如之前明显，零售物价指数则更难反映周期的变化。同样以美国为例，其战后的批发物价仅在 1948 年—1949 年和 1960 年—1961 年的两次危机中有较小幅度的下降，在其他各次危机中都继续上升，但上升幅度较危机前有所缓和。零售物价则仅在 1948 年—1949 年危机中下降了 1%，其余各次危机期间都是继续上涨的，但上涨的幅度也略见缓和。英国、法国、日本、意大利等国的情形也大抵如此。

（二）分类价格指数可以说明不同的问题

虽然战后批发价格指数对经济周期的反映不如战前明显，但是农产品及原料性商品的批发价格指数仍然表现出比较明显的周期变化，这说明这类产品对经济周期的变化比较敏感。在经济危机期间，批发价格如果下跌，原材料及农产品的价格下跌幅度一般要大于工业品；或者批发价格下跌的同时，原材料及农产品的价格并不下跌，反而上涨。这表明危机期间工业品与农产品、原材料之间的价格"剪刀差"趋于扩大。

零售物价指数的分类指数可以反映人们生活状况的变化主要是由哪一类消费支出的变化引起的。

（三）批发价格指数和零售价格指数都能反映通货膨胀的变化

一般情况下，批发价格指数和零售价格指数的上涨表示综合价格水平的上涨，即通货膨胀率的上涨，而二者的下降表示综合价格水平的下降，即通货膨胀率的下降，尤其是批发价格指数的变动对一国或地区经济情况的反映更为敏感，是早期通货膨胀的预警信号之一。

【阅读资料】

5 月 12 日，国家统计局对外发布了 2020 年 4 月全国 CPI 和 PPI。数据显示，4 月全国居民消费价格同比上涨 3.3%。其中，城市上涨 3.0%，农村上涨 4.0%。全国工业生产者出厂价格同比下降 3.1%，环比下降 1.3%；工业生产者购进价格同比下降 3.8%，环比下降 2.3%。

值得注意的是，CPI 和 PPI 两组指数分别反映出消费端和生产端的变化水平，而 PPI 对 CPI 具有传导作用的影响。国家统计局数据显示，目前在消费端存在一定程度的通货膨胀，这主要受疫情因素的影响，随着食品行业出现季节性恢复，这种通货膨胀的趋势正在缓和。

受国际油价和疫情大环境的影响，汽车行业所在的交通和通信行业，消费端 CPI 同比下降 4.9%；生产端 PPI 无论是环比还是同比均出现下滑态势。汽车制造业作为生产端中的细分行业，其出厂价格同比下降 0.6%，环比下降 0.1%，与 3 月表现持平。国家统计局表示，随着疫情得到有效控制，汽车制造业将呈现回暖态势，汽车制造业依然值得外界期待。

全国 CPI 同比上涨 3.3% 通胀趋势缓解

国家统计局数据显示，4 月全国 CPI 同比上涨 3.3%。其中，城市上涨 3.0%，农村上涨 4.0%；食品价格上涨 14.8%，非食品价格上涨 0.4%；消费品价格上涨 4.7%，服务价格上涨 0.9%。1~4 月平均，全国居民消费价格比去年同期上涨 4.5%。全国 CPI 环比下降 0.9%。其中，城市下降 0.8%，农村下降 1.0%；食品价格下降 3.0%，非食品价格下降 0.2%；消费品价格下降 1.3%，服务价格持平。

行业分析人士指出，CPI 是反映居民家庭一般所购买的消费品和服务项目价格水平变动情况的宏观经济指标，其变动率在一定程度上反映了通货膨胀或紧缩的程度。此次 4 月出现 CPI 指数同比上涨，反映了相比于去年同期出现一定的通货膨胀。但结合 1~4 月单月数据来看，呈现 CPI 同比下降趋势，说明通货膨胀现象出现缓和趋势。

疫情导致交通和通信 CPI 同比下降 4.9%

作为反映通货膨胀的重要指标之一，4 月 CPI 同比增长 3.3%。行业分析人士对本报记者表示，通俗的理解就是今年 4 月购买同一商品，要比去年同期多花 3.3% 的金额。

换句话说，CPI 指数上涨或导致货币贬值，货币购买力下降。当 CPI 上涨时，意味着居民实际工资收入减少，居民收入缩水。这使用车成本提高，对汽车消费将产生消极影响。

同时，国家统计局数据显示，涉及 CPI 七大类细分指标中出现了四涨三降。其中，其他用品和服务、医疗保健价格分别上涨 4.8% 和 2.2%，教育文化和娱乐、生活用品及服务价格分别上涨 2.0% 和 0.1%；交通和通信、衣着、居住价格分别下降 4.9%、0.4% 和 0.3%。

【节选自：孙大鹏. 国家统计局：4 月汽车制造业出厂价同比下降 0.6%. 汽车商报，2020 − 05 − 28.】

（四）批发价格指数和零售价格指数并不完全同向变化，二者之间的传导机制较为复杂

批发价格指数作为反映全部工业品出厂价格总水平变动趋势和程度相对数的指标，能够体现产业链上游产品价格的变化；零售价格指数作为反映一定时期内城乡居民所购买的生活消费品价格和服务项目价格变动趋势和程度相对数的指标，能体现产业链下游产品价格的变化。通常情况下，零售价格指数快速增长向批发价格指数传导可产生需求拉动型价格上涨，批发价格指数快速增长向零售价格指数传导可产生成本推动型价格上涨，二者往往呈同向变动。但二者之间的传导机制较为复杂，批发价格指数和零售价格指数的变动也可以相互背离，呈现"剪刀差"情况。

【阅读资料】

国家统计局发布的 2021 年 2 月全国 CPI 和 PPI 数据显示：CPI 环比上涨 0.6%，同比下降 0.2%；PPI 环比上涨 0.8%，同比上涨 1.7%，涨幅比上月扩大 1.4%。CPI 同比下降，继 1 月后，再度出现负增长；PPI 方面，受国际大宗商品价格不断攀升影响，2 月同比涨幅呈扩大态势。二者"剪刀差"继续扩大。

财信证券首席经济学家伍超明认为，伴随海外流动性加速、欧美等发达经济体经济持续复苏，中国正面临输入性通胀压力。国际大宗商品价格上涨将会影响国内工业品的价格水平，并将进一步传导给终端消费者。

"不过，预计输入性通胀引发一轮全面高通胀的概率不大，PPI 向 CPI 的传导效果也不会明显。"伍超明称，在 PPI 向 CPI 的传导过程中，传导效果会层层衰减，也会受到国内经济基本面水平的影响。当下，国内经济复苏的供给端好于需求端。所以，海外大宗商品价格上涨对物价的影响有限。随着政策刺激效应的退潮，国内经济将从微热向常态化回归，需求面难以支撑高通胀。

【节选自：CPI 与 PPI 剪刀差继续扩大，大宗商品上涨对物价影响有限. 第一财经，https://baijiahao. baidu. com/s? id = 1693828144302514019&wfr = spider&for = pc. 】

（五）世界商品价格指数主要受经济周期、产业之间的供求关系、货币政策等影响

世界商品价格指数走势和宏观经济的走势具有高度的相关性。当经济进入增长阶段，该指数趋于上升；当经济进入萎缩阶段，该指数趋于下降。由于这一指数主要是初级产品价格的综合指数，它对经济周期波动比较敏感，是一般经济行情的先行指标，与经济增长率、通货膨胀等经济指标一同作为观察经济运行和政策效果情况的早期指标。研究发现，世界商品价格指数的谷底大多先于工业生产指数的谷底；回升也快于工业生产指数。

【阅读资料】

自全球金融危机爆发以来，全球大宗商品价格的变动可谓一波三折。在全球金融危机爆发之前，全球大宗商品价格出现了长期牛市。在全球金融危机爆发之后，全球大宗商品价格出现了巨幅下跌。例如，IMF 全球初级产品价格指数由 2018 年 7 月的 219.60 下跌至 2018 年 12 月的 98.34，短短 5 个月内跌幅高达 55%。2009 年至 2011 年年初，全球大宗商品价格出现了明显回升。2011 年至 2014 年上半年，全球大宗商品价格处于水平盘整阶段。2014 年下半年至 2015 年年底，全球大宗商品价格再次出现暴跌。例如，IMF 全球能源价格指数由 2014 年 6 月底的 197.28 下跌至 2016 年 1 月底的 60.64，一年半时间跌幅高达 69%。2016 年至今，全球大宗商品价格总体上处于温和复苏态势。全球大宗商品价格在 2014 年至 2015 年大幅下跌，一方面与全球经济增长放缓有关，另一方面也与美国货币政策正常化推动的美元汇率上涨有关。

【节选自：张明. 全球金融危机十周年回眸：基于宏观金融视角的分析. 上海金融. 2018（11）：7-13.】

第四节　股票价格指标

一、股票、股票价格与股票价格指数

股票是股份公司发给股东证明其所入股份的一种有价证券，它可以作为买卖对象和抵押品，是资金市场主要的长期信用工具之一。股票价格是货币与股票之间的对比关系，是与股票等值的一定货币量。广义的股票价格是股票的票面价格、发行价格、账面价格、清算价格、内在价格和市场价格的统称；狭义的股票价格是指股票的市场价格。我们通常说的股票价格，主要是指狭义的股票价格。股票在市场上买卖时，其价格频繁波动，有时与自身的面值差别很大。

我们借助股票来分析经济行情，就是通过考察股票价格来进行的。但是，股市上的公司有大有小，股票价格此起彼落，因此要反映一般经济动态，需要的不是个别公司的股票价格指标，而是综合性的股票价格指数。这个指数是反映股票价格水平变动程度和变化趋势的重要指标，是投资者了解股票市场交易价格的总体变动方向和程度、研判股市大势的重要依据，也是反映一个国家或地区经济、政治发展程度的灵敏信号。

股票价格指数是运用统计学中的指数方法编制而成的综合反映股票价格在不同时间和空间条件下平均变动的相对数，通常是将报告期的股票平均价格或股票市值与选定的基期股票平均价格或股票市值相比，并将两者的比值乘以基期的指数值得出。当股票价格指数上升时，表明股票的平均价格水平上涨；当股票价格指数下跌时，表明股票的平均价格水平下降。一般将股票价格指数划分为成分指数、综合指数和分类指数。成分指数按一定标准选取部分上市公司股票进行编制；综合指数以全部上市公司股票为样本进行计算；分类指数则是在股价分类平均数的基础上计算，它反映某一行业的股价长期变动趋势和中短期变化情况。

股票价格指数主要有三种基本功能：①信息功能。某一股票价格指数通常能够反映一段时间内某一证券市场中的基本信息，反映股票价格的变动方向和程度，为投资者判断股票市场走势提供重要信息。②标尺功能。股票价格指数可以反映股市的整体价格变化情况，记录股市运行轨迹。另外，股票价格指数也是整个经济社会的"晴雨表"，能够反映整体国民经济状况。它是资本市场的重要参考依据，也是投资者投资业绩的评价标尺。③投资功能。随着金融创新的不断深入，股票价格指数被开发为可供交易的金融衍生品，成为新的投资标的。

二、世界市场主要股票价格指数

（一）道琼斯股票价格平均指数

道琼斯股票价格平均指数（Daw Jones Industrial Averages，DJIA）是世界上历史最悠久、影响最大、最有权威性的股票价格指数。1844 年，道琼斯公司的创始人根据美国最具代表性的 11 只股票编制了股票价格平均数，并刊登在道琼斯出版的《每日通讯》上。此后，该公司在编制股票价格平均数时，对其采用的股票种类和数目及编制的方法都做过多次调整，人们逐渐用"指数"代替了原来"平均数"的称呼。

目前，道琼斯股票价格平均指数包括四组股票价格平均指数。第一组是工业股票价格平均指数。它由 30 种有代表性的大工商业公司的股票组成，在日常生活中被经常使用的道琼斯指数即为道琼斯工业股票价格平均指数。第二组是运输业股票价格平均指数。它包括 20 种具有代表性的运输业公司的股票，其中有 8 家铁路运输公司、8 家航空公司和 4 家公路货运公司。第三组是公用事业股票价格平均指数，它包括 15 家电力和煤气公司股票。第四组是平均价格综合指数。它是综合前三组的 65 种股票价格平均指数而得出的综合指数。

道琼斯股票价格平均指数以 1928 年 10 月 1 日为基期，并令基期的平均数为 100，而后的每一天通过与基期进行比较得到当天的道琼斯股票价格平均指数。假定报告期的股票价格指数为 2000 点，这就意味着报告期的股票平均价格是 1928 年 1 月 1 日的 20 倍。如果某天的道琼斯股票价格平均指数比前一天的 2000 点增加了 20 点，就表明股票平均价格较前日上涨 1%。

道琼斯股票价格平均指数因影响力大、代表性强，历来被各国投资者重视，被认为是反映美国股市行情，以及对美国经济、政治变化最敏感的股票指数。另外，道琼斯股票价格平均指数也对全球股市有着极大的影响。

（二）标准普尔股票价格指数

标准普尔股票价格指数（Standard & Poor's Coporation Index）是由美国最大的证券研究机构标准普尔公司编制发表的。1932 年开始编制这个指数，最初的采样股票共 233 种，1957 年采样股票扩大到 500 种，包括 425 家工业企业股票、15 家铁路企业股票和 60 家公共事业企业股票。1976 年 7 月 1 日，其成分股改由 400 家工业企业股票、20 家运输企业股票、40 家公用事业企业股票和 40 家金融业企业股票组成。标准普尔股票价格指数以 1941 年—1943 年的平均股价为基期，基期值为 100，以上市股票市值为权数，使用加权平均方法进行计算。

与道琼斯股票价格平均指数相比，标准普尔股票价格指数的知名度虽略低，但覆盖范围更广、计算精度更高、连续性好，因而更受专业人士的青睐。

（三）纳斯达克指数

纳斯达克（National Association of Securities Dealers Automated Quotations，NASDAQ）是美国全国证券交易商协会在 1968 年创建的自动报价系统，它是与股票交易所市场相对应的

OTC 股票市场（Over The Country，OTC 泛指股票交易所以外的股票市场）。纳斯达克的设立初衷是希望让中小企业也能依靠市场拥有专门集资渠道，主要容纳一些创业初期风险高而无法在纽约证券交易所挂牌的小型公司。现在它已不再是小公司用来等待达到在主板上市要求的地方，而已成为全球最大的证券交易市场之一。纳斯达克的上市公司主要集中于高新技术行业，包括微软、英特尔、雅虎等家喻户晓的高科技公司。

纳斯达克指数是所有在纳斯达克交易的股票的资产加权指数，其最受关注的两个指数分别是纳斯达克综合指数和纳斯达克 100 指数。纳斯达克综合指数涵盖了各个行业 5000 多家公司，其覆盖范围超过其他任何单一证券市场。纳斯达克 100 指数由纳斯达克最大的 100 家本地或外国企业构成，这些企业往往具有高科技、高成长的特点。与标准普尔股票价格指数不同的是，其成分股并不包含金融企业。

纳斯达克指数在 1971 年第一个交易日时设为 100 点，2020 年 6 月，纳斯达克指数突破 9900 点。

【阅读资料】

纳指突破 9900 点创历史新高，三大股指均已进入牛市

周一美股收盘，美股三大股指均上涨，其中纳指创下历史新高，上涨 1.13% 至 9927.13 点；道指上涨 1.7% 至 27572.44 点，实现 6 日连涨；标普 500 指数上涨 1.2% 至 3232.39 点，收回所有年内跌幅。

美股自 3 月下旬数次"熔断"以来开始逐步恢复，纳指已从 3 月 23 日的低点上涨了 44.7%，标普 500 指数从低点反弹 47.5%，道琼斯指数则反弹了 51.38%。一般而言，从低位上涨超过 20% 就算进入牛市，三大股指均已进入新一轮牛市。科技股和通信股是推动指数上涨的主要动力。

纳指的创纪录与市场对美国经济迅速复苏的预期增强有关。CFRA Research 首席投资策略师 Sam Stovall 对路透社表示："围绕全球经济重启的乐观情绪，以及可能确认美国经济将在下半年'V'形复苏，推动了今日走势。"

上周五美国公布的就业报告显示，其失业率意外下降，即是一个复苏信号。此外，美联储周一放宽了面向中小企业初期贷款计划的条件。高盛经济学家预计，6 月美国失业率将继续下降。

不过，一位花旗策略分析师对彭博表示，投资者可能没有考虑到所有潜在的风险。QMA 投资组合经理兼董事总经理 Ed Campbell 则表示，目前不会做空股市，只要数据改善，市场流动性还在，股市就可能继续走高。

美国股市反弹，投资者对股票的需求上升，对中概股来说也是潜在利好。周一收盘，在热门大型中概股中，阿里巴巴下跌 0.25%，百度上涨 2.30%，京东上涨 0.22%，拼多多下跌 1.99%，网易下跌 3.82%，哔哩哔哩上涨 1.33%，蔚来上涨 6.80%。

（资料来源：新浪财经官方账号，2020 - 06 - 09。）

（四）纽约证券交易所股票价格指数

纽约证券交易所股票价格指数（New York Stock Exchange Composite Index）是由纽约证券交易所编制的股票价格指数。它起自 1966 年 6 月，先是普通股股票价格指数，后来改为混合指数，包括纽约证券交易所上市的 1500 家公司的 1570 种股票。具体计算方法是将这些股票按价格高低分开排列，分别计算工业股票、金融业股票、公用事业股票、运输业股票的

价格指数，其中最具代表性的是由 1093 种股票组成的工业股票价格指数。纽约证券交易所股票价格指数是以 1965 年 12 月 31 日确定的 50 点为基数。这个指数编制的时间虽然不长，但它可以全面及时地反映其股票市场活动的综合状况，因而较受投资者欢迎，是在美国颇具影响的国家指数之一。

（五）伦敦《金融时报》股票价格指数

伦敦《金融时报》股票价格指数（*Financial Times* Ordinary Shares Index）全称"伦敦金融时报工商业普通股股票价格指数"，是英国《金融时报》社所编制的。根据样本股票的种数，伦敦《金融时报》股票价格指数分为 30 种股票指数、100 种股票指数和 500 种股票指数等三种指数。目前常用的是第一种，即《金融时报》工业普通股票指数，其成分股由 30 种有代表性的工商业股票构成，采用加权平均法计算，以 1935 年 7 月 1 日作为基期，基期指数为 100 点。这个指数以能够及时反映伦敦股票市场情况而闻名于世。

（六）日经股票价格指数

日经股票价格指数（Nikkei Stock Average）是由《日本经济新闻》社编制的股票价格指数，最早发布于 1950 年 9 月，基期为 1950 年 9 月 7 日。日经股票价格指数按计算对象的采样数目不同分为两种：日经 225 种平均股价指数和日经 500 种平均股价指数。日经 225 种平均股价指数的样本为在东京证券交易所上市的股票，包括：150 家制造业企业、15 家金融保险业企业、14 家运输企业和 46 家其他企业。这个指数从 1950 年延续至今，可比性和连续性好，是考察和分析日本股票市场长期演变及动态的最常用的指标之一。日经 500 种平均股价指数最早发布于 1982 年 1 月，样本包括 500 家企业股票。这个指数的样本不是固定的，每年 4 月会根据公司的成交量和成交金额、经营状况等因素进行调整。日经 500 种平均股价指数所选样本多，具有广泛的代表性，因而能较为全面、真实地反映日本股市行情的变化，还能反映日本产业结构的变动。

（七）东证股票价格指数

东证股票价格指数（Tokyo Stock Price Index）是东京证券交易所股票价格指数的简称，是在东京证券交易所第一市场全部上市股票的价格指数。东证股票价格指数于 1969 年 7 月 1 日开始编制，采用加权平均法和基数修正法进行综合计算，以 1968 年 1 月 4 日为基期，基期指数为 100。这个指数实时（每隔 15 秒）发布给国内外的各金融机构及信息咨询商，除日本的主要媒体之外，也刊登在《华尔街日报》（美国）、《金融时报》（英国）上。东证股票价格指数还是日本政府公布的景气动向指数（先行指数）的系列之一。

（八）恒生股票价格指数

恒生股票价格指数（Hang Seng Index）是我国香港股票市场上历史最悠久、影响最大的指数，由香港恒生银行于 1969 年 11 月 24 日开始发布。恒生股票价格指数选择 33 种股票作为成分股，包括：金融业股票 4 种，公用事业股票 6 种，地产股票 9 种，其他工商业包括航空、酒店等 14 种。这些股票涉及香港的各个行业，约占香港股票市值的 68.8%，具有较强的代表性。恒生股票价格指数的编制是以 1964 年 7 月 31 日为基期，它的计算方法为修正加权综合法。为了进一步反映市场上各类股票的价格走势，恒生指数于 1985 年开始公布四个分类指数，把 33 种成分股分别纳入工商业、金融、地产和公共事业四个分类指数中。

2001 年 10 月 3 日，恒生银行推出恒生综合指数系列。恒生综合指数包括 200 家市值最大的上市公司，占香港交易所上市公司总市值的 97%，代表性更为广泛。

三、股票价格指数与经济行情

频繁的、有时甚至是剧烈的波动是股票价格的重要特点，而这种波动通常与一国的经济状况密切相关。因此，股票价格是反映经济行情的一个敏感性指标，常常被称为经济变化的"晴雨表"。

1）从长期趋势上看，股票价格变化与经济周期变化基本一致：在经济的复苏和高涨阶段，股票价格上涨；而在经济的萧条和危机阶段，股票价格下跌。

股票价格的变动是股票供求关系变动的结果，而股票的供求关系深受经济周期的影响，原因在于：投资者购买股票是为了获得股息，股息源于公司的利润，利润取决于公司的盈亏状况，而公司的盈亏状况则受经济周期变动的影响。

一般来说，在经济危机阶段，许多公司的经营情况欠佳，商品滞销，生产缩减，企业获利少甚至亏损，股票持有者能够获得的股息减少甚至分不到股息，此时愿意卖出股票者远多于愿意买进者，股票市场供过于求，股价就会下跌。在经济复苏和高涨阶段，许多公司都可获得较高的利润，股票持有者可分得较多的股息，愿意买进股票者更多，股票市场供不应求，股价上涨。当然，即便在危机阶段，也存在着能够获利的公司，它的股票价格也可能并不下跌；而在高涨阶段，也有的公司可能亏损，它的股票价格因此下跌。但股票价格指数反映的是具有代表性的公司整体的股票价格变动情况，因此能够反映经济周期的变化。

【阅读资料】

第二次世界大战后，美国股市的发展可分为三个大的阶段。1949 年至 1965 年是美国股市的成长阶段。这期间，道琼斯指数从 1949 年年初的 180 点上升到 1965 年 12 月的 970 点，标准普尔 500 指数从 1950 年 1 月的 17.05 点上升到 1965 年 12 月的 92.02 点，大约都上涨了 5.4 倍。1965 年至 1982 年，美国股市经历了长达 17 年的熊市阶段。道琼斯指数在绝大部分时间里都在 1000 点以下波动，1974 年还一度跌至 600 点左右。标准普尔 500 指数也在 100 点上下徘徊，1982 年年底达到最高点，突破了 140 点。第三个阶段是从 1983 年到 1999 年，是美国股市的大牛市阶段。道琼斯指数从 1983 年年初的 1000 点上升到 1999 年年底的 11500 点，标准普尔 500 指数也从 1983 年年初的 140 点增至 2000 年 3 月的 1500 点，均上涨了约 11 倍。纳斯达克指数则从 1984 年的 250 点上升到 2000 年 3 月的 4600 点（中间曾突破 5000 点），上涨了近 20 倍。这 17 年的牛市又可分为两个小的阶段。前 7 年是股指缓慢增长时期，后 10 年则是三大股指加速上升时期。在前 7 年中，虽然遭遇了 1987 年 10 月股价暴跌的"黑色星期一"，以及 1990 年至 1991 年经济衰退导致的股市下滑，但股市的"回落"只是暂时现象，并未影响整体的牛市。

美国股市这三个阶段的发展历程，与宏观经济的走势基本上是一致的。20 世纪 50 年代至 60 年代是所谓的经济发展的"黄金时期"，经济的快速增长和企业盈利水平的迅速提高使股市获得了较快的成长；70 年代至 80 年代初是美国经济最不稳定的时期，先后经历了越南战争和两次石油危机，股市几乎被人遗忘，投资者热衷于投资黄金和房地产；90 年代以来，随着美国经济进入第二次世界大战后历史上最长的增长期，三大股指也加速上扬。然而，2000 年年初以来，随着美国经济活力的下降，股价终止了上升的势头，经过一年的窄幅整理，出现了 3 次较大幅度的下跌。这 3 次下跌分别是在 2001 年 3 月、2001 年 9 月中下旬和 2002 年 3 月以来的下跌，下跌的幅度一次比一次大，持续的时间一次比一次长，最后一次下跌经过短暂的回升后又加速下跌，截至 2002 年 9 月底仍没有止跌的迹象。2002 年 9 月 30 日，道指已经跌到了 7591.9 点，纳指和标普 500 指数分别跌到了 1172.1 点和 815.3 点，是过去五六年来的最低水平。

【节选自：杜厚文，伞锋. 美国股市调整与经济周期的变化. 中国人民大学学报. 2002 (6)：58 - 66.】

2）股票价格指标是一个预兆性指标，它的转折性变化往往早于经济周期的转折性变化。

决定股票价格的不是企业过去和当前的利润水平和股息水平，而是企业未来的利润水平和股息水平，也就是说，股票价格的频繁波动与人们对大企业利润前景的预期有关。不同的预期使人们的投资心理和投资抉择发生变化，从而引起股票市场上供求关系的变化。如果多数人对经济发展前景看好，预计股息收入会增加，股票市场就可能出现供不应求的局面，股价必然上涨；如果多数人对经济发展前景感到悲观，估计股息收入可能减少，股票市场上就可能出现供过于求的情况，股价就可能下跌。由于股票价格指数的波动主要是反映对大企业利润前景的估计，而大企业的利润前景又与一般经济发展前景有关，因此股票价格指标被视为对经济行情波动有"预兆"作用的重要经济指标。当经济周期的高涨阶段持续一定时间，危机迹象已经显露时，股票价格往往领先下跌而成为危机即将到来的信号；当经济周期由萧条阶段转向复苏阶段时，股票价格也往往领先上涨。

3）影响股票价格的因素错综复杂，股票价格变化作为经济周期变化的指标，既是有用的，又容易引起错误结论。不仅如此，近年来股票价格的波动还存在脱离经济行情实际波动的趋势。

引起股票价格波动的因素很多，既有周期性因素，又有非周期性因素，既有经济因素，又有政治因素、心理因素等其他因素。这使股票价格变动的原因极其复杂，很难把握。另外，当代西方股票市场价格的波动越来越多地脱离经济行情的实际波动，经常与经济基本面相背离。当资产价格与现实世界的基本面相背离过大时，资产价格泡沫就会崩溃并引发强烈的金融危机冲击。近些年来，受量化宽松货币政策的影响，西方发达国家货币供应量的增长大大超过经济增长所需要的货币量，引起全球范围内的流动性泛滥，货币资本大量涌进资本市场，推动了国际资本的急剧膨胀。同时，石油价格的暴涨暴跌和石油美元的往返回流又对此起了推波助澜的作用。这些游资大量涌向股票市场进行投机，掀起股票市场价格的急剧涨落。股票价格波动中的投机性对行情波动的影响越来越强烈，使股价波动与经济行情的实际波动有日益脱节的趋势，股票价格指标作为经济行情波动"晴雨表"的作用有减弱的趋势。

【阅读资料】

显而易见，美国股市创历史纪录的高涨完全缺乏经济基本面支撑，非但不是经济复苏的象征，而是泡沫膨胀创历史纪录的标志。据美国媒体报道，2013 年 7 月道琼斯股指超过了 200 周移动平均指数 30%，反映出股市泡沫的严重程度甚至超过了 2008 年危机爆发前夕，随时可能因泡沫破裂出现暴跌并引发严重的经济衰退。美国国债、公司债券、地方债券市场也出现了崩溃迹象，美联储大量买入债券也无法阻止价格下跌和利率猛涨，表明美联储继续滥发货币也无法维持将利率控制接近零的政策。

【节选自：杨斌. 美国股市泡沫濒临破裂边缘. 探索. 2013 (5)：81 - 84.】

【关键词】

批发贸易　零售贸易　国际收支　国际收支平衡表　经常账户　资本和金融账户　批发价格指数　零售价格指数　世界商品价格指数　股票价格指数

【拓展阅读】

［1］鲍莫尔．经济指标解读［M］．徐国兴，申涛，译．北京：中国人民大学出版社，2005.

［2］刘舒年，温晓芳．国际金融［M］．5 版．北京：对外经济贸易大学出版社，2017.

［3］徐玲．国际金融学［M］．2 版．上海：华东理工大学出版社，2017.

［4］石磊．证券投资学［M］．北京：对外经济贸易大学出版社，2014.

【复习思考题】

1. 简析国内贸易指标与世界市场行情之间的关系。
2. 简析国际贸易指标与世界市场行情之间的关系。
3. 简析综合商品价格指标与世界市场行情之间的关系。
4. 列举主要的世界商品价格指数。
5. 列举各国主要的股票价格指数。
6. 简析股票价格指数与世界市场行情之间的关系。
7. 查询本章学习的主要指标，并对查到的数据进行分析，说明其反映的行情特征。

第七章

世界商品市场行情概述

【导读】

世界商品市场行情是个别经济部门再生产过程的具体发展及其在世界市场上的表现，市场供给、需求及价格构成了商品市场行情的主要内容，并相互影响、相互作用。世界商品市场行情研究就是从微观角度对个别部门再生产的具体动态进行研究，包括世界商品市场行情分析和世界商品市场行情预测。研究世界商品市场行情的主要任务，一是掌握世界商品市场的供求变化规律，二是掌握反映供求关系及其变动趋势的世界商品市场价格的变动规律并分析世界商品市场行情的现状和未来发展趋势，从而为对外经贸工作提供决策依据。这其中，价格是商品市场行情研究的重点，商品市场行情研究的核心是价格变动，特别是短期内价格的变动。

商品再生产的发展变化受到经济发展基本规律的制约，因此商品市场行情的研究应以经济行情的研究为前提和基础，不能脱离经济行情的变化孤立地研究商品市场行情。此外，商品的属性、商品的生产、消费以及国际贸易也是影响世界市场行情的主要因素。

【学习重点】

1. 世界商品市场行情的含义
2. 世界商品市场行情的研究任务
3. 世界商品市场行情的主要影响因素
4. 经济行情与商品市场行情的关系

第一节　世界商品市场行情的含义与研究任务

一、世界商品市场与世界商品市场行情

世界商品市场是国家之间进行商品交换的场所，是世界性商品流通领域。它是由参加国际贸易的进口国和出口国组成的，各国进口和出口的商品即市场上的交易商品。世界商品市场是自发地在国家间的激烈竞争中发展起来的。个别交易商品具有固定的交易场所，如一些初级产品的交易所，但大多数商品的交易都是在买方和卖方之间单独完成的。

世界商品市场行情是个别经济部门再生产过程的具体发展及其在世界市场上的表现，是指一定时期内某一商品在世界范围内的生产和供给、消费和需求、国际买卖和交换，以及价格的相互联系和条件的总和，是经常处于动态中的具体经济和市场情势。因此，世界商品市场行情研究就是从微观角度对个别部门再生产的具体动态进行研究。其中，世界商品市场行

情分析是指通过对历史和当前世界商品市场状况的研究，描述当前世界商品市场变化的特点，并对形成这些特点的各种因素进行探究。世界商品市场行情预测是在世界商品市场行情分析的基础上，根据行情分析的结论，依据行情变化的规律，考虑可能影响行情变化的各种因素，对未来一定时期的走势进行的估计。简而言之，商品市场行情是市场供给、需求及价格动态的综合体现，这三者构成了商品市场行情的主要内容，并相互影响、相互作用。

世界市场不同于各国国内市场。在国内市场上，商品与劳务的交换主要受制于市场机制的变动及本国的干预与调节，但在世界市场上，世界总体经济形势、各国经济情况与对外经济政策的变化、超国家调节以及国际政治局势的演变等都对商品与劳务的交换具有重大影响。同时，世界商品市场有其独特的价格体系，它与各国的国内价格体系有很大的差别。这些特点决定了世界商品市场行情研究的复杂性，它在考察的内容与范围等方面与对某个具体国家国内市场的研究有显著的差别。

二、世界商品市场行情研究的主要任务

研究世界商品市场行情的主要任务，一是掌握世界商品市场的供求变化规律，二是掌握反映供求关系及其变动趋势的世界商品市场价格的变动规律并分析世界商品市场行情的现状和未来发展趋势，从而为对外经贸工作提供决策依据。从对经济行情的研究推进到对商品市场行情的研究，是行情分析为国际经贸业务服务的进一步具体化。在商品市场行情研究中，价格是重点。孤立地研究供给或需求都具有片面性，因为无论是供给还是需求，都不能单独决定价格的走势，但通过对商品价格的研究，却可以发现商品供求的规律以及影响供求的各种因素。价格是行情变动的重要表现，又是反映行情变动的重要指标。经济行情的扩张与收缩过程、商品市场供给和需求的种种变化都会通过价格的升降反映出来。因此，商品市场行情研究的核心是价格变动，特别是短期内价格的变动，这直接关系企业的经济效益，更加具有实际意义。当然，商品价格的长期变动也需要研究，但研究的目的在于揭示商品价格变动规律，以便更深入地认识短期价格变动。

第二节　世界商品市场行情的影响因素

一、经济行情与商品市场行情的关系

商品再生产的发展变化要受到经济发展基本规律的制约，因此商品市场行情的研究应以经济行情的研究为前提和基础，不能脱离经济行情的变化孤立地研究商品市场行情。从总体上说，宏观经济行情的变动决定着商品市场行情变动的方向，前者的变动是后者变动的基础。当经济周期处于危机阶段时，商品市场行情会恶化；经济周期由危机向萧条和复苏阶段过渡时，商品市场行情也会趋于好转；而当经济周期处于高涨阶段时，商品市场行情则会变得十分活跃。

同时，商品市场行情研究有其特殊性，不同的商品在供给、需求和价格方面有着不同的发展变化规律和特点，表现出不同的变化特征，有时还会对经济行情产生影响。这是因为不同的商品有不同的属性和用途，它们在生产、消费和流通等方面各自存在着不同的条件和特点。商品本身的属性、用途和再生产的条件等因素，会随着时间和空间的变化而不断地变化

发展，这就必然导致有关商品的供求规律也会发生变化。因此，除了受到经济行情的制约，商品的属性、商品的生产、消费以及国际贸易也是影响其世界市场行情的主要因素。

二、商品的属性

商品的属性首先是指自然属性，即商品本身所具有的物理和化学性能，也就是商品的特性或者功能。此外，商品还具有社会属性，即商品在社会经济中的职能、地位和作用。按照商品在社会经济中的作用，可将其分为两大类，即生产资料类和消费资料类。另外，有些商品由于对国民经济发展和人们的物质文化生活极为重要而获得战略意义，从而具有强烈的政治属性。商品的自然属性决定着商品的使用价值，它使一个商品区别于其他商品。

商品的属性决定了商品的用途，而商品的用途又决定了对该商品的需求领域与规模，使其需求变动受到不同因素的影响。例如，天然橡胶具有弹性高、防震、耐磨、耐高低温、绝缘等属性，适合制造轮胎，因此其需求主要来自汽车制造业，影响汽车制造业消费的因素一般会对天然橡胶的价格产生影响。

由于商品的属性常常是多样的，很多商品的用途也不是单一的，这就使其消费的领域比较广泛，需求变动比较复杂。例如，石油既可提炼为动力燃料，广泛用于各种类型的汽车、轮船、推土机、钻机等动力机械，也可以加工为塑料、化肥、纤维等石化产品，被工业、农业等各个部门所需要。这些领域的变化都会对石油需求产生影响，因此要对多个消费市场进行综合研究。当然，商品的用途有主次之分，商品的主要用途决定商品的主要流向，是商品市场行情的主要影响因素。一般来说，商品的用途越单一，应用领域越集中，它的市场需求可能的波动性就越大。相反，商品的用途越广，应用领域越分散，它的市场需求可能的波动性就越小。

同一商品的不同品种和规格，由于用途的差异，需求变化也不完全相同。例如，棉花分为长纤维、中纤维和短纤维。长纤维用于高级纺织品，中纤维主要用来生产一般棉布，而短纤维则用于制造汽车坐垫和化工原料。当高级纺织品的消费量增长，长纤维需求旺盛，中纤维和短纤维的棉花需求未必活跃。

由于科技进步、生产条件、消费习惯、收入水平改变等，会不断产生新产品，原有商品的用途也经常处于变化中：有些商品的用途在扩大，有些商品的用途在缩小，甚至遭到淘汰。第二次世界大战以后，一些人工原材料在性能上超过了天然原材料，使后者在国际市场上的需求下降。

从社会属性来看，由于消费资料与个人消费直接相关，而生产资料用于扩大再生产，与个人消费间接相关，所以消费资料需求的波动幅度相对较小，其市场行情较之生产资料更为稳定。在生产资料中，机器设备需求的波动幅度大于原料。在消费资料中，高级消费品的需求波动幅度要大于生活必需品。对于具有政治属性的商品来说，供给、需求和价格会受到一些政治因素的影响。世界政局的紧张和缓和，或有关国家之间的政治、经济利益关系，都有可能影响这类商品的市场行情。

【阅读资料】

世界经济对石油的严重依赖和石油产需分布的不平衡使石油具有明显的政治属性，并成为国家之间博弈的政策工具和武器。石油的政治属性决定其价格并不完全遵循市场规则，有时甚至严重背离供求与价格规律。例如，20世纪70年代，阿拉伯产油国为打击以色列及其支持者、维护民族权益，把石油作为武器，对西方国家实行石油禁运，引发了第一次石油危机。最近一个时期，引人瞩目的"俄乌斗气""俄白争气"等也不仅反映了经济层面而且反映了俄罗斯与独联体中的亲西方国家的政治层面的斗争。2007年年初，俄罗斯宣布供应白俄罗斯的天然气价格调整为200美元/千 m^3，比此前上涨了4倍多。尽管白俄罗斯之后同意提高付费，但随后要求俄方为过境石油支付每吨45美元的"过境税"，并暗示有可能考虑俄在白境内军事基地的去留问题。作为回应，俄方也宣布对出口到白俄罗斯的石油征收出口税。这样，石油就与国家经济安全和外交政策联系在一起了，从一种普通的能源演化为最重要的战略商品。正如丹尼尔·耶金提到的那样，石油作为一种政治商品，与国家战略、全球政治和国家经济实力紧密地交织在一起，仍然是国家战略和国际政治至关重要的战略政策工具。从政治经济学的角度看，与石油有关的问题从来就不是客观的、单纯的价格问题，而是涉及大量与利益分配相关的权力斗争，有时甚至是血腥的战争，这是由石油的政治特性决定的。既有的经济分析往往忽视了石油的这一基本属性，因而难以发现石油价格波动背后市场供求之外的原因。

【节选自：管清友．石油双重属性与国际油价波动分析：一个国际政治经济的视角．国际石油经济，2007（1）：44 -49；88.】

三、商品的生产

商品生产是商品供给的基础，要掌握商品供给波动的规律，就必须了解商品生产的基本情况、特点及其动态，主要包括商品的生产周期、商品生产的技术条件、垄断程度以及政府的政策措施等。

（一）商品的生产周期

商品的生产周期是指商品从开始生产到完成生产所需要的时间。不同商品生产周期的差异往往很大。有些商品，如大型机械设备、船舶、飞机等，生产周期较长，甚至是跨年度的；有些商品，如服装、鞋帽、饮料等，生产周期较短，短时间就能生产成千上万件。还有些商品的生产周期受自然规律的限制，"十年树木"反映的就是这个道理，林木产品从种植到成材往往需要较长的时间，其他诸如粮食、畜产品等农林牧渔类产品也都具有类似的特点，其生产周期在长度上和时间上都具有相对稳定性。

生产周期的不同会带来商品行情特征的不同。生产周期较长的商品，其生产调整的灵活性比较小，当市场需求变化时，生产的反应相对迟缓，难以按需调整，从而使商品的价格显著波动。相反，生产周期短的商品，生产调整通常比较灵活，生产者可以根据市场需求的变化及时调整产量。因此，该类商品价格涨跌的幅度一般比较小，持续的时间也比较短。可见，商品生产周期不同，适应需求变化的能力也就不同，这是商品价格反应不同的原因。

对于那些生产周期受到自然规律限制的商品，包括部分与之相关的加工产品，如制糖、酿酒、油脂、罐头食品等，生产一般都受季节性的影响，市场供给也具有明显的季节性特征，主要表现为两点。一是供给变化具有某种相对固定的形式，在产品收获上市之前，市场往往形成一定程度的短缺，价格相对较高；而在产品收获上市之后，市场供给开始旺盛，价格下降。二是季节性使产品的供给不能迅速适应需求的变化，从而有时会导致市场价格的波动。经济学中的"蛛网理论"揭示的就是这种现象。另外，这类商品的产量、上市量在相当程度上还取决于气候等自然条件。如果某一年由于气候条件恶劣而歉收，市场供求可能出现矛盾。

【知识窗】蛛网理论

"蛛网理论"是一种引入时间因素考察价格和产量均衡状态变动过程的理论，1930 年由美国的舒尔茨、意大利的里西和荷兰的丁伯根各自提出。因为均衡变动过程反映在二维坐标图上形如蛛网，1934 年，经英国的卡尔多定名为"蛛网理论"。这一理论的内容是考察某些商品，特别是农产品的价格波动对下个周期产量的影响。它的假定前提是：在完全竞争条件下单个厂商及个人都认为无法改变商品的价格，只能影响产量。这种商品需要较长的时间才能生产出来，而在生产过程中（在该生产周期内）生产规模无法改变。本期市价由本期需求量决定，本期产量由上期市价决定。

【阅读资料】

2019 年 1 月，我国步入新一轮猪周期，呈现价格最高、涨幅最大、波动最强烈等特点，被称为"超级猪周期"。根据猪价波动特征和驱动原因，可以分为三个阶段：一是 2019 年 1 月—2019 年 12 月。非洲猪瘟疫情暴发，能繁母猪和生猪存栏量最高分别下降 38.9% 和 41.4%，生猪价格 2019 年 11 月达历史高位 36 元/kg，同比上涨 172.6%；随着储备肉投放、进口肉增加，生猪价格在 12 月回落至 34 元/kg。二是 2020 年 1 月—2020 年 5 月。新冠肺炎疫情暴发，停工令和交通运输限制对生猪屠宰和物流产生较大约束，生猪价格再度上涨至 2 月的 38 元/kg；3 月国内疫情转好，猪肉供应端恢复，但需求端受疫情影响超预期下降，导致生猪价格跌幅最高达 29%。三是 2020 年 6 月—2020 年 8 月。生猪养殖端挺价惜售，叠加北京新发地新冠肺炎疫情引发全国冻肉检查，进口猪肉减少，7 月南方水灾进一步冲击猪肉供给，同时需求端复苏，助推生猪价格攀升至 37 元/kg。

【节选自：易振华. 猪肉价格变化特征、走势展望及对 CPI 的影响：基于猪周期视角的分析. 浙江金融，2020（10）：32 – 39.】

（二）商品生产的技术条件

商品生产技术条件的变化，能够迅速改变其供给状况和竞争能力。一方面，生产技术的改进能够提高劳动生产率，降低生产成本，增加商品的产量。例如，20 世纪 90 年代，随着水平钻井和水力压裂技术的突破和大范围使用，大规模开采页岩气得以在美国率先实现。随后，美国天然气产量迅猛增长，2009 年，美国取代俄罗斯成为世界第一大天然气生产国，占世界天然气总产量的 20%。另一方面，生产技术进步还能提高商品质量，加速商品的更新换代，使商品更加适应人们不断变化的需求，从而在市场上具有更强的竞争能力。

另外，生产技术的进步在某种程度上也可以改变自然条件，突破季节性的限制。以蔬菜、水果为例，通过不断改良品种、种植方法和储存手段，即使现在尚不能完全消除此类商品的季节波动，也大大延长了其上市期，弱化了该类商品生产供给显著的季节性限制或固有的区域限制，使其供给能够更加适应市场的需求。

（三）商品生产的垄断程度

商品生产的垄断程度是指一个生产企业或某个国家对某种商品生产的控制程度，它对商品供给的动态特征有很大的影响。一般来说，商品生产垄断程度越高，它的供给越能适应市场需求的变化，因为垄断性组织能在一定程度上人为控制生产，可以根据需求扩大或减少供给。当市场状况不佳，需求疲软时，垄断组织为维持价格，保持垄断高额利润，往往会采取限产保价策略，压缩生产，以适应较低的需求。当市场状况趋好、需求增加时，垄断组织又会迅速增加生产以满足不断增长的需求。这样，商品生产与供给始终与需求保持一致或较小差距，商品价格相对稳定，但为了适应需求的变化，生产与供给的波动可能有时会比较频繁。

垄断程度低的或非垄断性商品，特别是发展中国家大量小生产者生产的初级产品，由于市场竞争激烈，往往难以根据需求的变化做出适时的、有一定力度的生产调整。当需求下降时，由于竞争的集体效应，生产不会迅速下降；而当需求上升时，由于生产的剩余能力不足，生产和供给难以大量增加，结果使供给对需求的变化表现出很大的不敏感性，价格常常大起大落，容易使生产者蒙受较大的损失。这种情况多见于发展中国家的初级产品生产上。

【阅读资料】

自 2016 年 12 月 10 日以沙特阿拉伯为代表的 11 个 OPEC 国家和以俄罗斯为代表的 11 个非 OPEC 国家在维也纳进行会议对话以来，多次成功达成减产协议，有效遏制了国际原油价格持续下跌的走势，维也纳联盟会议自此为世人熟知，并成为决定国际原油价格走势的重要力量。2018 年 12 月、2019 年 12 月，维也纳联盟先后两次达成每日 120 万桶和 170 万桶的减产协议，加上几次协议的延续使用，在过去 3 年多的时间里，维也纳联盟先后达成 7 次减产协议，有效实现了全球石油市场的"紧平衡"，并将国际原油价格稳定在 65 美元/桶的水平。

【节选自：徐蕾. 国际油价后续走势分析：是触底反弹还是继续走低. 价格月刊，2020 (12)：24 – 28. 】

（四）政府的政策措施

商品的主要供应国政府对经济的政策性干预对其生产往往有很大的影响。政府通过采取诸如补贴、减免税或退税、加速折旧、投资优惠、国家购买等种种措施，刺激生产，扩大供给。这种做法在危机阶段和萧条阶段尤为常见，它是构成"反衰退"措施的一个组成部分。因此，研究具体商品的世界市场行情，要特别注意世界主要供应国政府所采取的措施对商品生产的直接和间接影响。

【阅读资料】

欧盟的奶业市场管理政策源于 1968 年欧共体理事会乳及乳制品市场 804/68 号条例，该条例规定了与市场管理方面相关的内容。奶业是欧盟农业重要的组成部分，因此欧盟共同农业市场针对奶业实施了奶业市场管理政策。实施奶业市场管理政策的目标是实现乳及乳制品自给自足、增加农民的合理收入以及保持乳品市场均衡。在该政策的作用下欧共体 6 国乳及乳制品产量由 1968 年的 7899.03 万 t 增加到 1983 年的 9938.53 万 t，出口量也从 1968 年的 107.8 万 t 增加到 341.2 万 t。1974 年—1983 年，乳制品的干预价格实现了持续增长，大幅提高了农民的收入。

【节选自：李翠霞，窦畅. 欧盟奶业政策变迁及启示. 世界农业，2018 (8)：206 – 211. 】

四、商品的消费

商品的消费是需求的基础，不同的商品有不同的消费特点，商品在消费方面的变化，必然引起对这种商品需求的变化。商品的消费特点主要表现在消费周期、消费的季节性、垄断性、消费结构等几个方面。

（一）商品的消费周期

商品的消费周期是指商品从开始消费到消费完成的时间。各种商品的消费周期是不同的，因而更新的速度不同，对需求变动的影响也不同。机器设备及耐用消费品的消费周期可长达数年甚至数十年，而原料、燃料及很多生活必需品的消费周期通常很短，可能是一两年、几个月、几天或一次。消费周期长的商品，更新的速度较慢，更新的弹性较大，消费者可以根据条件的变化加速更新或延缓更新，使需求波动幅度相应较大。例如，在经济情况活跃时期，消费周期长的商品能如期更新，甚至提前大量更新，导致社会需求明显上升。在经济情况恶化时，使用者则会延缓更新，导致社会需求大大下降。相反，消费周期短的商品，必须随时更新，更新提前与延后的灵活性小，需求波动幅度就小。

消费周期的长短，除了取决于它本身的自然寿命外，还受科技进步的影响。由于科学技术的发展，更新换代的产品不断出现，使一些商品被提前淘汰。另外，伴随社会时尚的变化，一些原来尚可使用，甚至尚未使用的商品被提前更新，这在高消费地区的生活用品上表现得尤为明显。这两种情况都属于精神磨损。在当今国际市场竞争激烈，产品不断更新换代的情况下，不能忽视精神磨损对需求变动的影响。

（二）商品消费的季节性

一些商品的消费具有明显的季节性特征，即销售存在淡季和旺季的差异。这种季节性有的是由于气候因素、有的是由于社会习俗造成的。这样一来，商品的需求会随着季节的更迭或某些特定日期的到来而发生规律性的变化。例如，羽绒服在冬天的需求特别旺盛，而在夏天需求疲软，经常要通过"反季促销"刺激需求。冷饮则恰好相反，夏天是销售的旺季，冬天很少有人问津。在我国，春节是传统节日，春节期间人们对消费品的需求会显著增加。近些年来，国庆假期则日益成为旅游的"黄金周"，很多热门景区附近的宾馆、酒店在这一时期常常供不应求。

需要注意的是，虽然各种商品消费需求的季节性波动比较有规律，但是由于各国各地区气候转换条件和风俗习惯不同，同种商品在不同国家不同地区的季节性波动未必一致。因此，必须深入细致地调查了解商品在各处的季节波动情况，这将有助于为进出口商品争取合理的成交价格。

（三）商品消费的垄断程度

垄断对商品需求也有很大的影响，当某种商品的购买集中在少数买主手中时，就会出现不同程度的买方垄断。商品消费部门的垄断程度越高，商品的去向就越单一，这种商品需求的波动幅度就越大。尤其当商品消费部门同时具有较高程度的生产垄断性时，它可以根据市场情况而大量增加或缩减生产，从而引起该商品作为投入品的消费量大幅增加或减少，这势必造成该种商品的市场需求呈现相对较大的波动。相反，如果商品消费的垄断性低，商品去向分散，消费范围较广，它的需求的总体变化可能会因不同消费单元需求变化的不同步而相对较小，潜在的需求波动也相对较小。

（四）商品的消费结构

消费结构是指个人可支配收入中用于衣、食、住、行、用和文娱等各方面支出的相对比重以及对个别不同商品消费支出的比例。消费结构的特征决定目标市场产品需求的构成。消费结构一般随着收入的增加而变化。收入水平提高使消费者对生活必需品的支出比例有所下降，而对耐用消费品、奢侈品和精神产品的消费需求相对上升。在同种商品中，对较低档次商品的支出比例有所下降，而对较高档次产品的需求上升。以我国为例，改革开放以来，伴随着经济增长与收入增加，城镇居民的消费结构呈现不断升级的趋势，食品类支出占所有消费支出的比重即恩格尔系数由 1981 年的 56.7% 持续下降为 2018 年的 27.7%，下降幅度高达56%，交通通信、娱乐教育以及居住等方面的消费支出占比则持续增长，具体见表 7-1[○]。

表 7-1　1981 年—2018 年我国城镇居民消费结构

年份	食品类	服装类	家庭设备及用品	医疗保健用品	交通和通信工具	娱乐教育和文化用品	居住	其他服务项目
1981	56.7%	14.8%	9.6%	0.6%	1.4%	8.4%	4.3%	4.2%
1985	52.2%	14.6%	10.7%	1.2%	1.1%	10.6%	5.6%	4.0%
1990	54.2%	13.4%	10.1%	2.0%	1.2%	9.2%	5.6%	4.3%
1995	49.9%	13.5%	8.4%	3.1%	4.8%	8.8%	7.1%	4.4%
2000	39.2%	10.0%	8.8%	6.4%	7.9%	12.6%	10.0%	5.2%
2005	36.7%	10.1%	5.6%	7.8%	12.6%	13.8%	10.2%	3.5%
2010	35.7%	10.7%	9.9%	6.7%	6.5%	14.7%	12.1%	3.7%
2015	29.7%	7.9%	6.1%	6.7%	13.5%	11.1%	22.1%	2.7%
2018	27.7%	6.9%	6.2%	7.8%	13.3%	11.4%	23.9%	2.2%

（资料来源：中国国家统计局。）

除了与收入水平相关，生活方式与习惯的变化也是消费结构发生改变的原因。例如，随着开放水平的不断提高，东西方文化的相互影响越来越大，一些国外的习俗逐渐传入国内，很多人在选择饮品时，逐渐增加了对咖啡的消费。

消费结构的变化潜移默化地作用于市场行情，改变着某些产品在国际市场上的地位。一些产品在市场上越来越受青睐，而另一些产品却逐渐萎缩，甚至被市场淘汰。

【知识窗】恩格尔系数

恩格尔系数是食品支出总额占个人消费支出总额的比重。19 世纪德国统计学家恩格尔根据统计资料，对消费结构的变化得出一个规律：一个家庭收入越少，家庭收入中（或总支出中）用来购买食物的支出所占的比例就越大，随着家庭收入的增加，家庭收入中（或总支出中）用来购买食物的支出比例则会下降。推而广之，一个国家越穷，每个国民的平均收入中（或平均支出中）用于购买食物的支出所占比例就越大，随着国家的富裕，这个比例呈下降趋势。

（五）政府的政策措施

政府采取的一些政策措施，如关税、进口配额、技术性贸易壁垒等进口限制措施，征收、提高或减免消费税以及实施消费信贷等做法，会对消费起到刺激或抑制的作用，从而改变消费的数量和结构。

五、商品的国际贸易

商品的国际贸易即商品的进出口，直接关系着商品在世界市场上的供给和需求。对绝大多数国家来说，它们所生产的商品总是只有一部分，最多是大部分用于出口，同样，各国所

○ 倪红福，冀承. 中国居民消费结构变迁及其趋势：基于中美投入产出表的分析. 消费经济，2020（1），3－12.

消费的商品也总是只有一部分，最多是大部分依赖进口。因此，对世界市场商品供求关系发生直接影响的并非世界各国的产品总量和消费总量，而是商品的世界可供出口量和世界需要进口量。各国的商品出口形成了世界市场上的商品供给，各国的进口形成了世界市场上的商品需求。所以，要研究世界市场上商品的供需状况，就必须研究其国际贸易的状况。重点应研究以下两方面的问题：

一是商品进出口的状况和趋势。首先应了解商品的进出口水平，只有达到一定水平的进出口才具备研究的意义，进口与出口规模微不足道的商品，不能算作世界商品。在此基础上，应分析商品进出口的发展趋势，即进出口规模是趋向扩大还是缩小，在什么条件下贸易规模扩大，在什么条件下贸易规模缩小。这可以帮助我们认识该商品市场供求变化的某些规律，有助于对其未来变化进行估计和预测。

二是商品的主要进出口国。任何一种商品在国际市场上流通，都有许多出口国家和进口国家，我们研究的重点应该是商品的主要出口国家和主要进口国家，即它的出口或进口在世界出口或进口中占有较大比重的国家。因为商品市场行情的变动取决于这些起主导作用的国家，商品主要出口国和进口国的贸易量对世界市场上供求力量对比起着决定作用。例如，美国、加拿大、澳大利亚、阿根廷等国家是世界粮食的主要出口国家，这些国家农业收成的好坏，直接关系到世界粮食的可供出口量。同样，我国作为世界上主要的粮食进口国之一，对世界粮食市场的需求也有着较大的影响。研究有关商品的主要出口国和主要进口国，首先，有必要了解它们进出口量在国际市场上所占的比重，比重越大，它们的进出口变化对世界市场行情的影响越大；其次，有必要了解它们对国外市场的依存度有多大，依存度越大，它们国内经济状况及相关政策对世界商品市场行情的影响越大；最后，由于商品市场行情的变动在很大程度上取决于主要出口国生产和主要进口国消费的变化，我们还要了解世界商品主要进出口国家的需求动向和生产状况的变化，以及它们采取的政策措施。这些国家的政治、经济、自然条件、科技发展动态、社会消费结构以及居民爱好的变化都应当作为我们市场行情研究的重点。

需要注意的是，主要进出口国不是一成不变的，随着世界经济不平衡的发展，个别国家在国际贸易中的地位也会发生变化，因此我们应把握世界商品主要进出口方向的发展动态，适时调整研究重点，提高商品市场行情研究的质量。

【关键词】

世界商品市场　世界商品市场行情　供给　需求　价格　商品属性　生产　消费　国际贸易

【拓展阅读】

［1］杨逢华，林桂军．世界市场行情［M］．北京：中国人民大学出版社，2006．

［2］赵春明．世界市场行情新编［M］．2版．北京：机械工业出版社，2016．

［3］杭言勇．世界经济概论［M］．北京：机械工业出版社，2010．

［4］高鸿业．西方经济学［M］．北京：中国人民大学出版社，2007．

［5］《西方经济学》编写组．西方经济学：精编本［M］．北京：高等教育出版社，2013．

［6］赵苏．商品学［M］．北京：清华大学出版社，2012．

［7］管清友. 石油双重属性与国际油价波动分析：一个国际政治经济的视角［J］. 国际石油经济，2007（1），44 - 49；88.

【复习思考题】

    1. 试述世界商品市场行情的含义与研究任务。

    2. 世界商品市场行情的主要影响因素有哪些？

    3. 试分析经济行情与商品市场行情的关系。

    4. 试分析商品的生产、消费、国际贸易在哪些方面影响世界市场行情。

    5. 商品生产的垄断与消费的垄断各自对价格有怎样的影响？

    6. 分析世界市场的供需状况应重点了解国际贸易的哪些因素？

第八章

世界商品市场供给和需求分析

【导读】

在世界市场上，商品的供给是指在某一特定时期内，在一定价格水平上出口商愿意并能够向世界市场提供的商品数量。在一般情况下，商品的供给量随市场价格的上升而增加，随市场价格的下降而减少。除了商品自身的价格，影响供给量的其他因素还包括生产要素价格、生产者可生产的其他相关产品价格、自然条件及资源条件、生产者对未来的预期等。不同商品供给对同一影响因素变动的反应程度是不同的。供给的价格弹性衡量价格上升或下降一定比率所引起的供给量增加或减少的比率，大小主要取决于商品生产过程的特点，如生产周期、生产技术、生产能力、自然条件等。此外，商品的库存水平和生产潜力，政府对出口所采取的政策措施、生产者对市场的预期以及所有价格以外影响供给量的因素，都会影响到生产者对供给量的调整速度，决定商品的供给弹性。

在世界市场上，商品的需求是指在某一特定时期内，在一定价格水平上进口商愿意并有能力进口的商品数量。在一般情况下，商品的需求量随市场价格的上升而减少，随市场价格的下降而增加。除了商品自身的价格，影响需求量的其他因素还包括消费者的偏好、消费者的收入、相关商品价格、消费者预期等。需求的价格弹性衡量价格上升或下降一定比率所引起的需求量增加或减少的比率，大小首先取决于商品在人们生活中的地位和作用。此外，商品的可替代性、对商品的消费支出在总支出中所占的比重也会影响需求价格弹性的大小。相关产品价格变动或是收入变动对一种商品需求量带来的影响分别用需求的交叉弹性和收入弹性来衡量。

【学习重点】

1. 商品的供给规律
2. 影响供给的主要因素
3. 商品的供给弹性
4. 商品的需求规律
5. 影响需求的主要因素
6. 商品的需求弹性

第一节　世界商品市场的供给分析

一、价格对商品供给的影响：供给规律

商品的供给，是指在某一特定时期内生产者在各种可能的价格下愿意并且能够提供的该

商品的数量。对应于某一特定的价格，生产者愿意并且能够提供的商品数量简称该价格下的供给量。在世界市场上，商品的供给是指在某一特定时期内，在一定价格水平上出口商愿意并能够向世界市场提供的商品数量。

通常而言，在其他条件不变的情况下，当某种商品价格上涨时，生产者就愿意而且能够向市场上多投放商品；反之，当某种商品的价格下降时，生产者或销售者愿意而且能够提供出售的商品数量就会减少。因此，在一般情况下，商品的供给量随市场价格的上升而增加，随市场价格的下降而减少，这就是供给的基本规律。供给量 Q 与价格 P 之间这种正向变动关系，可以反映为如图 8-1 所示的供给曲线 S。

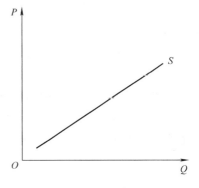

图 8-1　商品的供给曲线

在一些特殊情况下，商品的供给对市场价格变化的反应也存在一些例外。比如，某些商品价格提高后，最初供给量会增加，但当价格上升到一定限度后，人们意识到这些商品的价值时，不再拿出存货，供给减少。古坑、名画等珍品的供给往往如此。另外，一些商品的价格出现小幅度升降时，供给按正常情况变动，一旦价格升降的幅度较大时，人们就会采取观望的态度，待价而沽，供给会出现不规则的变化。证券市场在这方面就比较典型。因此，在分析商品的供给时，除了要研究其基本规律，还应注意特殊商品供给的变化特征。

二、影响供给的其他因素

在上述分析中，一个隐含的假定是：除了商品自身的价格，影响供给量的其他因素保持不变。事实上，这些因素常常是变动的，并对供给产生影响。这些因素除了在上一章中列举过的影响生产继而影响供给的基本因素外，还包括以下几个：

（一）生产要素价格

生产要素价格决定生产成本，在产品价格一定的情况下，生产要素价格上涨意味着生产成本上涨，利润率下降，这会导致生产萎缩，造成产量和供给下降。相反，生产要素价格如果下降，将会刺激厂商扩大生产，增加供给。

（二）生产者可生产的其他相关产品价格

如果一个生产者可以提供多种产品，其中一种产品价格不变或涨幅较小，其他产品价格上涨或涨幅大于该产品，生产者就会转而生产其他产品。这样一来，该产品的供给就会减少，其他产品供给量增加。

（三）自然条件及资源条件

自然条件的优劣在很大程度上决定着农产品的生产成本。自然条件对特定农产品生产的满足程度越低，改善不利自然条件所需的成本就越大，当这种情况达到一定程度时，农产品生产在经济上就会变得不合理，从而使其生产和供给降低到零。对资源性产品而言，资源状况不同，开发利用的成本也就不同，最终会影响到产品的生产成本。

（四）生产者对未来的预期

生产者对影响供给量的各种因素的预期会影响现期供给量。如果生产者对未来经济形势持乐观估计，如预期商品价格上涨，那么他就会增加产品产量，以便除了满足现期市场需求，还为未来增加供给做准备。反之，如果生产者对未来持悲观的预期，就会减少现期产品供给量，以避免下期出现较多的库存。

当价格以外影响供给的其他因素发生变动时，会使供给曲线的位置和斜率发生变化。如图 8-2 所示，科技进步会使商品供给数量增加，从而使供给曲线向右下方移动，市场价格下降，而自然灾害会造成某些农产品歉收，导致供给曲线向左上方移动，商品价格上涨。单位生产成本上升，则会使供给曲线的斜率变得更大。在这种情况下，只有在更高的价格水平上，供给商才愿意提供相同数量的产品。

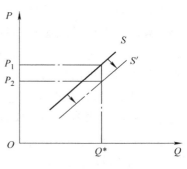

图 8-2　商品供给曲线的移动

三、供给的价格弹性

价格及其他影响因素的变动会引起供给的变动，但不同商品供给对同一影响因素变动的反应程度是不同的。因此，为了更准确地把握供给变动的规律，这里引入弹性的概念，分析供给对价格变动的反应程度。

供给的价格弹性，也称为供给弹性，是衡量价格上升或下降一定比率所引起的供给量增加或减少的比率，用公式表示为

$$\sigma = \frac{\Delta Q_{st} \div Q_{st}}{\Delta P_t \div P_t} = \frac{\Delta Q_{st}}{\Delta P_t} \times \frac{P_t}{Q_{st}}$$

式中，σ 为供给的价格弹性；Q_{st} 为供给的数量；ΔQ_{st} 为供给的变动量；P_t 为供给的价格；ΔP_t 为价格的变动量。

从上式可知，供给弹性通常为正值，因为价格与供给量呈同方向变动，即二者是正比关系。同时，供给的价格弹性有大有小，大体可区分为以下五种情况：①$\sigma = 0$，价格的任何变动都不会引起商品供给量的变动，即供给完全无弹性；②$0 < \sigma < 1$，供给量的变动幅度小于价格的变动幅度，供给量对价格的变动反应迟钝，即供给的价格弹性小，或缺乏弹性；③$\sigma = 1$，供给量与价格成比例地同方向变化，即所谓的单位弹性；④$1 < \sigma < +\infty$，供给量的变动幅度大于价格的变动幅度，供给量对价格变动的反应灵敏，即供给的价格弹性大或富于弹性；⑤$\sigma = +\infty$，价格的轻微变动就会导致供给量急剧变动，供给具有完全弹性。

商品供给价格弹性的大小取决于很多因素，在其他情况不变时，主要取决于商品生产过程的特点，如生产周期、生产技术、生产能力、自然条件等。一般来说，生产周期长、生产技术复杂的商品，如大型的成套机器设备，受季节性因素影响大的商品，如农产品，由于其供给不能在短期内迅速增加或迅速减少，其供给的价格弹性就小。反之，生产周期短、生产技术简单的商品，如日用工业品，其供给的价格弹性就大。此外，商品的库存水平和生产潜力，政府对出口所采取的政策措施、生产者对市场的预期以及所有价格以外影响供给量的因素，都会影响生产者对供给量的调整速度，决定商品的供给弹性。

第二节　世界商品市场的需求分析

一、价格对商品需求的影响：需求规律

商品的需求，是指在某一特定时期内消费者在各种可能的价格下愿意并且能够购买的该商品的数量。通常把某一特定价格下消费者愿意并且能够购买的商品数量简称为该价格下的需求量。在世界市场上，商品的需求是指在某一特定时期内，在一定价格水平上进口商愿意并有能力进口的商品数量。

商品需求的数量同样与价格相关。在其他条件不变的情况下，当某种商品的价格上涨时，消费者愿意并能够购买的商品数量会减少；相反，当商品价格下降时，用同样的钱就可以买到更多的商品，商品的需求将会上升。因此，在一般情况下，商品的需求量随市场价格的上升而减少，随市场价格的下降而增加，这就是需求的基本规律。需求量 Q 与价格 P 之间这种反向变动关系，可以反映为如图8-3所示的需求曲线 D。

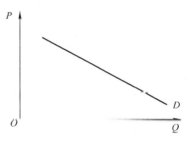

图8-3　商品的需求曲线

商品的需求对市场价格变化的反应也存在一些例外。在特殊情况下，需求和价格可能出现同向变动。例如，在日常生活中，消费者出于炫耀等因素的考虑，对某些商品的购买量会随着价格的上升而增加。另外，有时出于对未来的预期，当价格上升时，购买者预计未来的价格会进一步上升，在这种情况下，购买者也许会增加购买量，避免在价格上升后蒙受损失。相反，当市场价格下跌时，如果购买者预计价格会进一步下跌，他会减少购买量，可能还会抛售一些手中的商品。人们常说的"买涨不买跌"反映的正是这样一种现象。不过，上述例外情况具有非典型性和暂时性，从总体和长期来看，需求与价格呈反向变动关系。

二、影响需求的其他因素

与供给分析一样，在需求规律的分析中，同样隐含着"除了商品自身的价格，影响需求量的其他因素保持不变"的假定。事实上，除了在上文中列举过的影响消费继而影响需求的基本因素外，还有如下一些因素对需求具有影响：

（一）消费者的偏好

偏好是指消费者对某商品的喜好程度，它极大地影响着消费者对该商品的需求。一般而言，在相同的价格水平下，消费者对某商品的偏好越强烈，对该商品的需求量越大；反之，需求量越小。一旦人们形成了某种偏好，即使该商品价格有所上升，需求量也未必减少。在世界市场上，出口商应考虑不同国家消费者的偏好，寻找适销对路的商品。

（二）消费者的收入

这里的收入是指消费者的可支配收入。在通常情况下，收入越高，就越有能力消费更多的商品，对商品的需求量就越大，在国内市场上和世界市场上都是如此。一国的国民收入高，进口能力就强，对世界商品的需求量也就相应较大。另外，收入还会对需求的结构产生影响。消费者收入增加，一般会更加注重产品的质量、款式，会增加对正常品乃至高档品的

需求，而减少对低档品的需求。在世界市场上，国民收入高的国家更能接受较高的价格，进口大量高质量的产品，而国民收入的低国家则主要进口生活必需品。因此，生产企业在调查需求、选择市场时，要考虑目标市场的收入水平，根据该市场收入水平的高低决定向市场投放何种类型的产品。

（三）相关商品价格

某些商品之间存在着密切的关系，我们把这样的商品称为相关商品。相关商品之间的关系主要有两类。一类是替代关系，具有替代关系的商品称为替代品，即两种商品可以相互替代满足同一种需要。例如，咖啡和茶叶、煤炭和石油均可在一定的消费领域相互替代。另一类是补充关系，具有补充关系的商品称为补充品，即两种商品相互补充共同满足同一种需要。例如，汽油和汽车、存储卡和手机就具有这样的关系。对于替代品来说，如果其中一种商品价格上升，消费者将减少对该商品的需求量，转而购买另外一种商品；对于互补品来说，如果其中一种商品价格上升，消费者对该商品与另外一种商品的需求量都将减少。也就是说，替代品的价格变化会引起市场对另一种商品需求的反向变动，而补充品的价格变动会引起市场对另一种商品需求的同向变动。

（四）消费者预期

消费者对未来的预期会影响消费者现期的消费量。如果消费者预期未来商品价格会上升，那么他就会增加对该商品的需求量，特别是那些便于储存的商品。同样，消费者对自身未来收入的预期也会影响对商品的需求。当预期经济不景气，收入下降时，即使当期收入没有变化，人们也会减少现期的消费。

当价格以外影响需求的其他因素发生变动时，会使需求曲线的位置和斜率发生变化。在经济高涨阶段，消费者的收入增加，消费者对商品的需求一般也会增加，结果会使市场价格上升，需求曲线会向右上方移动。如图 8-4 所示，如果危机来临，消费者的收入下降，消费者对商品的需求一般也会减少，从而使需求曲线向左下方移动，导致市场价格下降。当存在具有较高替代性的商品时，一种商品价格上升时，市场对该商品需求的下降更为剧烈，需求曲线会变得更为平缓。

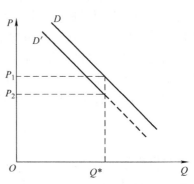

图 8-4　商品需求曲线的移动

三、需求的价格弹性

需求的价格弹性，也称为需求弹性，是衡量价格上升或下降一定比率所引起的需求量增加或减少的比率，即需求量变动对于价格变动的反应程度，用公式表示为

$$\eta_x = \frac{\Delta Q_{dt} \div Q_{dt}}{\Delta P_t \div P_t} = \frac{\Delta Q_{dt}}{\Delta P_t} \times \frac{P_t}{Q_{dt}}$$

式中，η_x 为需求的价格弹性；Q_{dt} 为需求的数量；ΔQ_{dt} 为需求的变动量；P_t 为价格；ΔP_t 为价格的变动量。

由于价格与需求量呈反向变动，所以需求弹性值本应为负，但在实际中我们常以绝对值来表示某种或某类商品需求价格弹性的大小，这样需求的价格弹性的取值范围在 0 到 $+\infty$ 之间，大体可区分为以下五种情况：①$\eta_x = 0$，价格的任何变动都不会引起商品需求量的变动，即需求完全无弹性；②$0 < \eta_x < 1$，需求量的变动幅度小于价格的变动幅度，需求量对价格的变动反应迟钝，即需求的价格弹性小，或缺乏弹性；③$\eta_x = 1$，需求量与价格成比例地反方向变化，即所谓的单位弹性；④$1 < \eta_x < +\infty$，需求量的变动幅度大于价格的变动幅度，需求量对价格变动的反应灵敏，即需求的价格弹性大或富于弹性；⑤$\eta_x = +\infty$，价格的轻微变动就会导致需求量急剧变动，需求具有完全弹性。

商品需求价格弹性大小首先取决于商品在人们生活中的地位和作用。一般来说，凡生活中不可或缺或经常使用的必需品，如粮食、蔬菜、日用工业品等，需求的价格弹性比较小，而奢侈品、可有可无或偶尔使用的商品，需求的价格弹性就比较大。除此以外，商品的可替代性、对商品的消费支出在总支出中所占的比重也会影响需求价格弹性的大小。一种商品的替代品越多，相近程度越高，或者在该商品上的支出在总支出中所占的比重越大，该商品的需求价格弹性就越大。

需求价格弹性是制定营销决策的一个重要的参考指标。对于富有弹性的商品，出口时适当降低价格能够使出口数量大幅度增加，实现薄利多销；而对于缺乏弹性的商品，一般不能通过降低价格来增加出口数量，反而是维持较高的市场价格有利于出口收入的增加，甚至适当提高价格也不全于丧失市场。在面对两个分隔的、具有不同弹性的市场时，出口商品的价格水平也应有所区别。在需求弹性较小的市场上可采用较高的价格，而在需求弹性较大的市场上可采用较低的价格。

四、需求的交叉弹性和收入弹性

弹性除了可以用来分析价格变动对需求量变动的影响，还可以分析相关产品价格变动或是收入变动对一种商品需求量带来的影响。其中，衡量一种商品价格的变动对另一种商品需求量变动影响程度的指标称为需求的交叉弹性，而衡量需求量变动对收入变动反应程度的指标被称为需求的收入弹性。

交叉弹性反映商品的关系，交叉弹性如果为正值，表明两种商品为替代关系；交叉弹性如果为负值，表明两种商品为互补关系。交叉弹性越大，说明商品间的关系越紧密；交叉弹性越是趋于零，商品间的关系越松散。

由于随着收入的增加，人们对正常商品的需求通常也会增加，所以需求的收入弹性为正值。但是，一般而言，生活必需品需求收入弹性小，而高档品、奢侈品需求收入弹性大。随着收入的增加，在新增收入中，生活必需品的支出比重会逐渐减少，而高档消费品的支出比重会有所增加。收入弹性对于研究消费结构具有重要的参考价值。

【关键词】

世界市场供给　世界市场需求　供给规律　需求规律　供给的价格弹性　需求的价格弹性
需求的交叉弹性　需求的收入弹性

【拓展阅读】

［1］杨逢华，林桂军. 世界市场行情［M］. 北京：中国人民大学出版社，2006.
［2］赵春明. 世界市场行情新编［M］. 2 版. 北京：机械工业出版社，2016.

［3］高鸿业．西方经济学［M］．北京：中国人民大学出版社，2007.

［4］《西方经济学》编写组．西方经济学：精编本［M］．北京：高等教育出版社，2013.

［5］滕泰，羿伟强，赵虹，等．全球大宗商品供求价格弹性分析［J］．世界经济研究，2006（6）：59－64.

【复习思考题】

1. 试述商品的供给规律与需求规律。

2. 画图分析自然灾害如何影响粮食市场供给曲线的位置，进而导致供给量和价格的变动。

3. 列举价格以外影响供求的主要因素及其对供求的影响。

4. 根据表8-1所列数据计算石油的供给价格弹性与需求价格弹性并分析其弹性特征与成因。

表 8-1　世界石油供给量、需求量、价格表

年份	需求量（千桶）	供给量（千桶）	价格（美元）
1995	25311226	24517105	17.01
1996	25867247	25162108	20.66
1997	26566867	25976928	19.09
1998	26729529	26490950	12.71
1999	27319283	26039782	17.97
2000	27649218	26982018	28.49
2001	27832061	26937907	24.44
2002	28121619	26799634	25.02
2003	28577132	27739577	28.83
2004	29476335	28893574	38.265

（数据来源：转引自滕泰，羿伟强，杨东华．全球大宗商品供求价格弹性分析，世界经济研究，2006（6）：59－64.）

注：表中价格数据为当年价格水平，未做调整。

5. 试述影响需求价格弹性大小的主要因素，分析如何根据需求价格弹性制定商品的价格。

6. 应用交叉弹性分析石油价格变动对世界汽车市场需求的影响。

第九章

世界商品市场价格分析

【导读】

在世界商品市场行情研究中，世界商品市场价格研究占有重要的地位。世界商品市场价格是指在国际贸易中被广泛接受的、具有代表性的商品价格形式，主要包括成交价格、交易所价格、拍卖价格、开标价格及参考价格。尽管世界商品市场价格构成的内容比国内商品市场价格相对复杂，但仍然是由生产成本、流通费用、税金和利润构成的，这四种因素中的任一因素都影响着商品的价格竞争力。为了说明商品的价格构成和划清买卖双方各自承担的责任、费用、风险以及货物所有权转移的界限，在长期的实践中逐渐形成各种价格术语。世界商品市场价格是商品国际价值的货币表现，但世界商品市场价格通常并不等于国际价值，而是受供求关系作用，常常偏离价值并呈现不规则的波动。货币因素、市场结构、经济周期、国家政策、国际商品协定、投机活动等都会对世界商品市场价格产生影响。

【学习重点】

1. 世界商品市场价格的含义与种类
2. 国际价值与世界商品市场价格的关系
3. 供求变化与世界商品市场价格的关系
4. 货币因素与世界商品市场价格的关系
5. 垄断、竞争与世界商品市场价格的关系
6. 经济周期与世界商品市场价格的关系
7. 影响世界商品市场价格的主要因素

价格是商品的供求以及影响供求的各种因素的集中反映，是行情变动的重要表现，又是反映行情变动的重要指标。因此，在世界商品市场行情研究中，世界商品市场价格研究占有重要的地位。世界商品市场并不是国内商品市场的简单延伸，世界商品市场价格有特定的含义，其影响因素也更为多样和复杂。考察世界商品市场价格的形成、变化及规律性，需要把握主要的影响因素。

第一节　世界商品市场价格概述

一、世界商品市场价格的含义

在国际贸易中，商品价格多种多样，并非每一种贸易价格都是世界商品市场价格，只有

在国际贸易中被广泛接受的、具有代表性的商品价格形式才被称作世界商品市场价格，或国际市场价格。具体而言，具有代表性的世界商品市场价格应符合以下三点基本要求：

第一，这种价格是在国际贸易中心市场上经常使用的、商业性的、大宗的出口和进口交易的价格，或者是由主要出口国形成的出口价格和主要进口国形成的进口价格。

第二，这种价格一般是使用可自由兑换的货币支付的。

第三，这种价格系进出口业务互不关联的普通商业合同的成交价格。

从理论上说，世界商品市场价格是商品国际价值的货币表现，但世界商品市场价格通常并不等于国际价值，而是受供求关系的影响，常常偏离价值并呈现不规则的波动。货币因素、市场结构、经济周期、国家政策、国际商品协定、投机活动等都会对世界商品市场价格产生影响。

二、世界商品市场价格的种类

在国际贸易中，我们经常遇到的并具有参考意义的世界商品市场价格主要有以下五种。

（一）成交价格

成交价格是指人们在日常交易中达成的合同价格，它能够迅速而确切地反映世界商品市场价格的动态和水平，是一种最重要的行情指标。不过，这一价格通常只有买主和卖主掌握，外界较难获取，仅个别交易在报刊上有所透露。成交价格除了反映一般行情变化外，有时还反映某些特别的交易条件，如商品品质、支付条件、交易双方的业务关系及成交额的大小。

（二）交易所价格

交易所是一种有组织的市场，由会员组成，只有正式会员才能进入交易所大厅买卖。在商品交易所成交的价格称为交易所价格，是通过公开竞争形成的一种具有代表性的世界商品市场价格。影响交易所价格的因素有很多，主要是商品供求关系的变化，此外还包括垄断、投机等因素。

交易所价格包括现货价格和期货价格。现货价格是指交易成交后，买卖双方发生实际商品的交割，卖主应按时交货的合同价格。期货价格是指交易成立后，买卖双方约定在一定日期进行交割的价格。在价格趋涨时，期货价格高于现货价格；在价格趋跌时，期货价格低于现货价格。在正常情况下，由于期货要负担较多的仓储费、保险费和利息，其价格一般比现货价格高。

许多大宗初级产品的交易是通过交易所进行的，因此，交易所价格是不少商品交易的主要依据。例如，铜、铅、锌、锡等金属交易可以参照伦敦金属交易所的价格，天然橡胶可参照新加坡商品交易所的价格，玉米、燕麦等谷物产品可参照芝加哥商品交易所的价格。

【知识窗】期货交易

期货交易是按契约中时间、地点和数量对特定商品进行远期（三个月、半年、一年等）交割的交易方式，最大特点为成交与交割不同步，是在成交的一定时期后再进行交割。期货交易的诞生是以1898年美国成立芝加哥奶油和蛋商会为标志，当时进行期货交易的商品基本是农产品。此后商会改名为芝加哥商品交易所，进行期货交易的商品越来越多，一些国家将股票、债券、外汇等金融产品也加入期货交易行列。

（三）拍卖价格

拍卖是商品交易的一种方式，以拍卖方式出售商品所形成的价格就是拍卖价格。拍卖的主要商品包括：毛皮、原毛、鬃毛、茶叶、烟草、蔬菜、水果、花卉、观赏鱼类、热带木材等。有的拍卖市场在销售地，如伦敦有茶叶和猪鬃等的拍卖市场；有的拍卖市场在产地，如澳大利亚的羊毛拍卖市场，印度、斯里兰卡、东非各产茶国的茶叶拍卖市场。许多国家通过拍卖推销某种产品，如印度约80%的茶叶出口，澳大利亚和新西兰约90%～95%的原毛出口都是通过拍卖进行推销的。

拍卖价格是一种通过公开竞争形成的实际成交价格，并且是现货价格，能够反映某些商品的市场行情变化和价格水平。

（四）开标价格

某一国家或大企业为购进大批物资，有时以公告方式向世界承销商招标，从中选择最有利的投标人并与之开展交易。这种通过招标进行交易时达成的价格即为开标价格。招标和投标既用于承包工程，又用于商品交易，摩洛哥的茶出口、印度的烧碱出口、东南亚某些国家购买化肥等都采用这种方式。通常，由于参加投标者众多，竞争性强，开标价格往往低于一般成交价格。因此，招标方式有利于降低采购成本，提高资金使用效率。不过，这种价格并不是很常见。

（五）参考价格

参考价格是指经常在各种期刊、价目表上公布的商品价格，以及交易时一方提出的报价。这种价格不是实际成交价，欺骗性较大，通常不能真实地反映行情的变化，只能起参考作用。在交易中根据行情变化对参考价格进行加价或折价，才能得出实际成交价格的水平。尽管参考价格与实际成交价格出入较大，但实际成交价格总体上是围绕着参考价格波动的。

在外贸业务中，及时捕捉上述各类价格信息，对于做好出口定价工作是十分重要的。国外一些大的信息机构都有当前主要交易市场价格和成交量的及时报道，如路透社以电传方式及时公布世界主要交易中心的价格情况，并定期对北美市场、伦敦商品交易所和其他市场价格进行分析。此外，美国的《华尔街日报》、英国的《金融时报》等也定期、不定期地以新闻报道的方式介绍和分析当前市场的发展变化。随着网络技术和电子商务的不断发展，人们更是能方便、快捷地获得各大交易所行情变动的情况。

三、世界商品市场价格的构成

世界商品市场价格的构成比国内市场价格的构成要复杂，这是由国际交换的特点所决定的。在国际贸易中，买卖双方的空间距离通常更为遥远，货物从卖方到买方，往往需要经过长途运输、多次装卸和储存，涉及报关纳税等复杂的手续，可能遭受各种损失和风险，由此产生运费、装卸费、保险费、仓储费、税费及各杂项费用，因此，为了说明商品的价格构成和划清买卖双方各自承担的责任、费用、风险以及货物所有权转移的界限，在长期的实践中逐渐形成各种价格术语，常用的如 FOB、CFR、CIF 等。

尽管世界商品市场价格构成的内容比国内市场价格相对复杂，但仍然是由生产成本、流通费用、税金和利润构成的，这四种因素中的任一因素都影响着商品价格的竞争力。

第二节　国际价值与世界商品市场价格

根据马克思主义基本原理，商品价格是商品价值的货币表现，而商品的价值量及其交换尺度是由生产这种商品需要的社会必要劳动时间决定的。国内商品价格取决于国内生产价值或国别价值，而世界商品市场价格是由其国际价值或国际生产价格决定的，国际价值取决于国际社会生产相应商品所需的必要劳动时间。这里的劳动是所有参与相应商品出口国家视为标准的那种劳动，即这些国家平均熟练程度和强度下的劳动。

由于参与出口的国家在劳动的熟练程度与强度上并非一致，这些国家生产同种商品的社会必要劳动时间以及由此决定的国别价值也就存在差异。同时，各出口国出口的数量也是不等的，其对国际市场的贡献或影响程度各不相同。因此，生产某种商品的国际价值量并不是参加贸易的国家劳动消耗的简单平均，而是与出口国在世界市场上的供给量密切相关的一种加权平均。其计算公式为

$$V_W = \sum_{i=1}^{n} q_i v_i$$

式中，V_W 为生产某种商品的国际价值；q_i 和 v_i 分别为个别国家在世界市场上的市场份额与生产该种商品的劳动消耗量；n 为世界市场提供某种商品的国家总数。

由以上公式可知，一个国家在世界市场上占有的份额越大，其国别价值对国际价值的贡献率就越大。如果一国生产和出口的某种产品在国际上占有垄断地位，该商品在垄断国的国别价值就会接近于其国际价值。贸易参与国在世界市场上的竞争能力或地位是由其商品的国别价值与国际价值的差值决定的。一国的国别价值越低于国际价值，其产品在国际市场上就越具有竞争力，参与世界市场获得的利益也就越大；反之，若一国的国别价值高于国际价值，其产品在国际市场上的竞争力就弱，该国在世界市场上的获利就小。

第三节　商品供求关系与世界商品市场价格

价值规律表明，商品的价格取决于商品的价值，但现实的商品价格并不是稳定地等于商品的价值，而是经常背离商品的价值，围绕价值上下波动。这种波动正是商品供求关系变动的结果。国际市场价格随着供求关系的变化而变化，但是这种变化是围绕国际价值或国际生产价格进行的。

一、商品市场价格的变动：供求规律

价格是影响供给和需求的重要变量，反过来，在充分竞争的市场上，供给和需求的变动又是引起价格变动的基本因素。当然，无论供给还是需求，都无法单独决定价格，价格是由供求关系所决定的。

所谓供求关系，是指一定时期某种商品供给数量与需求数量的对比关系，这种关系一般有三种情况，即供大于求、供求平衡或供不应求。不同的供求对比与价格的关系，如图9-1所示。

在图9-1中，纵轴表示价格，横轴表示数量，S 为供给曲线，D 为需求曲线。如前所述，供给与价格为同向变动关系，供给曲线向右上方倾斜，供给数量随价格的升降而增减；需求与价格为反向变动关系，需求曲线向右下方倾斜，需求数量随价格的上升而减少，随价格的下降而增加。由于这两条曲线倾斜的方向相反，因此形成了一个交点，即图中的 E 点，该点称为均衡点。在该点，供求数量刚好相等，即供求平衡。E 点对应的价格水平为 P_e，

该价格为均衡价格。如果价格高于 P_e，例如价格在 P_1 水平上，供给方愿意向市场提供的数量 P_1S_1 大于购买者愿意购买的数量 P_1D_1，即供大于求。在这种情况下，卖方之间的竞争压力会使价格逐渐下降，直到供求平衡。如果价格低于 P_e，例如价格在 P_2 水平上，购买方愿意购买的数量 P_2D_2 大于供给方愿意提供的数量 P_2S_2，即供不应求。在这种情况下，买方之间的竞争压力将使价格上升，直到供求平衡。

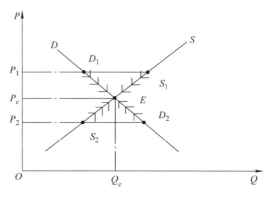

图 9-1　价格与供求关系

可见，供求关系决定了价格的变动，而价格的变动又使供给和需求相互适应，供给、需求与价格之间相互作用、相互影响。

二、供求变化引起价格变化的具体表现

供给和需求经常发生变化，这种变化有时是单独发生的，有时会同时发生，无论哪种情况，都会引起供求关系的变动，并导致价格随之变化。具体来看，大体有以下几种表现：

（一）供给不变，市场需求上涨，商品价格趋升

在市场需求扩大时，如果供给保持不变，出现供不应求的趋势，商品变得相对短缺，引起价格上涨。之后，价格机制又会反作用于供求，上涨的价格会刺激企业增加生产，推动供给增加。

（二）供给不变，市场需求萎缩，商品价格趋跌

在市场需求萎缩时，如果供给保持不变，出现供大于求的趋势，商品变得相对过剩，引起价格下跌。之后，价格机制反作用于供求，下跌的价格会导致企业减少生产，使供给下降。

（三）需求不变，市场供给增加，商品价格趋跌

在市场投放的商品增多，而需求不变时，出现供过于求的趋势，商品变得相对过剩，引起价格下跌。之后，价格机制反作用于供求，下跌的价格会刺激消费者购买商品，诱发需求增加。

（四）需求不变，市场供给减少，商品价格趋升

在市场投放的商品减少，而需求不变时，出现供不应求的趋势，商品变得相对不足，引起价格上升。之后，价格机制反作用于供求，上升的价格会使消费者减少购买，导致需求减少。

（五）需求扩大，供给同时缩减，价格急剧上升

供给和需求同时发生变化，需求扩大使价格上升，供给缩减也起到同样的作用。结果，两种力量共同作用，导致价格大幅度上升。

【阅读资料】

自 2006 年 9 月始，特别是从 2007 年以来，世界主要粮食品种价格飙涨：小麦价格飞涨112.0%；玉米猛增47.3%；大米上扬3.1%。小麦和玉米的价格达到近 10 年来的最高价

位。有观察家警告，在今后一二年内，全球仍可能面临"粮食价格上涨"的严峻形势。

全球粮价上涨的主要原因何在？从客观事实分析，这一轮全球粮价上涨的实际原因主要包括以下五条：

一是全球粮食总产量因严重自然灾害而降低。近年来，全球气候异常，灾害严重：反常的炎热导致美国农业蒙受损失，牲畜出栏率降低；百年一遇的酷旱沉重打击了澳大利亚的农业和粮食生产；恶劣的气候使欧洲小麦主产区遭受灾难性损失。严重自然灾害频发给世界粮食生产造成巨大损失。引人瞩目的是，近年来世界粮食主要出口国减产量更多。

二是全球粮食消费量因经济复苏而增加。随着全球经济复苏、世界人口增加，各国GDP增长和居民收入提高，民众有能力消费更多的粮食和食用植物油。许多国家和地区对肉、蛋、奶、鱼等动物蛋白食品消费量快速增长，从而导致消耗更多的饲料粮。据联合国粮农组织（FAO）发布的数据，2006年，世界谷物消费总量增长到20.43亿t。另据世界银行的报告，石油输出国组织（OPEC）国家的粮食消费从2005年到2006年增长了17%，撒哈拉以南非洲国家粮食消费增长了25%左右。这使世界粮食市场压力增大。

三是燃料乙醇异军突起消耗大批粮食资源。出于应对"石油价格暴涨"和保护生态环境的战略目标，替代性生物清洁能源备受青睐。燃料乙醇是生物清洁能源的一大品种，一些国家利用大量玉米等粮食生产燃料乙醇。作为世界最大玉米生产国和消费国的美国，采取大幅度补贴政策，大大刺激了玉米燃料乙醇生产的突飞猛进，目前玉米燃料乙醇占美燃料乙醇总量的90%上下。2007年，美国用于生产燃料乙醇的玉米，相当于美国玉米总产量的27%。按照美国总统布什最近签署的《新能源法案》，美国将大幅度增加生物能源的使用量，到2022年将达到360亿加仑（1加仑=3.785L）。如果玉米产量没有大幅度增长，"汽车"与"人"争粮的矛盾将愈演愈烈。"汽车"大量夺走了"人"的粮食，必然导致粮食消费结构发生变化，促使世界市场粮食价格上涨。

四是生物柴油迅猛发展消耗了大量植物油资源。生物柴油是生物清洁能源的另一大品种。欧盟是利用菜籽油、大豆油等作为原料生产和消费生物柴油的主要地区。在欧盟生产生物柴油消耗的主要原料中，菜籽油占总消费量的比重高达60%以上；其次是大豆油、葵花籽油、棕榈油和动物脂肪等。由于欧盟各成员国对生物柴油生产的投资迅速增加，因而生产能力迅猛扩大。从生物柴油的消费量看，欧盟也明显增长：2005年为303万t；2006年为544万t；2007年为690万t；2008年将达到1154万t。各种机械"喝了大量生物柴油"，意味着供应市场的、人吃的植物油大量减少。这自然会导致植物油料供应紧张。

五是全球粮食储备量猛降。一方面，全球粮食总产量下降；另一方面，粮食消费量增长。两种相反的作用必然导致全球粮食储备量下降。2006年，全球粮食总储备量下降到3.75亿t，比上年下降16.2%；粮食期末库存只占当年总产量的17.1%，占当年总消费量的16.5%，低于FAO确定的世界粮食安全线。迄今，全球粮食储备量已减少到30年来的最低水平，给世界粮食安全笼罩上阴影。

【节选自：丁声俊．世界粮价飙涨五大成因．人民日报（海外版），2008-04-02.】

（六）需求下降，供给同时增加，价格急剧下跌

需求下降使价格下跌，此时如果供给还在增加，过剩商品就会迅速增加，使价格出现大幅度下跌。

三、世界市场上的供求关系

世界市场上的供给是指在某一特定时期内，在一定价格水平上出口商愿意并能够向世界市场提供的商品数量，而需求则是指在该特定时期和价格水平上进口商愿意并有能力进口的商品数量。世界市场上的供求关系是一定时期世界市场上某种商品的供给数量与需求数量的对比关系。当某种商品在世界市场上畅销时，这种商品多处于供不应求的状态；而当某种商品在世界市场上滞销时，这种商品多处于供过于求的状态。

在世界市场上，供求同样是引起价格变化的基本因素，但相较于国内市场，影响世界市场供求的因素更复杂，各国对进出口的干预、主要进出口国家国内供求条件的变化，都会使世界供求关系发生变化，从而使世界商品市场价格变动远比国内市场价格更加复杂。

第四节　货币因素与世界商品市场价格

商品的价格是价值的货币表现，因此它不仅受商品因素自身的影响，也受货币因素的影响。正如马克思所指出的：商品价格，只有在货币价值不变、商品价值提高时，或在商品价值不变、货币价值降低时，才会普遍提高。反之，商品价格，只有在货币价值不变、商品价值降低时，或在商品价值不变、货币价值提高时，才会普遍降低。[一]也就是说，货币价值和商品价格呈反比例关系。在世界市场上，通货膨胀和汇率影响货币的价值，进而对商品价格产生影响。

一、通货膨胀引起商品价格上涨

金本位制度崩溃后，纸币发行失去了黄金的约束，使通货膨胀成为可能。当纸币的发行量超过商品流通所需要的黄金，就会引起货币贬值和物价的上涨。20世纪60年代前后，通货膨胀成为西方国家普遍关注的严重经济问题，而1973年和1979年的两次石油危机更是使这些国家的通货膨胀形势急剧恶化。从1979年到1981年，西方发达国家的平均通货膨胀率分别为10.4%、13.5%和10.8%。此后，西方国家的通货膨胀率开始回落。1986年，平均通货膨胀率降到3%的低水平。然而，1989年许多西方国家的通货膨胀率再次明显上升。1989年和1990年美国的通货膨胀率分别为4.8%和5.4%，英国则分别为7.8%和9.5%。对此，西方国家政府采取紧缩政策，通货膨胀率开始回落[二]。2001年以来，西方国家经济增长与物价水平保持了基本一致的趋势。比较而言，低收入国家的通货膨胀更为严重，1970年—2010年的41年间，高收入国家的通胀率为5.19%，而低收入国家的通胀率则为9.06%，后者是前者的1.74倍[三]。

第二次世界大战后通货膨胀的发展状况表明，国内通货膨胀往往会转化为世界性的通货膨胀，带来世界价格水平的上升。1950年—1980年，世界初级产品（不包括石油）出口价格增长了2.17倍，制成品出口价格增长了3.27倍。究其原因，一是随着国际贸易的发展与

○ 中共中央马克思恩格斯列宁斯大林著作编译局. 马克思恩格斯全集：第43卷. 北京：人民出版社，2016.

○ 余永定. 西方发达国家的通货膨胀及其治理. 求是，1995（17）：41-43.

○ 左新文，马友强. 通货膨胀治理比较及启示. 中国发展观察，2013（1）：22-24.

自由化水平的提高，国内市场与国际市场联系日益紧密、相互作用，国内通货膨胀导致国内价格上涨，提高了出口产品的成本，降低了本国产品在世界市场上的竞争力，从而造成对外收支逆差。由于外汇收入减少，使货币的对内贬值发展为对外贬值，从而引起世界价格的上涨。二是在国际贸易中，美元、欧元、日元等是主要的结算货币，发行这些货币的国家和地区出现通货膨胀，意味着世界货币的贬值，必然引起世界价格的上涨。

不难看出，在国内通货膨胀向世界通货膨胀转化并最终影响世界价格的过程中，汇率是一个重要的影响因素。

二、汇率影响通货膨胀的转化与世界商品市场价格

汇率是两国货币的比价，按照汇率决定方式，国际汇率制度可划分为固定汇率制、浮动汇率制和有管理的浮动汇率制。第二次世界大战结束后到20世纪70年代初，随着布雷顿森林体系的形成，实行的是固定汇率制。1973年春，主要发达国家先后放弃了固定汇率制而实行浮动汇率制，这其中，有些国家是自由浮动，有些国家的汇率盯住某种货币或一篮子货币，还有些国家对汇率实行有管理的浮动。

汇率是国内价格与世界价格联系的桥梁，不同的汇率制度对通货膨胀从国内到世界的转化，以及世界价格的变动产生的影响有所不同。

（一）固定汇率制

在固定汇率制下，由于各国货币间的汇率基本固定，某国国内的通货膨胀会通过影响进出口数量而影响世界价格，其影响机理为：某国国内发生通货膨胀，商品价格上涨，此时，如果汇率保持不变，该商品国外价格会相对下降，该国将减少出口或增加进口，引起国外市场供求失衡，价格上升。但是，这种变动是否发生，还取决于相应产品在国际市场上供给价格弹性和需求价格弹性的大小。如果该商品的供给价格弹性很大，价格上涨会使世界供给迅速扩大，从而对世界价格形成打压；若该商品在世界市场上的需求弹性也很大，则价格上涨还会造成该商品的世界进口量大幅减少，从而进一步抑制世界价格的上涨。

（二）浮动汇率制

在浮动汇率制下，当一国发生通货膨胀时，国内价格上升，将会使出口数量下降，在进出口对汇率的自动调节下，将导致外币供应减少，引起外币汇价升高，本币汇价降低。也就是说，一国货币的对内贬值必然会造成其对外贬值。本币的贬值又会刺激出口增加，在一定程度上缓解因国内通货膨胀导致的出口数量减少，从而抑制国内通货膨胀向世界的传递。这样一来，浮动汇率成为一国国内通货膨胀向世界传递时的障碍或"缓冲器"，弱化了一国国内通货膨胀对世界商品市场供求乃至世界价格的影响。

需要说明的是，以上情况针对的是世界市场上的主要进出口国家，只有这些国家的通货膨胀和汇率的变化才会影响世界商品市场价格。例如，世界上出口铁矿石最多的国家是澳大利亚和巴西，以澳大利亚为例，当澳元趋向于升值时，会显著提高矿山的采矿成本，以美元计价的铁矿石价格自然也将上涨；当澳元趋向于贬值时，情况则正好相反。从数据上看，铁矿石价格走势和澳元汇率成较强的正相关关系，相关度超过80%。巴西币值的影响与此类似。对于那些在世界市场上非主要的国家，即其商品进出口在世界市场上比重很小，不足以影响世界市场供求的国家，即便其国内价格的变动影响了本国的进出口关系，也不会对世界商品市场价格造成实质性影响。另外，如果主要进出口国家同时是自由外汇国家，当这些国

家发生通货膨胀时，由于世界商品市场价格通常是以其本币表示的，其国内的通货膨胀会直接造成世界商品市场价格的上涨。在初级产品市场上，大多数商品都是以美元标价的，所以美元汇率的波动一般会引发世界商品市场上初级产品价格的波动。

【知识窗】自由外汇

　　自由外汇又称"自由兑换外汇""现汇"，是指不需要外汇管理当局批准可以自由兑换成其他国家货币，或者是可以向第三者办理支付的外国货币及支付手段。世界上有 50 多种货币是可自由兑换货币，其中主要有美元、英镑、欧元、日元、瑞士法郎、澳大利亚元、新西兰元等货币，以及用这些货币表示的汇票、支票、股票、债券等支付凭证和信用凭证。

【阅读资料】

　　2001 年以来，美元与油价之间反向关系明显增强。2001 年 1 月至 2002 年 1 月，美元从 111.2 上升到 115.7，油价从 29.3 美元下降到 19.7 美元；2002 年 2 月到 2008 年 6 月，美元从 116.6 下降到 87.9，油价从 20.8 美元上升到 134 美元；2008 年 7 月至 2009 年 2 月，美元从 87.3 上升到 101.1，油价从 133.5 美元下降到 39.3 美元；2009 年 3 月至 2010 年 9 月，美元从 101.8 下降到 91，油价从 48.1 美元上升到 75.6 美元；可见，2001 年后美元与油价有十分显著的反向关系，美元跌，则油价涨；美元涨，则油价跌。

　　【节选自：熊义明，潘英丽. 美元影响油价的国际货币职能视角. 上海金融，2011（10）：9 – 14.】

三、货币因素对世界商品市场价格影响的程度

　　各个国家通货膨胀过程的不平衡及各类产品在国际分工中地位的不同，决定了商品在各个国家及世界商品市场价格涨幅的不同。在维持原来的汇率的情况下，如果各国普遍发生通货膨胀，并且对各种商品的影响是均衡的，或者各种货币实际贬值时，其汇率也同时下跌，那么通货膨胀的过程并不影响世界价格，这只意味着全世界价格的普遍变动。另外，通货膨胀对物价的影响经常和其他因素的作用交织在一起。当货币因素和非货币因素作用的方向一致时，物价会急剧上涨。例如，20 世纪 70 年代末，一方面西方发达国家通货膨胀严重，另一方面世界第二大石油出口国伊朗的政局发生剧烈变化，两伊战争爆发，全球石油产量受到影响，从每天 580 万桶骤降到 100 万桶以下。两种因素叠加，油价在 1979 年开始暴涨，从每桶 13 美元猛增至 1980 年的 34 美元。相反，如果两种因素作用方向不一致，它们彼此在一定程度上可以相互抵消。在某些条件下，尽管发生了通货膨胀和货币贬值，如果非货币因素的作用是主要的，那么商品价格也可能下跌。

第五节　其他因素与世界商品市场价格

一、市场结构与世界商品市场价格

　　市场结构是指市场的组织特征，它取决于市场上买主与卖主的数量和规模、彼此之间的合作程度以及产品品质的差别程度等。世界市场结构主要指的是某种商品进出口商的数量，它们之间的合作程度以及在世界市场上所售商品的差异程度等。市场结构大体上可以分为垄断和竞争这两类，如果市场上存在大量的卖主和买主，那么买卖双方都不能获得对市场价格

的控制能力，该市场的垄断程度就比较低，或者是非垄断性的。如果市场上存在大量买主，销售却控制在一个或几个卖主手中，或者市场上卖主虽然较多，但他们采取合作的态度，联合控制商品的生产，或者产品在质量、规格等方面存在差异，都会使卖主具有一定的控制市场价格的能力，这样的市场就是垄断性的。当然，不同的市场结构在现实中并非泾渭分明的，但我们可以判断，某种商品市场更接近了垄断还是竞争，从而把握其价格变动的特点。

（一）垄断与世界商品市场价格

在世界市场上，垄断泛指少数大企业对一个或若干经济部门（产品）的生产或贸易进行控制的行为。商品的垄断程度主要受商品生产和贸易集中程度的影响，集中程度越高，企业数量越少，厂商对市场的垄断程度越高。另外，商品生产技术的复杂程度也影响其垄断程度，生产技术难度越大，局外企业进入的障碍就越大，少数厂商就越容易对生产实施垄断，且垄断一旦形成相对较难被打破。

在世界市场上，生产同类商品的垄断企业常常通过结盟共同采取行动，利用一系列手段对市场进行操纵，具体做法主要包括：

1. 制定统一的垄断价格

这是垄断企业实施垄断权力最常见和最基本的形式，经营者之间通过协议、决议或者协调等串通方式操纵价格。例如，长期以来，淡水河谷、力拓、必和必拓三大矿商对全球优质铁矿石资源形成高度垄断。在铁矿石谈判中，三家卖方立场相对一致，表现出来的默契程度达到一种近似串谋的地步，这大大加大了卖方的谈判砝码，推高了世界铁矿石的价格。以我国为例，2003 年—2010 年期间，铁矿石的进口价格从不足 30 美元/t 一路上涨至 127 美元/t。

【阅读资料】

三大矿与日本钢企达成短期供货协议或致长协价格机制消亡的消息还未获证实，巴西淡水河谷公司却于日前宣布正式放弃遵循了数十年之久的铁矿石年度定价机制，转而采用更为灵活的价格体系。

淡水河谷公司在一份声明中称："这种更灵活的定价机制完全适用于淡水河谷公司在不同地域内针对不同的市场和客户给出相适应的价格。"据悉，巴西当地媒体曾报道称，淡水河谷公司已向客户发出通知说，公司决定从 4 月 1 日起以铁矿石指数定价体系取代每年制定基准价格的模式，新的铁矿石价格上涨幅度超过 100%。

兰格钢铁信息研究中心研究员张琳认为，传统定价机制是建立和发展在相对平稳的市场环境下的，而近年来一些国际大型矿山公司方面对传统定价机制的不满表露得尤为明显，这也是近两年矿山方面不断推崇价格指数的主要原因之一。

"价格指数显然更加有利于矿山操纵矿价，三大矿山凭借自身的垄断能力，可以完全随意操纵进口铁矿石的价格，而最终受损的是全球的钢铁生产企业，特别是中国的钢企受损的力度最大。相关机构统计，中国参与铁矿石谈判以来，国内钢企为铁矿石'不平等条约'多付出 7000 多亿元的代价，如果价格指数推行，由于国内钢企缺乏足够的议价能力，中国钢企将会付出更加惨重的代价。"张琳说。

业内人士认为，指数定价之所以能使三大巨头更好的操控、炒作矿石市场是因为指数定价一旦实施，决定价格的主要因素将不仅仅是宏观济状况、市场供需关系、矿山投资。盈利、运价、汇率、供货规律等因素都会被当作推高矿石价格的手柄。

【节选自：叶勇，阮奇. 矿企拟推指数定价图谋操控铁矿石市场. 上海证券报，2010 - 03 -27.】

2. 限产保价

垄断企业通过对生产量和销售量进行控制，以降低市场供给来实现价格上升的目标。例如，2009 年前后，面对包括中国市场在内的全球需求减少，国际钾肥供应商就纷纷采取了限产保价的做法。当时，白俄罗斯钾肥公司宣布减产 150 万 t，加拿大钾肥公司宣布减产 200 万 t，德国钾肥公司（K+S）则宣布减产 40 万 t。

3. 划分销售市场

垄断同盟通过划分各自的销售区域，互不侵犯，减少内部竞争，以增强彼此的协同性和售价的一致性，从而达到共同获益的目的。

4. 其他手段

垄断企业还经常通过向国外进行直接投资，控制东道国的生产和供给；或者通过购买专利，阻止竞争对手获得先进技术；或以垄断卖方的地位控制需求，压低投入品价格以降低成本等形式，消除竞争威胁，增强和维持制定垄断高价的能力。

为追求利润最大化，垄断企业通常要在限价增产和限产保价之间进行选择，也就是说，垄断企业既可以调整价格，也可以调整产量。这意味着垄断企业能够更好地应对需求的波动，垄断价格比竞争性价格更稳定。至于垄断对世界商品价格的影响程度，则首先受商品生产和销售垄断程度的影响。垄断程度越高，对价格的影响力越大。同时，商品的需求弹性和商品之间的替代程度也影响着垄断对价格的控制力。如果需求弹性很大，垄断就不易人为抬高市场价格，因为这样会使需求量大幅下降，使垄断高价难以维持。另外，商品之间的替代程度也会影响垄断价格，如果市场上存在能够替代垄断商品的相似产品，垄断人为提高价格的能力也会大大降低。

（二）竞争与世界商品市场价格

作为两种不同的市场结构，垄断与竞争处于不断的较量与转化的过程中，旧的竞争局面被打破，新的竞争格局又会形成，这是因为：

首先，垄断不能消除竞争。不同企业以及不同国家对自身利益的追求是竞争得以产生的先决条件。国家和企业的利益冲突并不因垄断而消失，而是会通过竞争的方式表现出来。

其次，在现实市场上，对某种产品生产和销售的独家垄断是很少见的，通常是由几个公司共同对某种产品或某个领域进行垄断，其间有的相互联和形成垄断组织，在这种状况下，实际上仍然存在不同的利益主体。垄断组织内部各成员之间在利益上也常会因市场分配不均而产生各种矛盾，这就为打破垄断、形成新的竞争格局提供了很大的可能。

最后，有垄断，就会存在高额的垄断利润，一方面它使旧的竞争者不甘心被击败而永远退出市场角逐；另一方面它又会诱使新的竞争者加入市场较量中，历史上这样的例子比比皆是。1929 年—1933 年的"大萧条"中，法国水泥卡特尔试图以限制生产来维持水泥的垄断高价，但局外企业趁水泥价高的机会，扩大生产，增加对市场的供应，从而破坏了垄断价格，使法国水泥卡特尔破产。

由此可以看出，即使在垄断的情况下也会有许多竞争因素存在。局外企业的存在就是对垄断者的威胁。当局外企业的力量日益强大时，垄断者的垄断地位就会受到动摇，垄断格局就有可能被打破。因此，垄断与竞争存在着一种辩证关系，竞争的结果产生了垄断，而垄断利润的存在又会促使新的竞争局面不断形成。竞争使原有的垄断价格遭到破坏，各竞争者又会按照新的力量对比，重新确定新的垄断价格。可以说，在世界市场上，竞争无所不在，这种竞争既可以发生于各国厂商之间，也可以出现在经营同类商品的不同垄断组织之间以及国际垄断组织与局外企业之间，甚至垄断组织内部也会发生一定程度上的竞争。

因此，正如前文所指出的，不同的市场结构在现实中并非泾渭分明，某种商品市场通常更接近于垄断或竞争。越是接近于竞争，供求规律的作用越会充分，从而价格的波动就会越大。例如，当经济高涨来临时，市场需求上升，商品价格迅速上调。在市场高价的引诱下，分散的生产者会相继扩大产量，结果往往造成生产过量，价格下跌；而当经济进入危机，市场需求萎缩时，为了保住市场，供给商之间激烈竞争，又会带来市场价格的急剧下跌。

世界市场竞争的类型主要包括以下几种：

1. 按竞争商品的关系可分为直接竞争和间接竞争

直接竞争是指生产同种商品的各国厂商之间的竞争。例如，20世纪60年代到90年代，日美在钢铁、汽车、半导体等诸多领域都发生过"贸易战"，这种竞争就是一种直接竞争。

间接竞争是指某种商品的厂商与其替代性商品的厂商之间的竞争，如煤炭企业与石油企业的竞争，天然橡胶的生产者与合成橡胶生产者之间的竞争。这种竞争是不同产品在性能、价格上的较量，竞争的结果是世界市场上商品结构的不断变化。也就是说，一种商品的价格不仅受到其他厂商生产的同种商品价格的竞争，还面临替代品的竞争威胁。

2. 按竞争手段可分为价格竞争与非价格竞争

价格竞争是指通过直接而公开地变动商品销售价格来提高销售额或出口额，抢夺市场占有份额，借以击败竞争对手。价格竞争的形式主要包括"价格战"和倾销。"价格战"一般是指企业之间通过竞相降低商品的市场价格展开商业竞争的一种行为。倾销是指产品以低于其正常价格的价格出口到另一国家（地区）的行为。

非价格竞争不是以直接变动价格作为竞争手段，而是通过提高产品和包装质量、改善产品性能、增加品种规格、扩大广告宣传、缩短交货期、优化售后服务等途径来提高自己产品的竞争能力。这些做法常常对世界商品市场价格有很大的影响，具有与降价促销类似的效应，因此也可以认为其是一种隐蔽的价格竞争。

3. 按市场地位可分为买方竞争和卖方竞争

买方竞争是指在世界市场上采购同种商品的买主之间的竞争。买方竞争的形成主要是商品短缺造成的，结果是抬高世界市场商品的价格。卖方竞争是指世界市场上生产和销售同一商品的厂商之间的竞争，直接结果是导致商品价格的下降。二次世界大战后，世界经济高速发展，许多制成品市场出现了生产过剩的局面，导致卖方竞争越来越激烈，所以我们一般所说的竞争主要是指卖方竞争。

在现实中，各种竞争方式经常交织在一起，共同作用于价格。

二、经济周期与世界商品市场价格

经济行情的变动是商品行情变动的基础，决定着商品市场行情变动的方向，而经济行情波动本质上又是经济的周期性运行，所以经济周期常常成为影响世界商品市场价格的宏观因素，世界市场上绝大多数商品价格的变化在不同程度上具有周期性。

经济周期之所以影响商品价格，是因为经济的周期性变动会带来供给和需求的变动，而供求变动则直接引起世界商品市场价格的变动。在危机阶段，供给和需求严重失调，生产过剩而消费下降，商品不得不降价；在萧条阶段，由于市场需求不旺，价格走势疲软；到了复苏和高涨阶段，固定资本更新与就业的恢复导致需求急剧扩大，但滞后的商品供给会造成商品市场的短缺，因而促使商品价格上涨。价格上涨刺激生产和供给进一步扩大，从而为新一轮的生产过剩创造了条件。

【阅读资料】

2003 年以来，伴随着美国经济的持续增长，纽约商品交易所 WTI 原油期货价格也持续震荡走高。在增长周期中的几次经济快速上升阶段，原油价格也随之急速上涨。2007 年—2008 年美国经济结束增长周期，进入下行周期。虽然受市场预期等短期因素的影响，原油价格一度冲高至 145 美元/桶，但在经历了短期的震荡之后，原油价格最终受到经济周期的约束，开始急速下跌。2008 年年底 WTI 原油期货价格跌至 58.7 美元/桶，跌幅达 59.5%。2009 年全球金融危机企稳，美国经济逐渐走出衰退，原油价格也随之回暖。2009 年第 3 季度美国 GDP 季环比年率为 2.8%，接近危机前经济增长水平，原油价格也回复至 70 ~ 80 美元/桶区间，与 2007 年第 2、3 季度基本持平。

【节选自：谢洪燕，罗宁. 国际原油价格的阶段特征与趋势分析及对我国的启示. 宏观经济研究，2011（6）：90 – 95 】

虽然大多数商品的价格变化具有周期性，但不同种类的商品在经济周期当中的价格表现并不相同。通常而言，原料价格对经济周期变化比较敏感，在危机时的价格下跌与复苏时的价格上升都较为明显，波动较为剧烈。制成品特别是机器设备，对经济周期变化则反应迟缓，波动的幅度往往也没有原料价格大。以 1984 年为例，从当年第 2 季度开始，西方国家经济增速开始放慢，原料商品价格随之下跌，至当年 12 月，原料商品价格较 3 月大约下跌 18.2%，其中农产品原料价格下跌 21.4%，有色金属价格下跌 15.4%，与之相比，机电产品价格却基本没有变化。之所以如此，原因有四：

一是因为原料的需求弹性和供给弹性一般都比较小，而制成品市场上，需求的变动大多可以通过迅速有效地调整生产能力来适应，更加富有弹性的供需使其价格相对稳定。

二是因为与制成品相比，原料商品生产更分散，垄断性低，根据市场结构与价格关系的分析可知，分散的生产加剧了价格的波动。

三是因为两种商品对周期的时间反应不同。危机来临，生产萎缩，对原料的需求减少，导致原料价格下跌，这种变化直接而迅速；而对制成品来说，其由原料加工而成，由于加工有一定的过程，所以原料价格的下降并不会立即反映在制成品价格上。另外，危机爆发时，虽然市场对设备的需求会下降，但制造厂商手中还有会有一些原有订单，还能把设备价格维持在原有水平上，只有经历相当长的时间，随着危机加深、订单减少，危机才对手头订单、生产水平和价格发生影响。同样，经济复苏时，设备价格的变化也落后于原料价格，这种价格变化的时间差减弱了设备价格的波动幅度。

四是因为原料存货变动更为剧烈。工业生产情况不好，制造商会减少原料存货；若情况好转，又会增加原料存货。因此，进口商对原料的购买虽然以当前实际消费需求为基础，但同时也受到预期的影响。如果进口商预计价格上涨，就会大批购进原料，加剧原料价格上涨；如果进口商预计价格趋跌，则会减少或停止购进原料，使原料价格跌势更猛。相比之下，由于科技发展迅速，制成品面临精神磨损的制约而少有存货，价格也就较少受到存货变动的冲击。

总体而言，经济周期与商品价格的关系在第二次世界大战之前比较显著，第二次世界大战之后，尤其是 20 世纪 60 年代以来，由于世界性通货膨胀现象越来越严重，以及垄断作价的影响，在危机阶段发生了生产停滞与通货膨胀并存的所谓"滞胀"现象，使危机阶段某些商品的价格出现了反常的回升现象。例如，1973 年—1975 年经济危机期间，世界原料出口价格上涨 32.8%，而工业制成品价格上涨了 22%。但是，这种现象的出现并不是经济周期与世界商品市场价格关系的否定，而是这种关系变得更为隐蔽了。一方面，价格周期的变形只是出现在最严重的"滞胀"背景下，而严重的"滞胀"往往是周期性因素与非周期性因素叠加的结果，如 20 世纪 70 年代中期的石油危机对当时商品价格的反常上升具有明显的影响，而这样的历史条件并不具有普遍性，因此，不能由此推断危机时期价格的绝对变化失去了原有的周期性特点。另一方面，即便在经济危机阶段商品价格出现了上涨，但仍然存在相对下降的迹象，其表现是危机阶段价格上涨的幅度和速度都有下降，这说明，价格在危机阶段仍然受到了一定程度的抑制。

三、国家政策与世界商品市场价格

国民经济与世界经济紧密相关，存在较大供给或需求的贸易大国采取的某些政策措施，不仅会影响本国经济，还会对世界市场行情和相应商品的世界市场价格产生重要的影响。例如，实施与产量挂钩的补贴政策会刺激国内生产者扩大产量，这可能改变进出口贸易量和世界剩余供求状况，从而影响国际价格。当年美国国会批准新的《1996 年联邦农业完善和改革法》，就使次年美国农场主播种大豆的面积猛增 10%。作为大豆的主要出口国家，美国的这一政策成为推动当时世界大豆价格大幅走低的因素之一。至于对外经济政策，包括关税政策和形形色色的非关税措施，更是会直接或通过影响贸易量而间接作用于世界商品市场价格。

四、国际商品组织与世界商品市场价格

在世界初级产品市场上，很多国家试图通过协调彼此的行动来控制或稳定世界商品市场价格。简称欧佩克（OPEC）的石油输出国组织和国际商品协定就是这方面的典型。

1960 年，发展中国家的一些主要石油出口国成立了欧佩克。欧佩克成员国通过签订协议，规定各自的石油产量，加强对石油定价和生产的控制，对抗西方国家垄断资本长期压低石油价格的做法。20 世纪 70 年代，欧佩克对石油进行了两次大幅度调价，沉重地打击了西方国家的经济。不过，这并不意味着欧佩克可以完全控制国际油价。实际上，由于高油价的刺激，大量非欧佩克国家（NOPEC，又称独立石油输出国，泛指没有加入欧佩克的石油输出国）涌入国际石油市场，到 20 世纪 80 年代中期，非欧佩克国家的石油市场份额已超过欧佩克国家的石油市场份额，成为欧佩克的有力竞争者。与此同时，石油替代产品的开发与生产，以及欧佩克成员国内部的协调难题，都削弱了欧佩克控制油价的能力。

【阅读资料】

11 月 30 日，石油输出国组织欧佩克（OPEC）在维也纳做出决定，自明年元旦起，将该组织的日产量减少 120 万桶，并限定总产量为每天 3250 万桶。这是 8 年来欧佩克首次就产量封顶达成一致，并且立即提振了油价，布伦特原油价格瞬间暴涨，冲破 50 美元关口。

欧佩克限产保价举措的出台，有望结束持续两年的油价低迷状况，并可能在来年将油价再拉高 50%，达到 75 美元水平。

据报道，根据这次历史性的限产协议，占欧佩克产量 40% 的沙特阿拉伯削减约 50 万桶，将日产量保持在 1006 万桶；伊拉克削减 21 万桶，将日产量压缩到 435.1 万桶；伊朗减产 9 万桶，使总量控制在 397.5 万桶，科威特和阿联酋分别减产 26 万桶，加蓬日减 9000 桶。尼日利亚、利比亚和委内瑞拉因为战乱或经济困难而豁免，印度尼西亚的成员国身份被冻结，其份额由其他 13 个成员瓜分。另外，非欧佩克成员俄罗斯承诺日减 30 万桶，约占非欧佩克产油国产量削减的一半。12 月 6 日，欧佩克将与非欧佩克成员进行磋商，共同维护新达成的限产保价共识。

欧佩克官网称，这次努力旨在平衡原油市场供需，让油价回归适当水平，并对石油领域的投资发挥激励作用。据该组织判断，世界经济 2016 年至 2017 年运行尚好，增速分别可达 2.9% 和 3.1%，因此将石油供应控制在每天 3250 万桶会有效保持市场供需平衡。欧佩克同时决定由各成员国石油部长及该组织秘书长共同组成高级监控委员会，监督限产协议的执行。

这个协议的出台，意味着两年前沙特阿拉伯发起的低油价大战基本结束，而且是以沙特阿拉伯带头大幅度减产妥协为代价。因此，这场"油价战"从某种意义上说，沙特阿拉伯并没有如愿以偿，虽然油价从 2014 年 10 月每桶 116 美元一度跌至 30 美元左右，美国新能源革命的势头并没有因为市场出现原油漫灌而受挫，反倒是沙特阿拉伯自己无力承受持续割肉而挂起免战牌。

沙特阿拉伯的初衷在于，以页岩气为代表的美国新能源革命势头强劲，一旦强大必将冲击传统油气供应格局，进而使沙特阿拉伯无法确保大量出口高价原油而获得丰厚收入，既难以维持长期靠石油收入支撑的高支出高福利体系，又可能导致它的战略资产贬值而被美国抛弃。为了决胜未来，沙特阿拉伯决定用低价扼杀高成本的新能源革命，以便重掌世界能源市场之牛耳。

两年的低油价固然使部分美国新能源企业难以为继而倒闭，但是，更多新能源公司逆境图存求生，经过市场淘汰反而做强做大，不仅页岩气油井开钻数量在增加，部分风能、太阳能、核能企业也在扩大市场份额。相比之下，沙特阿拉伯经济结构过于倚重石油产业，财政平衡过于依赖高油价，两年拼血本式的"油价战"导致财政赤字加剧，投资规模压缩，甚至被迫发行公债，国际信用评级也罕见地被降级。

在沙特阿拉伯苦撑危局之际，美国新当选总统特朗普公布的能源新政计划，成为压垮其"低价战"的最后一根稻草。特朗普宣称将退出《巴黎气候协定》，不再兑现美国公布的节能减排承诺，并在执政后的百日内废除奥巴马遏制燃煤电厂排放限量的法规，加大本土油气资源开发力度，取消石油行业税收和产量上限，并鼓励新能源发展，以便实现美国的能源独立，并为更多产业工人提供岗位。特朗普能源新政意味着将有更多美国能源出现在世界市场，届时，沙特阿拉伯拉回油价会更加困难，及时收手成为摆脱困境的唯一选项。

去年 5 月，沙特宣称取得"油价战"胜利，其实暗示限产保价已具基本条件，但是，产油大户伊朗因过去几年石油出口被压缩到产能的 1/3 而拒绝配合，沙特阿拉伯和俄罗斯也不愿意单独减产而失去市场份额，当年 12 月的欧佩克会议限产努力最终破产。今年 2 月，沙特阿拉伯和俄罗斯同意控制产量，尼日利亚和委内瑞拉因为低油价陷入严重经济和政治危机，但是，由于伊朗产能仍在恢复中，坚称如果不弥补失去的市场份额绝不参与限产行动，欧佩克依然未能达成共识。

过去几个月，围绕限产提价，沙特阿拉伯和伊朗多次交锋，最终以确保后者近400万桶日产量为条件，才取得8年来的欧佩克集体限产。这表明，沙特阿拉伯在保持相对高的市场份额基础上做出了让步。欧佩克达成限产协议，未来半年执行期能否得到有效遵守还是未知数，分析家们预测油价反弹是必然，但市场供大于求的基本面没有发生根本变化，未来还面临着美国日产原油900万桶的出口压力，因此，油价上涨空间并不大，2017年年内突破75美元的可能性并不大。

【节选自：马晓霖. 限产保价：欧佩克八年难得一心. 北京青年报，2016 - 12 - 03. 】

国际商品协定是某些食品或原料生产国（出口国）与消费国（进口国），为稳定价格和保证贸易发展而缔结的政府间的多边贸易协定。该种协定自20世纪20年代就开始广泛存在了，第二次世界大战后，世界市场上先后订立了有关砂糖、可可、天然橡胶、咖啡、锡、小麦等初级产品的国际商品协定。在实践中，国际商品协定通常运用三种做法调节商品的产销，防止价格的剧烈波动：一是建立缓冲存货平抑价格陡变；二是实施出口限额以维持价格；三是签订多边长期合同以稳定价格。

【知识窗】 缓冲存货

缓冲存货包括存货与现金两部分。商品协定的执行机构对缔结协定的商品规定最高限价和最低限价，当市场价格落到最低限价时，就用现金在市场上收购产品，以达到稳定价格的目的；而当市场价格涨到最高限价时，则抛出存货，以抑制价格的进一步上涨。

国际商品协定需要准备足够多的现金和库存来应对可能出现的市场变化，而这建立在准确预测价格变动的基础上，显然是很难做到的。另外，参与协定的群体利益不同，进口国和出口国利益冲突，各方不易在内部政策上达成一致。因此，国际商品协定虽然在一定程度上起到了稳定一些初级产品价格的作用，但这种作用是比较有限的。

五、投机因素与世界商品市场价格

投机是一种买空卖空的活动，投机商并非商品的实际需要者和供应者。投机商买卖活动的目的在于赚取买卖之间的价格差额。由于投机行为能够在一定时期对某些商品形成额外的供给和需求，所以会对市场价格产生影响。当投机商的信心受到动摇时，就会引发市场上的抛售，从而加剧价格的波动。不过，投机因素是一个从属性因素，它是对市场供求变动与价格变动的一种利用，也就是说，它根据已经存在的价格变动趋势而采取相应的买卖行动，并反过来加快价格运动进程。

在实际市场活动中，敏感性的矿产品和农副产品由于生产周期较长，受自然因素影响较大，在适应市场需求上有明显的局限性，价格容易波动而成为主要的投机对象，在这些商品的期货市场上投机活动较多。投机商在对市场形势进行估计，确认了一定时期的价格走势以后，通过在期货市场上买卖期货合约赚取差价。20世纪90年代之后，随着基金业的蓬勃发展，基金参与期货交易的程度也大幅度提高，国际对冲基金及其他投机资金的交易方向已越来越多地影响着国际商品市场的价格。

【阅读资料】

国内外铜期货市场是投机基金重要的活动领域。受经济周期和投机活动的共同影响，国内外市场铜价走势处于周期性波动状态，价格震荡幅度难以预测，对铜的生产经营构成了很大风险，同时也为获得高额投资回报提供了机遇。2000 年以来伦敦金属交易所铜的结算价最低为 1319 美元/t，最高已超过 5000 美元/t，变化幅度达到 270% 以上。

目前，国际有色金属期货投机，成为全球有色金属价格形成机制的重要因素。据分析，国际游资数量高达五六万亿美元，远超过我国经济总量。2006 年进入商品期货市场的国际游资预计达到 1100 亿美元，比上年增长 38%。在这种背景下，2006 年国际市场有色金属价格变化将十分复杂，使市场的不可预见性因素增加。因此，特别应加强对国际市场有色金属价格变化的研究，以便及时采取有效的应对措施。

【节选自：赵武壮．对 2006 年国内外铜市场走势的看法．中国金属通报，2006（10）：9－10.】

【关键词】

世界商品市场价格　国际价值　供求规律　通货膨胀　汇率　垄断　竞争　经济周期　欧佩克　国际商品协定　投机

【拓展阅读】

［1］杨逢华，林桂军．世界市场行情［M］．北京：中国人民大学出版社，2006.
［2］赵春明．世界市场行情新编［M］．2 版．北京：机械工业出版社，2016.
［3］高鸿业．西方经济学［M］．北京：中国人民大学出版社，2007.
［4］《西方经济学》编写组．西方经济学：精编本［M］．北京：高等教育出版社，2013.
［5］姜波克．国际金融新编［M］．上海：复旦大学出版社，2018.
［6］王厚双，张东明．期货交易理论与实务研究［M］．北京：高等教育出版社，2003.
［7］刘华军，邵明吉，王耀辉．通货膨胀的国际传导网络研究［J］．当代经济科学，2020（6）：01－12.

【复习思考题】

1. 简述世界商品市场价格的含义与主要类型。
2. 简述国际价值与世界商品市场价格之间的关系。
3. 分析商品的供求变动如何引起商品价格的变动。
4. 简述货币因素与世界商品市场价格的关系。
5. 列举垄断企业操纵市场的主要做法。
6. 分析世界市场竞争的原因。
7. 简述经济周期与世界商品市场价格的关系。
8. 试述原料价格与制成品价格在经济周期中变动不同的原因。
9. 以欧佩克或国际商品协定为例，分析国际商品组织对世界商品市场价格影响有限的原因。
10. 简述投机对世界商品市场价格的影响。
11. 搜集相关数据，分析近年来国际大宗商品市场行情。
12. 搜集相关数据，分析近年来世界石油市场价格变动的趋势与原因。

第十章

世界市场行情预测

【导读】

世界市场行情预测是指根据来自世界市场调查的信息资料，运用相关预测方法，依一定程序对世界市场的发展趋势以及与之相关联的各种因素，进行分析、计算、推测和判断，为各国政府和贸易部门制定对外经济贸易政策、法规提供决策依据，也可以为从事国际经营的企业确定经营战略和策略，为其制订各类经营计划提供可靠的依据。

世界市场行情预测的程序一般包括如下步骤：①确立预测目标；②拟定预算方案；③搜集、整理和分析有关资料；④选择预测方法，建立预测模型；⑤分析预测误差，评估预测结果；⑥编写预测报告；⑦追踪验证预测结果。

世界市场行情预测的方法大致可以分为两大类：定性预测法和定量预测法。其中，定性预测法可以分为专家预测法、主观概率法和领先指标法等。常用的定量预测法主要包括时间序列分析法和回归分析法，时间序列分析法又包括移动平均法、趋势外推法和指数平滑法等，回归分析法则分为线性回归法和非线性回归法。此外，随着数学理论与方法的发展、电子计算机的应用，马尔科夫法、灰色预测模型、投入分析法等定量预测方法也得到日益广泛的应用。

进行世界市场行情分析时，需要选择合适有效的预测方法，考虑适用性、成本费用和精确性等问题，注重多种方法所得结果的综合结论，选用适当的统计软件辅助分析。

【学习重点】

1. 世界市场行情预测的程序
2. 世界市场行情预测方法的分类
3. 专家预测法
4. 趋势外推法
5. 线性回归法
6. 投入分析法

第一节　世界市场行情预测概述

一、世界市场行情预测的基本原理

预测是对未来不确定事件的预见和推测。行情预测是根据行情分析的结论，依据行情变化的规律，考虑影响行情变化的可能因素，凭借各种先进的科学手段，根据世界市场发展历史和现状，推演世界市场发展的趋势，做出相应的估计和推断。世界市场行情之所以可以被预测，是因为社会经济发展具有客观规律性。基于以下的基本原理，可以发现这种客观规律性，并由此预测未来。

（一）惯性原理

任何事物的发展在时间上都具有连续性，表现为特有的过去、现在和未来这样一个过程。没有一种事物的发展与其过去没有联系，过去不仅影响到现在，还会影响到未来。因此，可以从事物的历史和现状推演出事物的未来。尽管世界市场瞬息万变，但这种发展变化在长期的过程中也存在一些规律性（如竞争规律、价值规律等），可以被人们认识。

（二）因果原理

在自然界及人类社会活动中，任何事物的发展结果都由一定的原因引起，且此种结果又是导致另一事物出现的原因。如此循环往复，整个自然界和人类社会活动处于一种广泛的因果联系中。根据事物的因果性联系，此因可推出此果，此果又可推出彼因，这就是因果性原理。只要认识了事物之间的因果关系，就可以进行相应的预计和推测，现在的此因又可推出未来的彼果。例如，一个国家在一定时期内采用某种特定的经济政策，势必对市场发展产生某种影响，这时的政策是因，市场变化情况是果；过一段时间，国家根据市场发展变化的新情况，制定新的经济政策来刺激或限制市场，就会改变市场发展方向，这时市场情况成为因，经济政策又变为果。

（三）类推原理

千差万别、千变万化的客观事物之间存在着共性。只要发现两种不同事物（一为先导者，另一为迟发者）之间存在着若干相似之处，就可以利用前者的变化特征和发展过程来类推后者的发展趋势。许多事物之间在结构、模式、性质、发展趋势等方面客观存在着相似之处。根据这种相似性，人们可以在已知某一事物的发展变化情况的基础上，通过类推的方法推演出相似事物未来可能的发展趋势。例如，利用发达国家的工业化过程来类推发展中国家的工业化发展趋势。由于世界上不存在完全相同的事物，因此类推预测法必然受到两事物之间差异性的制约，预测结果只能是近似的，还要视迟发事物的特点进行分析和修正。当用直觉和经验把两种事物联系在一起时，只能起到定性类推的作用，所得到的预测结果也不一定可靠。当用数学形式把先导事件与迟发事件联系起来时，就可以实现定量类推。通常把定性类推法和定量类推法结合起来比较有利于得出相对合理的预测结果。

（四）概率原理

任何事物的发展都有一个被认识的过程。人们在充分认识事物之前，只知道其中有些因素是确定的，有些因素是不确定的，即存在着偶然性因素。在世界市场的发展过程中，也存在必然性和偶然性，而且在偶然性中隐藏着必然性。通过对世界市场发展偶然性的分析，揭示其内部隐藏着的必然性，可以借此推测世界市场发展的未来。从偶然性中发现必然性是通过概率论和数理统计方法，求出随机事件出现各种状态的概率，然后根据概率去推测预测对象的未来状态。

行情预测中的不同方法正是根据上述基本原理建立起来的。

【知识窗】预测

预测是一门综合性学科，它涉及的范围有理论经济、统计学、经济计量学、数理经济学以及心理学、社会学和未来学等学科。不但包括理论分析、行为研究、意见测验等凭逻辑推理及经验观察的定性判断预测法，而且包括时间序列分析、回归与相关分析以及产业关联分析等运用数理经济统计技术的定量预测法；不但有将经济理论、数学计算和统计验证融于一体的各种形式的经济计量模型，还有经验、技巧、预感和直觉参与其中的预测技术。预测是科学与艺术的有机结合，应有效地将主观预测与客观预测结合起来，既有定量模型，又有定性判断；既有专家的理论考察，又有实践者的经验观测。根据预测场合的需要，按严格规格选用预测方法，做到各种不同的方法有机地配合运用。

二、世界市场行情预测的分类

根据预测的内容、预测的时间以及预测的方法，可以对预测进行不同的分类。

从内容上，预测可以分为：经济行情预测和商品市场行情预测。经济行情预测的重点一般放在影响经济总量的因素上，如国内生产总值、工业生产、失业率、通货膨胀等。商品市场行情预测主要包括对市场价格、市场需求和市场供给的预测三大类。其中，对供给和需求的预测又包括对供求规模与影响供求的各种因素的预测。

从时间上，预测可以分为：1 年以内的短期预测、1 年以上 5 年以内的中期预测、5 年以内 10 年以上的长期预测和 10 年以上的超长期预测。在统计工作中通常较多涉及短期预测，一般包括月度预测、季度预测和年度预测，有时候也需要中长期预测。

从方法上，预测可以分为：定性预测和定量预测。定性预测就是根据事物发展的性质（这些性质通常是通过调查或其他实践活动认识到的），按照预测者的经验或几种专家意见，直接对预测对象的前景做出判断。定性预测注重于事物发展在性质方面的预测，具有较大的灵活性，易于充分发挥人的主观能动作用，省时省费用。定量预测是以准确、及时、系统、全面的调查统计资料和信息为依据，考虑事物发展变化的规律性和因果关系，运用统计方法和数学模型，对事物未来发展的规模、水平、速度和比例关系的测定。定量预测注重于事物发展在数量方面的分析，重视对事物发展变化的程度做数量上的描述，更多地依据历史统计资料，较少受主观因素的影响。定性预测和定量预测并不是相互排斥的，而是可以相互补充的，在实际预测过程中应该把两者有效结合起来使用。

三、世界市场行情预测的程序

预测工作遵循一定的程序，可以提高效率以及预测的精度和质量。世界市场行情预测的一般程序如下：

（一）确立预测目标

预测目标决定了预测的内容、范围、要求、期限，它是预测的主题，直接影响预测方案的拟定和预测模型的选择。确定预测目标，就是从决策和管理的需要出发，紧密联系实际情况，确定预测要解决的问题，进而明确所用经济指标、预测期限和计量单位等。预测目标要准确、具体，还要考虑企业在市场预测方面的资源、能力及预算。

（二）拟定预算方案

根据预测目标的内容和要求，编制预算计划，包括预测的内容、项目，预测所需要的资料，准备选用的预测方法，预测的进程和完成时间，预测经费的预算，调配力量，组织实施等，为全面开展预测工作做好各方面的准备。

（三）搜集、整理和分析有关资料

通过各种市场调研方式，为预测提供必要的资料。例如，用时间序列分析预测下一年的市场需求量，需要搜集近年来的市场需求量数据，以及在此期间其他相关的市场数据，如通货膨胀率等。在此基础上，需要对资料进行比较鉴定和必要的调整，并进一步加以分析，找出预测对象之间的内在联系，寻求事物发展的规律。

（四）选择预测方法，建立预测模型

在获取相关数据的基础上，根据预测目标的要求及预测的可行性，选择适当的预测方法，确定经济参数，分析各种变量间的关系，建立起反映实际的预测模型。

（五）分析预测误差，评估预测结果

利用选定的预测模型和方法实施预测后，对得到的预测结果进行跟踪分析，检验预测值和实际测出值是否相符，分析误差的大小及其产生的原因，并以此为依据对预测模型进行修正，不断提高预测质量。

（六）编写预测报告

通过以上各步骤得出预测结果后，还要及时编写预测报告。报告除列出结果外，通常还包括资料的搜集与处理过程，选用的预测方法、预测模型及对预测模型的检验，对预测结果的评价及其他需要说明的问题。

（七）追踪验证预测结果

通过对预测期市场行情实际状况的追踪，比较预测值与实际值的偏差，总结经验，为以后的预测提供参考。

四、世界市场行情预测的基本要求

世界市场行情预测的准确度越高，预测效果就越好。然而，由于各种主客观原因，预测不可能没有误差。为了提高预测的准确程度和预测结果的可靠性，预测工作应该符合客观性、全面性、及时性、科学性、持续性和经济性等基本要求。

（一）客观性

世界市场预测是一种客观的市场研究活动，但这种研究是通过人的主观活动完成的。因此，预测工作要注意防止主观臆断，更不能弄虚作假。

（二）全面性

影响世界市场行情的因素，除经济活动本身外，还有政治的、社会的、科学技术的因素。这些因素的作用使行情呈现纷繁复杂的局面。预测人员应具有广博的经验和知识，以及较强的分析判断能力，能从各个角度归纳和概括行情的变化，避免出现以偏概全的现象。当然，全面性也是相对的，无边无际的预测既不可能也无必要。

（三）及时性

信息无处不在，无时不有。任何信息对决策者而言，既是机会又是风险。为了帮助决策者不失时机地做出选择，要求市场行情预测快速提供必要的信息。过时的信息是毫无价值的。信息越及时，不能预料的因素就越少，预测的误差就越小。

（四）科学性

预测所采用的资料，需要经过去粗取精、去伪存真的筛选过程，才能反映预测对象的客观规律。在运用资料时，应按预测对象和目标的要求进行取舍，遵循近期资料影响大、远期资料影响小的规则。预测模型也应精心挑选，必要时还需要先进行试验，找出最能代表事物本质的模型，以减少预测误差。

（五）连续性

世界市场行情变化是连续不断的，不可能停留在某一个时点上。相应地，市场行情预测需要不间断地持续进行。在实际工作中，一旦市场行情预测有了初步结果，就应当将预测结果与实际情况相比较，及时纠正预测误差，使市场行情预测保持较高的动态准确性。

（六）经济性

世界市场行情预测是要耗费资源的。有些预测项目，由于预测所需时间长，预测的因素又较多，往往需要投入大量的人力、物力和财力，这就要求预测工作本身必须量力而行，讲求经济效益。如果耗费过大，效益不高，市场预测的意义也就不复存在。

第二节　世界市场行情预测的定性方法

一、定性预测的含义、适用对象与特点

定性预测法是一种直观的预测，它主要依靠熟悉业务知识、具有丰富经验和综合分析能力的人员与专家，根据已掌握的历史资料和直观材料，运用个人的经验和分析判断能力，对事物的未来发展做出性质和程度上的判断，然后再通过一定形式综合各方面的意见，进行预测并求得预测结果，这种方法也称为判断预测或调研预测。

在数据资料掌握不充分，或预测对象的影响因素复杂，难以用数学方法描述，或对主要影响因素难以进行定量分析等情况下，特别适合采用定性预测法。这种方法侧重于对市场行情发展方向、趋势和重大转折点上的判断，优点在于注重事物发展在性质方面的变化，能发挥专家经验和主观能动性，具有较大的灵活性，且简便易行，省时并节约费用；缺点在于比较注重人的经验和主观判断能力，易受人的知识、经验和能力多少大小的束缚和限制，尤其是缺乏对事物发展数量上的精确描述。

定性预测法主要包括专家预测法、主观概率法和领先指标法等。

二、专家预测法

专家预测法是根据市场预测的目的和要求，采用一定的组织方式，向有关专家提供一定的背景资料，运用专家的知识和经验，考虑预测对象的社会环境，直接分析研究和寻求其特征规律，并推测市场发展的一种预测方法，主要形式包括专家会议法和德尔菲法。

（一）专家会议法

专家会议法也称专家会议调查法，是指根据市场预测的目的和要求，邀请或召集有关专家，以座谈会、研讨会等形式，汇集与会专家对预测对象及其前景的评价，在综合专家分析判断的基础上，对市场趋势做出推断的一种方法。采用专家会议法进行市场预测应特别注意以下两个问题。一是选择的专家要合适。专家要具有代表性，人数要适当。二是预测的组织工作要合理。会前向专家提供有关的资料和调查提纲，同时制定合理的会议方案，使与会专家能够充分发表意见，要注意对专家的意见进行科学的归纳和总结，以便得出科学的结论。

专家会议法的优点在于：可以集思广益，博采众长；方式相对灵活方便，节省人、财、

物和时间；针对性较强，易产生新思想、观点和预测方案；预测结果可信度较高，实际操作的风险程度低。缺点在于：与会专家数量有限，缺乏全面性；容易出现从众现象，影响预测结果。专家会议法对会议组织者和主持人的素质要求高，如果没有良好、专业的会议组织者和主持人，往往预测的结果很难判定。

（二）德尔菲法

德尔菲法也称专家调查法，是指一种采用通信方式分别将所需解决的问题单独发送到各个专家手中，征询意见，然后回收汇总全部专家的意见，并整理出综合意见，随后将该综合意见和预测问题再分别反馈给专家，再次征询意见，各专家依据综合意见修改自己原有的意见，然后再汇总，这样多次反复，逐步取得比较一致的预测结果的决策方法。德尔菲法的实质是利用专家的主观判断，通过信息沟通和反馈，使预测意见趋于一致，逼近实际值。在长远规划者和决策者心目中，德尔菲法是一种重要的决策规划方法。

德尔菲法的具体实施步骤包括：

1）组成专家小组。按照课题所需要的知识范围，确定专家。专家人数的多少，可根据预测课题的大小和涉及面的宽窄而定，一般不超过20个人。

2）向所有专家提出所要预测的问题及有关要求，并附上有关这个问题的所有背景材料，同时请专家提出还需要什么材料。然后，由专家做书面答复。

3）各个专家根据他们所收到的材料，提出自己的预测意见，并说明自己是怎样利用这些材料并提出预测值的。

4）将各位专家第一次判断的意见汇总，列成图表，进行对比，再分发给各位专家，让专家比较自己同他人的不同意见，修改自己的意见和判断。也可以把各位专家的意见加以整理，或请身份更高的其他专家加以评论，然后把这些意见再分送给各位专家，以便他们参考后修改自己的意见。

5）将所有专家的修改意见收集起来、汇总，再次分发给各位专家，以便做第二次修改。逐轮收集意见并为专家反馈信息是德尔菲法的主要环节。收集意见和信息反馈一般要经过三四轮。在向专家进行反馈的时候，只给出各种意见，但并不说明发表各种意见的专家的具体姓名。这一过程重复进行，直到每一个专家不再改变自己的意见为止。

6）对专家的意见进行综合处理。

德尔菲法的典型特征包括：

1）匿名性。为了克服专家会议易受心理因素影响的缺点，预测组织者通常采用通信方式，背靠背地分别向专家征询意见。参加预测的专家互不见面，不通音信，姓名保密，只同预测组织者保持联系。这样可以使专家打消思想顾虑，能独立思考判断，又有利于专家参考前一轮的预测结果，修改自己的意见，而且无须做出公开说明，无损自己的威望，从而既依靠了专家，又克服了专家会议法的缺点。

2）反馈性。参加预测的专家们从反馈回来的问题调查表上得到了集体的意见和目前的情况，以及同意或反对各个观点的理由，并依此做出各自新的判断，从而构成专家之间的匿名相互影响，排除或减少了面对面会议带来的缺点，专家们不会受到没有根据的判断的影响，反对意见不会受到压制，有利于专家们开拓思路，提出独立的创新见解。

3）集中性（收敛性）。专家意见经过多次征询、综合整理、反馈后，逐渐趋于一致，用统计的方法加以集中整理，可以得出定量化的预测结果。

德尔菲法的优点在于可以获得各种不同但有价值的观点和意见，适用于长期预测和对新产品的预测，在历史资料不足或不可测因素较多时尤为适用。与专家会议法相比，该方法能够发挥专家会议法的优点，也能有效避免专家会议法的缺点，较少受权威人士意见的影响，避免有些专家因种种原因不愿意发表不同的意见，或不愿意修改自己原来不全面的意见。德尔菲法的主要缺点在于过程比较复杂，花费时间较长。

[**例1**] 某公司研制出一种新产品，准备推广到国际市场上，当前市场上还没有相似产品，因此没有历史数据可以获得。公司需要对可能的出口销售量做出预测以决定产量。于是该公司成立专家小组，并聘请业务经理、市场专家和销售人员等8位专家，预测全年可能的出口销售量。8位专家提出个人判断，经过三次反馈得到的结果见表10-1。

表10-1　某新产品年出口销售量专家判断结果　　　（单位：万台）

专家编号	第一次判断			第二次判断			第三次判断		
	最低出口销售量	最可能的出口销售量	最高出口销售量	最低出口销售量	最可能的出口销售量	最高出口销售量	最低出口销售量	最可能的出口销售量	最高出口销售量
1	150	750	900	600	750	900	550	750	900
2	200	450	600	300	500	650	400	500	650
3	400	600	800	500	700	800	500	700	800
4	750	900	1500	600	750	1500	500	600	1250
5	100	200	350	220	400	500	300	500	600
6	300	500	750	300	500	750	300	600	750
7	250	300	400	250	400	500	400	500	600
8	260	300	500	350	400	600	370	410	610
平均数	301	500	725	390	550	775	415	570	770

解：

在预测时，最终一次判断是综合前几次的反馈做出的，因此在预测时一般以最后一次判断为主。这样根据专家小组的意见，可以进一步利用不同的统计方法加以判断，例如分别采用算数平均、加权平均和中位数进行预测，可得如下结果：

● 平均值预测

如果按照8位专家第三次判断的平均值计算，那么预测这个新产品的平均出口销售量为
$$(415 + 570 + 770) \div 3 = 585(万台)$$

● 加权平均预测

将最可能出口销售量、最低出口销售量和最高出口销售量分别按0.50、0.20和0.30的概率加权平均，则预测平均出口销售量为
$$570 \times 0.50 + 415 \times 0.20 + 770 \times 0.30 = 599(万台)$$

● 中位数预测

用中位数计算，可将第三次判断按预测值高低排列如下。

最低出口销售量：

300 370 400 500 550

最可能出口销售量：

410 500 600 700 750

最高出口销售量：

600 610 650 750 800 900 1250

将最可能出口销售量、最低出口销售量和最高出口销售量的中位数分别按 0.50、0.20 和 0.30 的概率加权平均，则预测平均出口销售量为

$$600 \times 0.50 + 400 \times 0.20 + 750 \times 0.30 = 605(万台)$$

三、主观概率法

主观概率法是预测者对所预测的事件的发生概率（即可能性大小）做出主观估计，或者说对事件变化动态的一种心理评价，然后计算出它的平均值，以此作为预测事件结论的一种定性预测方法。主观概率与客观概率不同：主观概率是人们凭经验或预感估算出来的概率，客观概率是根据事件发展的客观性统计出来的一种概率。在很多情况下，人们没有办法计算事情发生的客观概率，因而只能用主观概率来描述事件发生的概率。

主观概率法一般分为累计概率中位数法和主观概率加权平均法。累计概率中位数法是根据累计概率，确定不同预测值的中位数，对预测值进行点估计和区间估计。主观概率加权平均法是以主观概率为权数，对各种预测值进行加权平均，计算最终预测值。

用主观概率法进行预测一般分以下几个步骤：

第一，准备相关资料：主要是提供给专家有关预测内容的相关背景资料。

第二，编制主观概率调查表：调查表中要列出不同销售额可能发生的不同概率。概率要在 $0 \sim 1$ 之间分成多个层次。

第三，汇总整理：按事先准备好的汇总表，请每个被调查人填好后，加以汇总。

第四，根据汇总情况进行判断预测。

[**例2**]　某公司拟预测下一年成套机器设备的国际市场需求量，因此选取了 10 位人员进行主观概率法预测，要求预测误差不超过 ±67 套，调查汇总数据见表 10-2。

表 10-2　10 位被调查人员的主观概率法预测调查汇总数据

被调查人编号	累计概率								
	0.010 (1)	0.125 (2)	0.250 (3)	0.375 (4)	0.500 (5)	0.625 (6)	0.750 (7)	0.875 (8)	0.990 (9)
	成套机器设备需求量（套）								
1	2111	2144	2156	2200	2222	2244	2267	2278	2311
2	1978	2100	2133	2156	2200	2222	2267	2278	2500
3	2044	2100	2133	2144	2244	2267	2289	2311	2444
4	2156	2167	2178	2189	2200	2211	2222	2233	2244
5	2200	2211	2222	2244	2278	2311	2333	2356	2400
6	1867	1989	2000	2044	2111	2133	2156	2178	2200
7	2156	2200	2222	2289	2311	2356	2400	2433	2489
8	2000	2056	2067	2100	2133	2167	2200	2222	2278
9	2089	2100	2111	2122	2133	2144	2156	2167	2178
10	2222	2244	2244	2278	2300	2322	2356	2367	2444
平均数	2082.3	2131.1	2146.6	2176.6	2213.2	2237.7	2264.6	2282.3	2348.8

解：

通过累计概率中位数法可以得出：

（1）综合考虑每一个调查人的预测，在每个累计概率上取平均值，得到在此累计概率下的预测需求量。由表10-2可以得出下一年成套机器设备需求量预测最低可到2083套，小于这个数值的可能性只有1%。

（2）成套机器设备需求量最高需求可达2349套，大于这个数值的可能性只有1%。

（3）可以用2213套作为该公司对成套机器设备需求量的预测值。这是最大值与最小值之间的中间值，累计概率为50%，是需求量期望值的估计数。

（4）取预测误差为67套，则预测区间为：（2213 − 67）套到（2213 + 67）套，即成套机器设备需求量的预测值在2146套到2280套之间。

（5）当预测需求量在2146套到2280套之间，在第（3）栏到第（8）栏的范围之内，其发生概率相当于：0.875 − 0.250 = 0.625。也就是说，需求量在2146套和2280套之间的可能性为62.5%。

[**例3**]　某出口公司召集不同生产部门的负责人，对下一年度某种产品的出口销售量做出了估计，请据此估计下一年度的出口量。各部门负责人的初步判断见表10-3。

表10-3　各部门负责人的初步判断

部门	各种出口销售量估计	出口量（台）	主观概率	期望值（台）（销售量×概率）
A生产部门负责人	最高销量	18600	0.1	1860
	最可能销量	11160	0.7	7812
	最低销量	9920	0.2	1984
	总期望值	—	1	11656
B生产部门负责人	最高销量	12400	0.1	1240
	最可能销量	11160	0.8	8928
	最低销量	9300	0.1	930
	总期望值	—	1	11098
C生产部门负责人	最高销量	12400	0.3	3720
	最可能销量	10540	0.6	6324
	最低销量	7440	0.1	744
	总期望值	—	1	10788

通过主观概率加权平均法可以得出：

（1）绝对平均法：下一年度某种产品的出口销售量预测值为

$$（11656 + 11098 + 10788）÷ 3 ≈ 11181（台）$$

（2）根据各生产部门负责人对市场情况的熟悉程度以及他们在以往的预测判断中的准确程度，分别给予不同部门负责人不同的评定等级，在综合处理时，采用不同的加权系数。例如定A生产部门负责人的加权系数为2，其他两个部门负责人的加权系数为1，从而下一年度某种产品的销售预测值为

$$（11656 × 2 + 11098 + 10788）÷ 4 ≈ 11300（台）$$

四、领先指标法

社会各种经济现象之间的内在联系是十分紧密的，某些经济指标具有时间序列上的先后关系。领先指标法利用经济指标之间的时间差异，将其分为领先指标、同步指标和滞后指标。领先指标在变化时间上早于预测对象，对于周期的变化具有预兆作用；同步指标与周期呈同步变动，可以用它来观察周期所处的阶段；滞后指标在变化时间上迟于预测对象，可以用来确认领先和同步的变动趋势，还可以用来判断领先指标未来的变动。滞后指标变动的结束往往意味着领先指标新变动的开始。可见，领先指标法不仅可以预测经济的发展趋势，而且可以预测其转折点；既可用于微观经济预测，又可用于宏观经济预测。

美国国家经济研究局（NBER）最早编制领先—同步—滞后指标体系，1938年首先公布了21种反映美国周期变动指标，并按照这些指标在周期中变动的特点，区分出领先、同步、滞后三类指标。1961年美国商业部出版的《商情摘要》开始刊登 NBER 所编写的领先—同步—滞后指标体系。1981年出版的《商情摘要》共刊登了112种反映美国经济周期变动的指标，此外还有领先、同步、滞后指标综合指数。划分一个指标是领先还是同步，参照物是总体经济活动的变动。只有首先定义了总体经济活动在周期所处的阶段，才能最后判定一个指标到底是属于哪一类指标。为此，NBER 定义了美国历史上所出现的各个周期和周期的转折点——高峰和低谷，称这些周期为参考周期，周期的转折点为参考转折点。尽管 NBER 对周期的划分带有较大的主观性，但它的划分方法至今被认为是最有权威性的。在 NBER 的领先—同步—滞后指标体系的影响下，许多国家和国际组织也先后编制了类似的指标体系。

【阅读资料】

1938年，美国经济学家米切尔（Wesley C. Mitchell）和伯恩斯（Arthur F. Burns）从500个月度或季度数据序列中选取了71个序列作为相对可靠的复苏指数，进一步从这71个序列中又得到了21个被认为是最可靠的先行指标序列，同时描述了选择标准和这些序列的周期行为表现。1950年，穆尔（Geoffrey H. Moore）在米切尔和伯恩斯的研究基础上，选出具有代表性的领先、同步和滞后三类共21个周期指标，并编制了扩散指数。

扩散指数（Diffusion Index，简称 DI）的基本思想是当经济周期处于扩张阶段时，大多数或全部指标均处于上升期，当上升期的指标个数超过一半并逐渐增多时，经济周期走出低谷，开始新一轮的扩张期。它的编制方法是计算每一时点处于扩张期的指标个数占组内全部指标个数的百分比。若 DI 大于50%，说明过半数的指标代表的经济活动上升；反之意味着下降；等于50%则可认为是经济周期的转折点。

尽管扩散指数能够很好地对经济周期的转折点出现的时间进行预测，却不能表示经济周期波动的幅度，因此穆尔和他的同事在1967年编制了合成指数。

合成指数（Composite Index）又称景气综合指数，它的基本思想是通过指标组内各指标的变化率来把握经济的变动趋势和幅度。它的编制方法是先求出每个指标的对称变化率，然后求出先行、同步和滞后三组指标的组内、组间平均变化率使三类指数可比，最后以某年为基年计算出其余年份的相对指数。

目前，世界上多数国家和国际组织使用合成指数对各国的经济周期波动和国际经济周期波动进行监测和分析。表10-4是美国商务部（世界大型企业联合会）发布的领先指数中涉及的部分指标。

表 10-4　世界大型企业联合会发布的领先指数中涉及的部分指标

序号	美国 LEI	欧洲 LEI	日本 LEI	中国 LEI
1	制造业平均每周工作时间	经济景气指数	运营利润	金融机构人民币各项贷款总额
2	平均周申请失业金人数	采购经理指数（制造业）	住宅开工率	5000 户企业家调查扩散指数：原材料供应情况指数
3	制造商新订单（消费品和材料）	商业预期指数（服务业）	企业倒闭	中国制造业采购经理指数（PMI）：供应商配送时间
4	制造商新订单（非国防生产资料）	生产资料新订单	加班指数	中国制造业采购经理指数（PMI）：新出口订单
5	卖主延迟交货的百分比	新增住宅建筑许可	股票指数	消费者预期指数
6	新增私人投资的营建许可	道琼斯欧洲 STOXX 指数	劳动生产率增长率（6 个月）	全国房屋建筑新开工面积
7	标准普尔 500 股票指数	M2 货币供应	Tankan 商业形式调查	
8	M2 货币供应	10 年期国债与政策利率累计收益率差	M2 货币供应	
9	10 年期国债与美联储政策利率的利差		10 年期政府债券与 3 个月银行间利率的利差	
10	密歇根消费者信心指数		机器与建筑行业新订单	

（资料来源：转引自黄薇，陈磊. 领先指数：对未来经济趋势的推测. 统计与信息论坛，2012（6），33 - 40.）

使用领先指标法进行预测，主要有以下三个方面：一是使用领先指标预测周期的转折点；二是使用进口国的领先指标预测出口国的出口；三是使用同步指标预测物价水平的变动。

（一）使用领先指标预测周期的转折点

领先指标在周期中具有明显领先的特点，当经济活动下降时，领先指标首先下降；当经济活动出现转折，呈现上升趋势时，领先指标则首先上升。例如，制造业生产工人的平均工作周长度，因企业在大批增雇或解雇工人之前，往往先增减工人每周工作的小时数，统计上表现为平均工作周的加长或缩短。在 NBER 确定的 1953 年—1982 年之间的 7 个高峰中，该指标平均领先时间大约为 10 个月，在同期出现的 7 个低谷中，平均领先约 1 个月。

领先指标之所以具有领先特征，主要原因在于，许多指标反映的是：①对未来生产活动的承诺，如订单、承包契约等；②生产开始前需要办妥的手续，如建筑许可、新公司成立的数量等；③生产和就业发生变化时的最初调整，如每周平均工作小时数、首次领取失业保险的人数等；④在周期变动的过程中具有较高敏感性的指标，如库存变动、原料价格指数等；⑤市场对未来的预期，如消费者预期指数、股票价格等。总之，这些领先指标主要是那些在生产、就业、消费、投资、库存、价格和金融变动中具有先行特点的指标。

使用领先指标预测周期的转折点时，也可以使用领先指标综合指数。使用单个或一组领先指标进行预测的一个缺陷是，一些指标有时变动过于频繁，且在变动时间上也不尽相同，往往很难判断指标的发展趋势，因此可以使用领先指标综合指数进行预测。

使用领先指标进行上述预测，并不是十全十美的。首先，领先指标虽然领先于周期的变动，但是领先的时间并不稳定，有时一个指标可能领先 1 个月，有时也可能领先 1 年。其次，领先指标有时可能提供虚假的信号，即领先指标下降之后，危机并不一定出现；而当领先指标从周期的低谷开始回升时，也并不意味着经济肯定要走出危机。从历史数据的观察来看，领先指标同周期存在这样一种微妙的关系，即当危机来临之前，领先指标一般总是下降的，但是领先指标下降并不意味着危机一定来临。最后，领先指标虽然领先于周期的变动，但是许多领先指标在公布的时间上并不领先，这在一定程度上降低了领先指标的时效性。

（二）使用领先指标预测出口

一个国家的进口是其他国家的出口，当这个国家的进口发生变动时，其他国家的出口也会受到影响，因此如果能预测一个国家在未来一段时间内进口数量的变动，那么也能对其他国家的出口前景做出大致的判断。在短期内，影响一个国家进口的因素很多，但是其中最重要的是该国经济活动的变动，即周期的变动。当一国的经济增长速度加快，特别是进入周期的高涨阶段时，国内需求旺盛，通货膨胀的压力增大，为了支撑经济的增长，满足国内市场对消费品、机器设备和原料的需求，进口的数量会大幅度增加；相反，当这个国家的经济增长速度下降，特别是进入危机阶段时，国内的需求萎缩，进口的速度也会相应地减慢。因此，进口同一国的经济活动情况具有相同变动的趋势。

许多分析说明一国的出口与其周期的联系并不像进口那样明显，原因之一是当这个国家的经济增长速度加快时，虽然生产的增加使可供出口产品的数量增多，但是国内需求旺盛，企业扩大出口的积极性并不一定很高，甚至还有可能出现出口量下降的情况；当这个国家的经济开始下降时，国内市场的需求萎缩，企业反而会千方百计地扩大出口，但是这时出口能够增加，在很大程度上取决于其贸易伙伴国内的经济情况。如果贸易伙伴的经济也处在下降中，那么这个国家的出口商会发现很难为其产品找到买主。因此，在短期内，一个国家出口数量的变动并不主要取决于国内经济状况的好坏，而取决于其贸易伙伴的经济状况。如果其贸易伙伴的经济处于高涨阶段，对这个国家产品的需求数量就会增加，那么该国的出口也就会增加；反之，如果贸易伙伴的经济处在危机阶段，对这个国家产品需求的数量就会减少，该国出口的增长速度也就减慢，或者下降。

总之，一个国家的出口依赖于其贸易伙伴的进口，而贸易伙伴的进口又取决于它在周期中所处的阶段。如果能对贸易伙伴周期的变动做出预测，那么也就能大致推断这个国家未来出口的变动。例如，欲预测乙国对甲国的出口前景，就可以选取甲国一组具有代表性的领先指标，如果发现该组领先指标呈上升趋势，那么甲国的经济形势看好，进口数量可能就会增加，乙国对甲国的出口前景就会看好。

挑选领先指标时，首先要注意选择那些同出口产品关系较密切的指标。例如，在预测制成品出口时，最好选择进口国的订单、制造业每周平均工作小时、工业原料价格指数、厂房设备承包契约等领先指标，由于这些指标同制成品关系密切，因而预测效果会较好一些。其次要注意这种方法过分强调了领先指标对出口的作用，而忽视了其他因素，如汇率、关税与非关税壁垒、国家出口能力等因素对出口可能产生的影响，在实际预测中，应根据这些因素的变动来修改预测值，使预测更符合实际的情况。

（三）使用同步指标预测物价水平的变动

经济周期一方面表现为生产和就业的周期性变动，另一方面表现为物价水平的周期性变动，即在高涨阶段，需求旺盛，价格上涨；在危机阶段，市场萎缩，价格下跌。一些分析发现主要发达国家的消费物价指数的变动不仅与经济周期和经济增长速度联系密切，而且还具有滞后的特点，即在经济周期的上升阶段，或经济增长加快时，消费物价指数也随之上升，但在上升的时间上有所推迟；在经济周期的下降阶段，消费物价指数则具有滞后下降的特点，因而可以把消费物价指数定为滞后指标。

消费物价指数同总体经济活动变动关系密切，因此可以利用国民生产总值和（或）工业生产指数等反映总体经济活动的同步指标来预测它的变动。具体而言，当国民生产总值、工业生产指数的增长速度加快时，未来一段时间内，消费物价指数可能会上升；当国民生产总值、工业生产指数的增长速度减慢或下降时，消费物价指数的上升速度则可能减慢或下降。

虽然这一方法以总体经济活动与物价之间的关系作为理论基础，但忽略了货币增长对物价水平的影响。现实中，货币超发是造成物价上涨的最主要原因之一。在危机阶段，如果政府向经济中注入大量的货币，结果有可能会出现生产下降和物价上涨同时并存的情况，这时该预测方法便会失效。

第三节　世界市场行情预测的定量方法——时间序列预测法

一、定量预测的含义与主要方法

定量预测法是根据已掌握的比较完备的统计数据，运用一定的统计或数学方法，通过建立数学模型来描述预测目标的变化发展规律，并依此对预测目标的未来进行预测。定量预测法大致可以分为两类：一类是时间序列预测法，它是根据变量随时间发展变化的规律，用变量以往的数据建立数学模型，然后做外推的一种预测方法；另一类是回归分析法，它是因果分析法中很重要的一种，从一个指标与其他指标的历史和现实变化的相互关系中，探索它们之间的规律性联系，作为预测未来的依据。具体如图 10-1 所示。

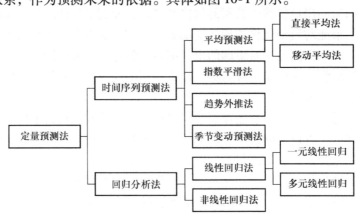

图 10-1　定量预测法的分类

二、时间序列预测法概述

一切事物都是发展变化的，事物的发展变化在时间上具有连续性，市场现象过去和现在的发展变化规律和发展水平，会影响市场未来的发展变化规律和规模水平。时间序列预测法是根据市场现象的历史资料，运用科学的数学方法建立预测模型，预测市场现象未来的发展变化趋势或可能数量。其中所依据的时间序列也称动态数列或时间数列，是将同一统计指标的数值按其发生的时间先后顺序排列而成的数列，是对市场现象过去表现的资料整理和积累的结果。时间序列预测法的一个突出特点就是利用过去预测未来。

时间序列预测一般只需要一组预测变量的历史数据即可。在使用这一方法时，无须去判定行情变量之间存在的因果关系，只需要采用一定的方法，将时间序列的历史变动趋势向外延伸便可预测未来的变动。不过，这种方法无法预测时间序列的转折点，预测人员往往需要依靠自己的知识和经验对预测结果进行修正。

一般而言，时间序列预测法主要适用于短期和近期市场预测。应用时间序列预测法做长期和中期市场预测，则需要考虑得更周到，客观依据要更充分。只有能够肯定市场现象在中长期内发展变化的规律，与其过去和现在基本一致，或对现象在预测期的新特点较为确定的条件下，才能应用时间序列预测法。

时间序列预测法的基本步骤如下：

第一步，搜集、整理市场现象的历史资料，编制时间序列，并根据时间序列绘制图形。预测者所搜集的资料越完整，对现象从时间上观察得越充分，对市场现象的发展变化趋势和规律的分析就越深入，预测结果就越准确。在编制或应用市场现象历史资料的时间序列时，应特别注意现象各时期统计指标的可比性问题。

第二步，对时间序列进行分析，确定采用哪种方法进行预测。

第三步，选择预测方法，建立预测模型。根据对时间序列的认真分析，选择与时间序列变动规律相适应的预测方法，并建立相应的预测模型。

第四步，测算预测误差，确定预测值。对于所建立的预测模型，通过测算其预测误差，可以判定模型是否能用于实际预测。若其误差值在研究问题所允许的范围内，即可应用预测模型确定市场现象的预测值。

通常把影响市场现象变动的各个因素，按其特点和综合影响结果分为四种类型，即长期趋势变动、季节变动、循环变动、不规则变动。长期趋势是指时间序列观察值即市场现象，在较长时期内持续存在的总势态，反映市场预测对象在长时期内的变动趋势。季节变动一般是指市场现象以年度为周期，随着自然季节的变化，每年都呈现的有规律的循环变动。循环变动泛指间隔数年就出现一次的市场现象变动规律。市场现象的循环变动形成的原因是多方面的，根本上是由经济运行周期决定的。不规则变动是指由偶然因素引起的无规律的变动。例如，自然灾害、地震、战争等偶然因素对市场现象时间序列的影响。进行时间序列分析时，往往剔除偶然因素的影响，来观察市场现象的各种规律性变动。

本节将着重介绍几种主要的时间序列预测的方法，包括平均预测法、指数平滑法、趋势外推法、季节变动预测法。

三、平均预测法

(一) 直接平均法

1. 简单算术平均法

简单算术平均法是将若干同类观察数据的算术平均数作为预测值的预测方法。算术平均数的计算公式为

$$\overline{X} = \frac{X_1 + X_2 + \cdots + X_n}{n}$$

式中，$\overline{X}$ 为算术平均数；$X_i(i = 1,2,3,\cdots,n)$ 为实际观测数据；n 为观察数据的个数。使用算术平均数时，要特别注意数据的变化规律，如果数据有明显的上升或下降的趋势，就不能采用算术平均预测法。

[例4] 某货物 2020 年下半年售出的出口数量分别为 20t、23t、23t、22t、21t、25t，试预测 2021 年 1 月的出口数量。

解：

利用简单算术平均法可得

$$\frac{20 + 23 + 23 + 22 + 21 + 25}{6} \approx 22.3(t)$$

2. 加权算术平均法

简单算术平均法的预测，将观察期的各期数据对预测值的影响等同看待，这不符合市场实际。实际情况是近期市场状态对预测值的影响要比远期大，可以引入加权算术平均法，以不同的权数表示不同期观察值对预测值的不同影响程度。

加权平均法的计算公式为

$$\overline{X} = \frac{w_1 X_1 + w_2 X_2 + \cdots + w_n X_n}{w_1 + w_2 + \cdots + w_n}$$

式中，$\overline{X}$ 为加权平均数；$w_i(i = 1,2,3,\cdots,n)$ 为数据 X_i 的权重；$X_i(i = 1,2,3,\cdots,n)$ 为实际观测数据；n 为观察数据的个数。

[例5] 以例4的资料为基础，设下半年各月权数分别为 0.5、1.0、2.5、3.5、4.0、5.0，试预测 2021 年 1 月的出口数量。

解：

加权平均值为

$$\frac{0.5 \times 20 + 1.0 \times 23 + 2.5 \times 23 + 3.5 \times 22 + 4.0 \times 21 + 5.0 \times 25}{0.5 + 1.0 + 2.5 + 3.5 + 4.0 + 5.0} \approx 22.8(t)$$

需要注意的是在加权平均数的计算中，权数通常是由有关专家根据掌握的预测对象的本质规律和经验确定的，权数的确定是否合适，直接关系到加权平均的结果，因此权数的选取需要认真对待。

(二) 移动平均法

移动平均法是根据时间序列资料逐渐推移，依次计算包含一定项数的时间序列平均数进行预测的方法。设时间序列 $y_1, y_2, \cdots, y_T$，对连续 N 期（$N < T$）的观察值进行算术平均，可得其平均数 M_t，称为移动平均数。由于 $N < T$，故一个时间序列有若干移动平均数。移动平

均数再按时间先后排列，形成新的时间序列，称为移动平均数序列。移动平均数能较好地消除原序列中季节变动和不规则变动出现的高点和低点，有平整数列的作用，能反映市场现象的较长时间变化趋势。

需要注意的是关于移动平均数的选择，当历史序列的基本趋势变化不大且序列中随机变动成分较多时，N 的取值应大一些；否则 N 的取值应小一些。在有确定的季节变动周期的资料中，移动平均的项数应取周期长度。选择 N 值的一个有效方法是比较若干模型的预测标准误差，预测标准误差小者为好。

移动平均法分简单移动平均法、加权移动平均法、趋势移动平均法等。

1. 简单移动平均法

简单移动平均法是对移动期内的数据同等看待计算的平均值。一次简单移动平均值的计算公式为

$$M_t = \frac{1}{N}(y_t + y_{t-1} + \cdots + y_{t-N+1})$$

预测模型为

$$\hat{y}_{t+1} = M_t$$

这一模型的含义是，本期的移动平均值可以作为下一期的预测值。

其预测标准误差为

$$\sigma = \sqrt{\frac{\sum_{t=N+1}^{T} (\hat{y}_t - y_t)^2}{T - N}}$$

[例6] 设某货物 2020 年 1 月—10 月的出口销售量如表 10-5，试用简单移动平均法预测 11 月的出口销售量。

表 10-5 某货物 2020 年 1 月—10 月的出口销售量 （单位：t）

月份	出口销售量	移动平均值 （$N=3$）	移动平均值 （$N=5$）
1	206	—	—
2	214	—	—
3	208	—	—
4	220	209.33	—
5	230	214	—
6	212	219.33	215.6
7	202	220.67	216.8
8	210	214.67	214.4
9	218	208	214.8
10	206	210	214.4
11	—	211.33	209.6

解：

根据计算公式和预测模型可得

$$\hat{y}_4 = M_3 = \frac{1}{3}(y_3 + y_2 + y_1) = \frac{1}{3}(206 + 214 + 208) = 209.33(t)$$

以此类推得:

$N = 3$ 时, $\hat{y} = 211.33t$。

$N = 5$ 时, $\hat{y} = 209.6t$。

应该取哪个预测值好呢?

$N = 3$ 时, $\sigma = 4.41$。

$N = 5$ 时, $\sigma = 2.86$。

经比较,预测值取 $N = 5$ 时, 209.6t 为好。

观察表 10-5 不难发现, N 值大时, 简单移动平均的结果平滑, 因为它可以更多地消除原始时间序列中的随机波动。

2. 加权移动平均法

加权移动平均法是根据同一个移动段内不同时间的数据对预测值的影响程度, 分别给予不同的权数, 然后再进行平均移动以预测未来值。时间序列长期无增减变动的比较少见, 如果存在一定的趋势变化或周期变化, 就不适宜采取简单移动平均法来预测, 可以采用加权移动平均法。

根据近期的现象指标值对未来影响大于远期的道理, 将计算移动平均数的各期观察值, 赋予不同的权数, 加权的移动平均数计算公式为

$$M_{tw} = \frac{w_1 y_1 + w_2 y_2 + \cdots + w_N y_{t-N+1}}{w_1 + w_2 + \cdots + w_N}$$

预测模型为

$$\hat{y}_{t+1} = M_{tw}$$

[**例7**] 根据国家统计局年鉴, 2010 年—2019 年我国茶叶出口量见表 10-6, 试用加权移动平均法预测 2020 年的出口量, 并与实际值比较。设 $N = 3$, $w_1 = 0.2$, $w_2 = 0.3$, $w_3 = 0.5$。

表 10-6 我国茶叶出口量 　　　　　　　　　　　　　　　　　(单位: kt)

年份	出口量	加权移动平均数 ($N=3$)	年份	出口量	加权移动平均数 ($N=3$)
2010	302	—	2016	328	317.3
2011	322	—	2017	355	321.4
2012	313	—	2018	364	340.7
2013	325	313.5	2019	366	354.1
2014	301	320.8	2020	—	363.2
2015	324	310.6			

解:

根据计算公式和预测模型可得

$$\hat{y}_4 = M_{3w} = \frac{0.2 \times 302 + 0.3 \times 322 + 0.5 \times 313}{0.2 + 0.3 + 0.5} = 313.5(kt)$$

以此类推, 各年预测数据见表 10-6。2020 年的出口量为 363.2kt。

3. 趋势移动平均法

当时间序列出现直线增加或减少的变动趋势时, 用简单移动平均法和加权移动平均法来

预测就会出现滞后偏差，可以做二次移动平均进行修正。利用移动平均滞后偏差的规律来建立直线趋势的预测模型的方法，称为趋势移动平均法。具体方法是：计算各期移动平均值，放在移动平均项的中间位置，资料少时用 3 期、资料多时用 5 期；计算各期的趋势移动平均值，依次将前后两项平均值相减，所得差即为变动趋势，可正也可负；再求出若干期（3 期或 5 期）的趋势移动平均值，然后求得预测值。预测模型为

$$\hat{y}_{t+1} = M + \Delta bT$$

式中，M 为最后一期实际平均值；T 为预测期与水平期相差的期数；Δb 为最后一期趋势平均值。

[**例8**] 根据例 7 的数据资料，结合表 10-7，试用趋势移动平均法预测 2020 年的出口量，并与实际值比较。

表 10-7 我国茶叶出口量　　　　　　　　　　（单位：kt）

年份	出口量	移动平均值	变动趋势	趋势移动平均值
2010	302			
2011	322	312.33	—	—
2012	313	320	+7.67	—
2013	325	313	−7	+1.447
2014	301	316.67	+3.67	−0.777
2015	324	317.67	+1	+7.557
2016	328	335.67	+18	+10.777
2017	355	349	+13.33	+14.66
2018	364	361.67	+12.67	—
2019	366	—	—	—

解：

设 $N=3$，首先按照简单移动平均法计算可得

$$\hat{y}_{2013} = M_3 = \frac{302 + 322 + 313}{3} = 312.33\,(\text{kt})$$

以此类推，结果见表 10-7。

再计算变动趋势，$320 - 312.33 = 7.67$（kt）。以此类推，结果见表 10-7。

然后计算趋势移动平均值 $(7.67 - 7 + 3.67) \div 3 = 1.447$（kt）。以此类推，结果见表 10-7。

最后得

$$\hat{y}_{2020} = 361.67 + 14.66 \times 2 = 390.99\,(\text{kt})$$

简单移动平均法和加权移动平均法适用于没有明显趋势、比较平稳的时间序列。如果时间序列具有某种趋势特征或者波动的幅度较大，这两种方法的预测效果会很差，这时应考虑使用其他方法进行预测。

四、指数平滑法

指数平滑法是对离预测期较近的历史数据给予较大的权数，权数由近到远按指数规律递

减的一种特殊的加权平均法。直接平均法是对时间序列的历史数据给予相同的权重，移动平均法则不考虑远期的数据，但大部分历史数据对未来值的影响是随着时间间隔的增长而递减的，显然直接平均法和平均移动法无法满足这一条件。指数平滑法兼容了平均预测法的长处，随着数据的远离，对数据给予逐渐减弱的影响程度。指数平滑法根据平滑次数的不同，分为一次指数平滑法、二次指数平滑法和三次指数平滑法等。

（一）一次指数平滑法

设时间序列为 y_1，y_2，$\cdots$，y_t，α 为加权系数，$0 < \alpha < 1$，则一次指数平滑公式为

$$S_t^{(1)} = \alpha y_t + (1 - \alpha) S_{t-1}^{(1)} = S_{t-1}^{(1)} + \alpha(y_t - S_{t-1}^{(1)})$$

式中，$S_t^{(1)}$ 为本期一次指数平滑值；$S_{t-1}^{(1)}$ 为上一期一次指数平滑值；y_t 为本期观察值，即本期实际值；α 为平滑系数。

为进一步理解指数平滑的实质，可以把上式依次展开，则有

$$S_t^{(1)} = \alpha y_t + (1 - \alpha)\left[\alpha y_{t-1} + (1 - \alpha) S_{t-2}^{(1)}\right] = \cdots = \alpha \sum_{j=0}^{\infty} (1 - \alpha)^j y_{t-j}$$

上式表明，$S_t^{(1)}$ 是全部历史数据的加权平均，加权系数分别为 α，$\alpha(1 - \alpha)$，$\alpha(1 - \alpha)^2$，$\cdots$，则有

$$\sum_{j=0}^{\infty} \alpha(1 - \alpha)^j = \frac{\alpha}{1 - (1 - \alpha)} = 1$$

由于加权系数符合指数规律，又具有平滑数据的功能，故称为指数平滑。

一次指数平滑法的预测模型为

$$\hat{y}_{t+1} = S_t^{(1)} = \alpha y_t + (1 - \alpha) \hat{y}_t$$

即以 t 期指数平滑值作为 $t + 1$ 期预测值。

在进行指数平滑时，加权系数的选择是很重要的。从上式可以看出，α 的大小对平滑值的大小影响很大。当 $\alpha = 0$ 时，平滑值等于原先时期预测值，即在预测时不考虑新信息；当 $\alpha = 1$ 时，平滑值等于本期预测值，即在预测时不考虑过去的信息。这两种极端情况很难做出正确的预测。因此，α 的值应根据时间序列的具体性质在 $0 \sim 1$ 之间选择。一般情况下，观察值波动较小、比较平稳时，α 取值小一点，如 $0.1 \sim 0.3$，使预测模型能包含较长时间系列的信息；观察值波动较大时，α 取值大一点儿，如 $0.3 \sim 0.5$；观察值波动很大时，α 取值更大，如 $0.6 \sim 0.8$，使模型灵敏度高一些，以便迅速跟上数据的变化。如果序列的基本趋势比较平稳，预测偏差由随机因素造成，则 α 值应取小一些，以减少修正幅度，使预测模型能包含更多历史数据的信息。如果预测目标的基本趋势已发生系统变化，则 α 值应大一些，可以偏重新数据的信息对原模型进行大幅度修正，以使预测模型适应预测目标的新变化。

用一次指数平滑法进行预测时，除了选择合适的 α 值外，还需要确定初始值 $S_0^{(1)}$。一般而言，当时间序列期数在 20 个以上时，初始值对预测结果影响较小，可用第一期观察值代替，即 $S_0^{(1)} = y_1$；当时间序列期数在 20 个以下时，初始值对预测结果有一定的影响，可用第一、二期的平均值代替，即 $S_0^{(1)} = \frac{y_1 + y_2}{2}$。

[例 9] 某商品 2019 年 1 月—11 月的出口销售额见表 10-8，试用一次指数平滑法预测 2019 年 12 月的出口销售额，设加权系数 $\alpha = 0.2$。

表 10-8　某商品 2019 年 1 月—11 月的出口销售额　　（单位：万元）

月份	1	2	3	4	5	6	7	8	9	10	11
销售额	50	52	48	47	53	51	56	57	50	49	52

解：

因时间序列期数不足 20 个，根据 $S_0^{(1)} = \dfrac{y_1 + y_2}{2}$ 可得 $S_0^{(1)} = 51$（万元）。

当 $\alpha = 0.2$ 时，$S_1^{(1)} = 0.2 \times 50 + (1 - 0.2) \times 51 = 50.8$（万元）

$\qquad\qquad S_2^{(1)} = 0.2 \times 52 + (1 - 0.2) \times 50.8 = 51.04$（万元）

$\qquad\qquad S_3^{(1)} = 0.2 \times 48 + (1 - 0.2) \times 51.04 = 50.432$（万元）

$\qquad\qquad\qquad \vdots$

$\qquad\qquad S_{11}^{(1)} = 0.2 \times 52 + (1 - 0.2) \times 51.522 = 51.6176$（万元）

根据预测模型可得

$$\hat{y}_{12} = S_{11}^{(1)} = 51.6176 \text{ 万元}$$

（二）二次指数平滑法

二次指数平滑法是在一次指数平滑法的基础上，对一次指数平滑值再做一次指数平滑，然后利用两次指数平滑值，通过建立数学模型进行预测。当时间序列的变动出现直线趋势时，用一次指数平滑法预测仍会存在明显的滞后偏差，这时可以采用二次指数平滑法，并且二次指数平滑法可以进行中长期预测。二次指数平滑值的计算公式为

$$S_t^{(2)} = \alpha S_t^{(1)} + (1 - \alpha) S_{t-1}^{(2)}$$

式中，$S_t^{(2)}$ 为二次指数平滑值；其他项的含义同一次指数平滑公式。

二次指数平滑的预测模型为

$$\hat{y}_{t+T} = a_t + b_t T$$

$$a_t = 2 S_t^{(1)} - S_t^{(2)}$$

$$b_t = \frac{\alpha}{1 - \alpha} \left(S_t^{(1)} - S_t^{(2)} \right)$$

式中，$\hat{y}_{t+T}$ 为 $t + T$ 期预测值；T 为观察期 t 之后的时期序号；a_t，b_t 为 t 时期点处的截距与斜率。

[例 10]　某跨国企业 2014 年—2019 年的出口销售资料见表 10-9，试用二次指数平滑法预测该企业 2020 年的出口销售额，设 $\alpha = 0.5$，初始值 $S_0^{(2)} = S_0^{(1)} = 140$（不做前两期平均处理）。

表 10-9　某企业 2014 年—2019 年的销售资料　　（单位：万元）

年份	出口销售额	$S_t^{(1)}$	$S_t^{(2)}$
2014	140	140	140
2015	160	150	145
2016	150	150	147.5
2017	182	166	156.75
2018	160	163	159.875
2019	175	169	164.4375

解：

根据公式有

$$a_t = 2S_t^{(1)} - S_t^{(2)} = 2 \times 169 - 164.4375 = 173.5625 \text{（万元）}$$

$$b_t = \frac{\alpha}{1 - \alpha}(S_t^{(1)} - S_t^{(2)}) = \frac{0.5}{1 - 0.5}(169 - 164.4375) = 4.5625 \text{（万元）}$$

则预测模型为

$$\hat{y}_{t+T} = 173.5625 + 4.5625T$$

求得预测结果为

$$\hat{y}_{6+1} = 173.5625 + 4.5625 \times 1 = 178.125 \text{（万元）}$$

该企业 2020 年的销售额的预测值为 178.125 万元。

（三）三次指数平滑法

三次指数平滑法是将二次指数平滑值进行第三次指数平滑，求取三次指数平滑值，然后建立二次曲线预测模型，并根据这三次指数平滑值求解模型的参数。当时间序列的变动表现为二次曲线趋势时，则需要用三次指数平滑法进行预测。三次指数平滑值的公式为

$$S_t^{(3)} = \alpha S_t^{(2)} + (1 - \alpha)S_{t-1}^{(3)}$$

三次指数平滑法的预测模型为

$$\hat{y}_{t+T} = a_t + b_t T + c_t T^2, T = 1, 2, \cdots$$

$$a_t = 3S_t^{(1)} - 3S_t^{(2)} + S_t^{(3)}$$

$$b_t = \frac{\alpha}{2(1 - \alpha)^2}[(6 - 5\alpha)S_t^{(1)} - 2(5 - 4\alpha)S_t^{(2)} + (4 - 3\alpha)S_t^{(3)}]$$

$$c_t = \frac{\alpha^2}{2(1 - \alpha)^2}(S_t^{(1)} - 2S_t^{(2)} + S_t^{(3)})$$

三种指数平滑法的预测模型分别适用于具有不同变动趋势的时间序列数据。当时间序列数据的变动趋势近似于水平时，应采用一次指数平滑法预测；当时间序列数据呈线性（上升或者下降）趋势时，应采用二次指数平滑法预测；当时间序列数据呈非线性趋势时，应采用三次指数平滑法预测。三次指数平滑法的预测模型是最高阶的指数平滑模型，经验证明，更高阶的指数平滑模型对提高预测的准确性一般作用不大。

五、趋势外推法

趋势外推法又称趋势延伸法，是根据事物的历史和现时资料，寻求事物的发展规律，从而推测出事物未来状况的一种比较常用的预测方法。当预测对象依时间变化呈现某种上升或下降趋势，没有明显的季节波动，且能找到一个合适的函数曲线反映这种变化趋势时，就可以用趋势外推法进行预测。趋势外推法的实质是利用某种函数分析描述预测对象某一参数的发展趋势，常采用的是一些比较简单的函数模型，如线性模型、指数曲线、生长曲线等。假设用时间 t 为自变量，时序数值 y 为因变量，可以建立趋势模型为

$$y = f(t)$$

当有理由相信这种趋势能够延伸到未来时，赋予变量 t 所需要的值，就可以得到相应的预测值。趋势外推法基于两个假定：一是假设事物发展过程没有跳跃式变化，一般是渐进变化；二是未来和过去的规律一样，事物的发展现状决定了事物未来的发展。

（一）直线趋势外推法

若市场现象时间序列具有长期趋势变动，而且呈现直线变化规律，即直线上升趋势或直线下降趋势时，就可以配合直线方程，用直线趋势外推法进行预测。判断时间序列趋势变动是否具有直线趋势，可以用时间序列图形判断，也可以用时间序列环比增长量（一次差）判断。若时间序列环比增长量接近于一个常数或差异不大，即可用直线趋势外推法。直线趋势外推法的预测模型为

$$\hat{y} = a + bt$$

在直线趋势方程中，关键是确定参数 a、b 的值，建立直线预测模型。确定 a、b 值的常用方法是最小二乘法，即需要满足时间序列实际观察值与趋势线各值的离差平方之和为最小这一条件，使 $\sum_{i=1}^{n} (y_i - \hat{y}_i)^2$ 最小。通过计算可得：

$$b = \frac{\sum ty - \frac{1}{n} \sum t \sum y}{\sum t^2 - \frac{1}{n} \left(\sum t \right)^2}, \quad a = \bar{y} - b \bar{t}$$

按等距原则编排时间变量。如时间序列的各期指标个数为奇数，可设定为…，-3，-2，-1，0，1，2，3，…；如时间序列的各期指标个数为偶数，可设定为…，-5，-3，-1，1，3，5，…。将 $\sum t = 0$ 代入上式，则有

$$b = \frac{\sum ty}{\sum t^2}, \quad a = \bar{y} = \frac{\sum y}{n}$$

[例 11] 根据例 9 的资料，结合表 10-10，试用直线趋势外推法预测 12 月的出口销售额。

表 10-10 某商品 2019 年 1 月—11 月的出口销售额

	1月	2月	3月	4月	5月	6月	7月	8月	9月	10月	11月	合计
y（万元）	50	52	48	47	53	51	56	57	50	49	52	565
t	-5	-4	-3	-2	-1	0	1	2	3	4	5	0
t^2	25	16	9	4	1	0	1	4	9	16	25	110
ty（万元）	-250	-208	-144	-94	-53	0	56	114	150	196	260	27

解：

根据表 10-10 可知：

$$b = \frac{\sum ty}{\sum t^2} = \frac{27}{110} = 0.245（万元）$$

$$a = \frac{\sum y}{n} = \frac{565}{11} = 51.364（万元）$$

预测 12 月的销售额，12 月的 $t = 6$，则有

$$\hat{y}_6 = a + bt = 51.364 + 0.245 \times 6 = 52.834（万元）$$

同样的资料，用直线趋势外推法和一次指数平滑法计算的预测值并不相同，这是因为两种方法存在差别。一是两种方法的预测模型虽然都符合线性方程要求，但参数的计算方法不

同；二是观察期各期资料对预测值的影响不同，一次指数平滑法受近期资料影响较大，远期资料影响较轻，直线趋势外推法则将各期影响程度同等看待；三是自变量的取值不同，一次指数平滑法的自变量从观察最末期之后算起，直线趋势外推法是从观察期 $t=0$ 之后算起。

（二）指数曲线趋势外推法

一般来说，技术的进步和生产的增长，在未饱和之前的新生时期是遵循指数曲线增长规律的，因此可以用指数曲线对发展中的事物进行预测。指数曲线预测模型为

$$\hat{y} = y_0 e^{bt}$$

对上式取对数可得

$$\ln \hat{y} = \ln y_0 + bt$$

令 $Y = \ln \hat{y}$，$a = \ln y_0$，则有 $Y = a + bt$，其中参数的值可以用最小二乘法求得，再查反对数，可得原指数曲线模型的参数值，然后进行预测。

利用指数曲线外推来进行预测时，存在着预测值随着时间的推移会无限增大的情况，这是不符合客观规律的，因为任何事物的发展都是有一定限度的。例如，某种畅销产品，在其占有市场的初期是呈指数曲线增长的，但随着产品销售量的增加，产品总量接近于社会饱和量时，这时的预测模型应改用修正指数曲线。修正指数曲线预测模型为

$$\hat{y} = K + ab^t$$

其中三个参数 K，a，b 需要历史数据来确定。当 K 值可以预先确定时，采用最小二乘法确定模型的参数；当 K 值不能预先确定时，可以采用三和法。

把时间序列的 n 个观察值等分为三部分，每部分有 m 期，即 $n = 3m$。

第一部分：y_1，y_2，…，y_m。

第二部分：y_{m+1}，y_{m+2}，…，y_{2m}。

第三部分：y_{2m+1}，y_{2m+2}，…，y_{3m}。

观察值的各部分之和：

$$S_1 = \sum_{t=1}^{m} y_t, \quad S_2 = \sum_{t=m+1}^{2m} y_t, \quad S_3 = \sum_{t=2m+1}^{3m} y_t$$

令每部分的趋势值之和等于相应的观察值之和，由此给出参数估计值。即

$$S_1 = \sum_{t=1}^{m} \hat{y}_t = \sum_{t=1}^{m} (K + ab^t) = mK + ab(1 + b + b^2 + \cdots + b^{m-1})$$

$$S_2 = \sum_{t=m+1}^{2m} \hat{y}_t = \sum_{t=m+1}^{2m} (K + ab^t) = mK + ab^{m+1}(1 + b + b^2 + \cdots + b^{m-1})$$

$$S_3 = \sum_{t=2m+1}^{3m} \hat{y}_t = \sum_{t=2m+1}^{3m} (K + ab^t) = mK + ab^{2m+1}(1 + b + b^2 + \cdots + b^{m-1})$$

由于 $(1 + b + b^2 + \cdots + b^{m-1})(b-1) = b^m - 1$，可得

$$S_1 = mK + ab \frac{b^m - 1}{b - 1}, \quad S_2 = mK + ab^{m+1} \frac{b^m - 1}{b - 1}, \quad S_3 = mK + ab^{2m+1} \frac{b^m - 1}{b - 1}$$

由此解出三个参数的估计值：

$$b = \left(\frac{S_3 - S_2}{S_2 - S_1} \right)^{\frac{1}{m}}, \quad a = (S_2 - S_1) \frac{b - 1}{b(b^m - 1)^2}, \quad K = \frac{1}{m} \left[S_1 - \frac{ab(b^m - 1)}{b - 1} \right]$$

值得注意的是，需要检验给定数据的逐期增长量的比率是否接近某一常数 b，即 $\dfrac{y_{t+1} - y_t}{y_t - y_{t-1}} \approx b$，数据接近时才可以采用修正指数曲线预测模型进行预测。

[例12] 某商品 2016 年—2020 年的出口销售数据见表 10-11，试用修正指数曲线预测 2021 年的出口销售量。

表 10-11 某商品 2006 年—2020 年的出口销售数据 （单位：t）

年份	2006	2007	2008	2009	2010	2011	2012	2013
出口销售量	42	47	52	57	62	67	71	75
年份	2014	2015	2016	2017	2018	2019	2020	
出口销售量	79	83	87	91	94	97	101	

解：

根据表 10-11 可以将 15 个数据分为三部分，每部分 5 个数据，即 $m = 5$，可得 $S_1 = 260$，$S_2 = 375$，$S_3 = 470$，根据修正指数曲线预测模型，可得

$$b = 0.9624, \quad a = -148.08, \quad K = 184.202$$

经计算可知 $\dfrac{y_{t+1} - y_t}{y_t - y_{t-1}} \in [0.94, 0.97]$，$b$ 的参数值在这一区间，可以采用修正指数曲线拟合。将三个参数值代入修正指数曲线预测模型，可得

$$\hat{y} = 184.202 - 148.08 \times 0.9624^t$$

预测 2021 年的出口销售量时，$t = 16$ 代入可得

$$\hat{y}_{16} = 104.002t \approx 104t$$

（三）龚柏兹曲线趋势外推法

龚柏兹曲线模型是由英国统计学家 B. Compertz 提出并命名的，预测模型为

$$\hat{y} = Ka^{b^t}, \quad K > 0, \ 0 < a < 1, \ 0 < b < 1$$

该模型反映时间序列呈 S 形增长曲线，即初期增长缓慢，随后较大幅度增长，接着趋向稳定水平，最后趋势下滑。这种趋势与产品周期的萌芽期、成长期、成熟期至衰退期的变动走向十分相似，常用于新产品的研制、发展、成熟和衰退分析，特别适用于对处在成熟期的商品进行预测，以掌握市场需求和销售的饱和量。

对上式两边取对数，可得

$$\ln \hat{y}_t = \ln K + (\ln a) b^t$$

设 $\hat{y}_t^* = \ln \hat{y}_t$，$K^* = \ln K$，$a^* = \ln a$，则有

$$\hat{y}_t^* = K^* + a^* b^t$$

仿照修正指数曲线的三和法对参数进行估计，令

$$S_1 = \sum_{t=1}^{m} y_t^*, \quad S_2 = \sum_{t=m+1}^{2m} y_t^*, \quad S_3 = \sum_{t=2m+1}^{3m} y_t^*$$

式中 $y_t^* = \ln y_t$，则有

$$b = \left(\frac{S_3 - S_2}{S_2 - S_1} \right)^{\frac{1}{m}}, \quad a^* = (S_2 - S_1) \frac{b-1}{b(b^m - 1)^2}, \quad K^* = \frac{1}{m} \left[S_1 - \frac{a^* b(b^m - 1)}{b-1} \right]$$

采用龚柏兹曲线进行预测时也需要对数据进行检验，检验方法是看给定数据的对数逐期增长的比率是否接近 b，即 $\dfrac{\ln y_{t+1} - \ln y_t}{\ln y_t - \ln y_{t-1}} \approx b$。

[**例13**] 根据表10-11的数据，试用龚柏兹曲线预测2021年的出口销售量。

解：

根据表10-11可得 $S_1 = 19.7092$，$S_2 = 21.5731$，$S_3 = 22.7098$，再根据龚柏兹曲线模型可得

$$b = 0.9058, \quad a^* = -1.2729, \quad K^* = 4.8970$$

通过反对数可求得

$$a = 0.2800, \quad K = 133.8925$$

将三个参数值代入龚柏兹曲线模型可得

$$\hat{y} = 133.8925 \times 0.2800^{0.9058^t}$$

预测2021年的出口销售量时，$t = 16$ 代入可得

$$\hat{y}_{16} = 103.0918 \approx 103t$$

六、季节变动预测法

季节变动是指某些市场现象的时间序列，由于受自然气候、生产条件、生活习惯等因素的影响，在若干年中每一年随季节的变化都呈现周期性变动。如某些商品的生产，包括蛋、奶、水果、蔬菜等鲜活商品，受自然气候变化影响，形成该类商品的市场供应量的季节性变动，节假日也使一部分商品的需求呈现季节性变化。

市场现象时间序列的季节变动多数情况下并非表现为单纯的季节变动，有些市场现象时间序列表现为以季节变动为主，同时含有不规则变动因素；有些市场现象时间序列则表现为季节变动、长期趋势变动和不规则变动混合在一起。因此关于季节变动的预测大致可以划分为无趋势变动预测和含趋势变动的预测两种类型。

研究市场现象季节变动，所搜集的市场现象时间序列资料一般必须是以月（或季度）为单位时间；为研究某市场现象的季节变动规律，必须至少具有3年或3年以上的市场现象各月（或各季度）的资料。

（一）无趋势变动的季节变动预测法

对于不含长期趋势变动，只含季节变动的市场现象时间序列，一般采取季节水平模型对其进行预测。预测步骤一般为：第一，搜集3年以上各年的月或季度资料 y_t，形成时间序列。第二，计算各年同季度或同月的平均值 $\bar{y}_i = \dfrac{\sum y_i}{n}$，其中 n 为年数。第三，计算所有年度所有季度或月的平均值 $\bar{y}_0 = \dfrac{\sum \bar{y}_i}{n}$，其中 n 为一年季度数或月数。第四，计算各季度或月的季节比率 $f_i = \dfrac{\bar{y}_i}{\bar{y}_0}$。第五，计算预测期趋势值 $\hat{x}_t$，其计算方法有：①以观察年的年均值除以一年季度数或月数；②以观察年末年的年值乘以预测年的年发展速度；③以观察年末年的年值除以一年季度数或月数。第六，建立预测模型 $\hat{y}_t = \hat{x}_t f_i$，进行预测。

[**例14**] 某地棉衣、毛衣、皮衣的出口销售资料见表10-12，试预测2021年各季度的

出口销售额。

表 10-12 某地棉衣、毛衣、皮衣的出口销售资料

季别	各年出口销售额（万元）				季均销售额 $\bar{y_i}$（万元）	季节比率 f_i	预测值 $\hat{y_t}$（万元）
	2017 年	2018 年	2019 年	2020 年			
第一季度	148	138	150	145	145.25	1.2727	145.09
第二季度	62	68	58	62	62.5	0.5477	62.44
第三季度	76	80	72	76	76	0.6659	75.91
第四季度	166	172	180	173	172.75	1.5137	172.56
年值（合计）	452	458	460	456	—	—	—

解：

1）计算各年同季度平均出口销售额见表 10-12 中的 $\bar{y_i}$ 值，如第一季为

$$\frac{148 + 138 + 150 + 145}{4} = 145.25（万元）$$

2）计算所有年度所有季度的平均出口销售额

$$\bar{y_0} = \frac{145.25 + 62.5 + 76 + 172.75}{4} = 114.125（万元）$$

3）计算各季度的季节比率 $f_i = \dfrac{\bar{y_i}}{y_0}$，结果见表 10-12，如第一季度为

$$f_1 = \frac{145.25}{114.125} \approx 1.2727$$

4）计算预测年的季度趋势值 $\hat{x_t}$，以观察年末年的年值除以一年的季度数或月数：

$$\hat{x_t} = \frac{456}{4} = 114（万元）$$

5）2021 年的各季度预测值 $\hat{y_t}$ 见表 10-12。

（二）含趋势变动的季节变动预测法

市场现象的时间序列存在季节变动，但是各年水平或各年同月、同季水平呈上升或下降趋势，则不能采用水平法预测，应该用趋势法预测。含趋势变动的季节变动预测法的基本思路是将时间序列的长期线性趋势删除，然后分析其季节变化规律，之后依据原序列的长期趋势特点，预测原时间序列的未来趋势值，最后按分析的季节变动指数调整趋势值，得出含有长期趋势、季节变动的预测值。

预测步骤一般为：

第一，以一年的季度数 4 或一年的月数 12 为 n，对观察值的时间序列进行 n 项移动平均。由于 n 为偶数，应再对相邻两期移动的平均值进行修正，形成新的序列 m_t，以此为长期趋势。

第二，将各期观察值除去同期移动均值为季节比率 $f_t = \dfrac{y_t}{m_t}$，以消除趋势。

第三，将各年同季或同月的季节比率平均，季节平均比率 f_i 消除不规则变动。

第四，计算时间线性趋势预测值 $\hat{x_t}$，可以根据数据资料的特点采用移动平均法、指数平滑法或趋势外推法等。

第五，计算含趋势变动的趋势预测值$\hat{y_t}$，预测模型为$\hat{y_t} = \hat{x_t} \cdot \bar{f_i}$。

[**例15**]　某地生猪的出口销售量见表10-13，试预测2021年各季的出口销售量。

表10-13　某地生猪的出口销售量　　　　　　　　（单位：万头）

时间		销售量y_t（万头）			季节比率f_t
		实际值	移动平均值$n=4$	移动修正值$n=2$（m_t）	
2017	I	150			
	II	87			
	III	92			
	IV	178	126.75		
2018	I	155	128	127.375	1.217
	II	80	126.25	127.125	0.629
	III	98	127.75	127	0.772
	IV	180	128.25	128	1.406
2019	I	156	128.5	128.375	1.215
	II	90	131	129.75	0.694
	III	95	130.25	129.75	0.727
	IV	175	129	129.625	1.350
2020	I	145	126.25	127.625	1.136
	II	79	123.5	124.875	0.633
	III	89	122	122.75	0.725
	IV	170	120.75	121.375	1.401

解：

第一，计算数列y_t四项移动平均值，再计算相邻两移动平均值，形成数列m_t，见表10-13。

第二，计算各期季节比率f_t，如2018年第三季度$f_t = 98 \div 127 = 0.772$。

第三，计算季节比率平均值$\bar{f_i}$，按要求平均比率之和应等于季数。由于小数原因，可能略大于或小于季数，可通过调整系数计算调整后的平均比率，见表10-14。

表10-14　季节比率

序号	2017年	2018年	2019年	2020年	比率合计	平均比率	调整比率$\bar{f_i}$
1	—	1.217	1.215	1.136	3.568	1.189	1.199
2	—	0.629	0.694	0.633	1.956	0.652	0.657
3	—	0.772	0.727	0.725	2.224	0.741	0.747
4	—	1.406	1.350	1.401	4.157	1.386	1.397

$$调整系数 = \frac{季数}{平均比率之和} = \frac{4}{3.968} \approx 1.008$$

第四，计算时间线性趋势预测值$\hat{x_t}$。本题可采用移动平均法计算模型参数a，b：

$$b = \frac{m_t \text{ 末项} - m_t \text{ 首项}}{m_t \text{ 项数}} = \frac{121.375 - 127.375}{16 - 4} = -0.5$$

$$a = \frac{\sum y_t - b \sum t}{n} = \frac{2019 - b \times 136}{16} = 130.438$$

则有

$$\hat{x}_t = 130.438 - 0.5t$$

2021 年各季趋势预测值为

$$\hat{x}_{17} = 130.438 - 0.5 \times 17 = 121.938$$

$$\hat{x}_{18} = 130.438 - 0.5 \times 18 = 121.438$$

$$\hat{x}_{19} = 130.438 - 0.5 \times 19 = 120.938$$

$$\hat{x}_{20} = 130.438 - 0.5 \times 20 = 120.438$$

第五，根据预测模型为 $\hat{y}_t = \hat{x}_t \bar{f}_i$，计算 2021 年各季的出口销售量预测值：

2021 年第一季 $\hat{y}_{17} = \hat{x}_{17} \bar{f}_1 = 121.938 \times 1.199 = 146.204$（万头）

2021 年第二季 $\hat{y}_{18} = \hat{x}_{18} \bar{f}_2 = 121.438 \times 0.657 = 79.784$（万头）

2021 年第三季 $\hat{y}_{19} = \hat{x}_{19} \bar{f}_3 = 120.938 \times 0.747 = 90.341$（万头）

2021 年第四季 $\hat{y}_{20} = \hat{x}_{20} \bar{f}_4 = 120.438 \times 1.397 = 168.252$（万头）

第四节　世界市场行情预测的定量方法——回归分析法

传统的时间序列预测法往往针对数据本身进行预测，忽视了经济变量之间的因果关系。在现实中，经济的变动趋势和水平不单纯表现为在时间序列上的自然变化规律性，更主要表现为变量之间因果关系的规律性。回归分析法是通过分析预测对象及其相关影响因素之间的联系，找出其变化规律，建立揭示其因果关系的回归模型进而确定预测值的预测方法。

回归分析法按其自变量与因变量的相关关系形式不同，可分为线性回归法和非线性回归法。线性回归法又因自变量的个数不同，可分为自变量只有一个的一元线性回归法和有两个以上自变量的多元线性回归法。

回归分析法的一般步骤包括：

第一，根据预测目标，分析判断变量之间是否存在相关关系及相关程度。可以通过研究者的实践经验、专业知识做出定性判断，也可以通过绘制相关散点图观察判定。

第二，确定自变量和因变量。预测目标的变量受另一些变量或因素的支配，前一类变量称为因变量或被解释变量，后一类变量称为自变量或解释变量。必须选择与因变量存在密切相关关系的因素作为自变量。

第三，建立回归方程。根据自变量与因变量的现有数据以及相关关系，初步选定回归方程，计算回归系数。

第四，对回归方程进行相关性检验。所建立的回归方程能否用于实际预测，取决于对回归方程的检验和对预测误差的测定。回归方程只有通过了相应检验，且预测误差在允许范围内，才能把回归方程作为预测模型进行预测。

第五，利用回归方程进行预测。可以进行点预测和区间预测，由点估计和区间估计而来。点预测是以一个点的变量值表示预测值，区间预测是通过预测方法得到预测值的取值区间。

回归分析法通过剔除不相关的因素，综合考虑相关因素的紧密程度，进一步提高了预测的可靠性，能够用于反映经济运行的较长时间的规律性并应用于中期预测，它的具体的有效预测时间取决于社会、政治、经济的规范化程度及其运行的稳定程度，总体上是一种预测精确度较高、实用价值较强的常用经济预测方法。当然回归分析法也存在偏离实际的可能，因为模型本身是对现实经济系统的简化和抽象，不可能将所有的因素都考虑在内，同时抽样误差的存在以及外部经济环境的变化，例如经济危机、突发重大事件等，都可能使预测值与未来经济的实际数值相偏离。

一、一元线性回归法

一元线性回归法是指成对的两个变量数据分布大体上呈直线趋势时，运用合适的参数估计方法，求出一元线性回归模型，然后根据自变量和因变量之间的关系预测因变量趋势的预测方法。

一元线性回归法的预测模型为

$$\hat{y}_i = \beta_0 + \beta_1 x_i$$

式中，β_0、β_1 为未知参数；$\hat{y}_i$ 为估计值。

给定样本以外的解释变量的观测值 x_0，可以得到被解释变量的预测值 $\hat{y}_0$，可以此作为其条件均值 $E(y \mid x = x_0)$ 或个别值 y_0 的一个近似估计，即预测值是条件均值或个值的一个无偏估计，满足一致性、无偏性和有效性的要求。

线性回归模型参数的估计方法通常有普通最小二乘法和最大似然估计法两种，最常用的是普通最小二乘法。最小二乘法的意义在于使下式达到最小：

$$\sum_{i=1}^{n} (y_i - \hat{y}_i)^2 = \sum_{i=1}^{n} (y_i - \beta_0 - \beta_1 x_i)^2$$

式中，y_i 为实际值；$\hat{y}_i$ 为估计值。

根据求极值原理，要使上式最小，只需分别对 β_0、β_1 求偏导数，令其等于零。解得

$$\beta_1 = \frac{\sum_{i=1}^{n} x_i y_i - \bar{x} \sum_{i=1}^{n} y_i}{\sum_{i=1}^{n} x_i^2 - \bar{x} \sum_{i=1}^{n} x_i}$$

$$\beta_0 = \bar{y} - \beta_1 \bar{x}$$

进行一元线性回归预测时，必须选用合适的统计方法估计模型参数，并对模型及其参数进行统计检验。

（一）标准误差检验

标准误差是说明实际值与其估计值之间相对偏离程度的指标，用来衡量回归方程的代表性。其计算公式为

$$SE = \sqrt{\frac{\sum (y - \hat{y})^2}{n - 2}}$$

（二）可决系数检验

可决系数为回归平方和与总平方和的比值，反映了自变量对因变量的可解释比例。其计算公式为

$$R^2 = 1 - \frac{\sum (y - \hat{y})^2}{\sum (y - \bar{y})^2}$$

（三）相关系数检验

相关系数是用来反映变量之间相关关系密切程度的统计指标。相关系数越接近 1 或是 -1，表示两个量之间的相关程度越强；越接近 0，表示两个量之间的相关程度越弱。其计算公式为

$$r = \frac{\sum (x - \bar{x})(y - \bar{y})}{\sqrt{\sum (x - \bar{x})^2 \sum (y - \bar{y})^2}}$$

（四）回归系数的显著性检验——t 检验

求出回归系数后，需要进行回归系数的显著性检验。回归系数的显著性检验是用 t 参数检验的：

$$t = \beta_1 \frac{\sqrt{\sum (x - \bar{x})^2}}{SE}$$

一元线性回归方程中，自由度为 $n-2$，因此 t 服从自由度为 $n-2$ 的 t 分布，取显著性水平 α，如果 $|t| > t_\alpha$，则回归系数 β_1 显著。

（五）回归方程的显著性检验——F 检验

对回归方程的显著性检验可以采用 F 检验。其计算公式为

$$F = \frac{\sum (\hat{y} - \bar{y})^2 / 1}{\sum (y - \hat{y})^2 / (n - 2)}$$

根据给定的显著性水平 α，F 服从 $(1, n-2)$ 分布，如果 $F > F_\alpha(1, n-2)$，则表明回归模型显著；反之，不显著，回归模型不能用于预测。

对于一元线性回归来说，回归系数显著性的 t 检验和回归方程显著性的 F 检验是等价的。对于一元线性回归只需要做一种检验即可，而对于多元线性回归，这两种检验考虑的问题不同，是不同的检验，并不等价。

建立回归模型的主要目的之一是根据自变量的变化来预测或估计因变量的变动情况。具体的估计形式可分为点估计和区间估计两种。点估计是将给定的自变量代入所建立的一元线性回归模型，得到因变量的一个对应的估计值。区间估计是从点估计值和标准误差出发，按给定的概率值建立包含待估计参数的区间，其中这个给定的概率值称为置信度或置信水平，这个建立起来的包含待估计参数的区间称为置信区间，即总体参数值落在样本统计值某一区间内的概率。

[例16] 某大宗商品的价格和供给数量见表 10-15，试用一元线性回归方程估算当价格为 18 美元时，该商品的供给数量是多少？

表 10-15　某大宗商品的价格和供给数量

价格 x（美元）	3	5	8	10	12
供给数量 y（万 t）	4	6	9	11	14

解：

$$\sum x = 38, \quad \sum y = 44, \quad \bar{x} = 7.6, \quad \bar{y} = 8.8, \quad \sum xy = 392, \quad \sum x^2 = 342$$

根据 F 检验可有

$$\beta_0 = 0.569, \quad \beta_1 = 1.083$$

即回归方程为

$$\hat{y}_i = 0.569 + 1.083 x_i$$

当 $x = 18$ 美元时，

$$y = 0.569 + 1.083 \times 18 = 20.063（万 t）$$

二、多元线性回归法

一元线性回归是一个主要影响因素作为自变量来解释因变量的变化。在现实问题研究中，社会经济现象的变化往往受到政治、经济、文化等多方面因素的影响，即使只考虑经济因素，也常是多种经济因素在共同影响，因变量的变化往往受几个重要因素的影响，此时就需要用两个或两个以上的影响因素作为自变量来解释因变量的变化，这就是多元回归。当多个自变量与因变量之间是线性关系时，所进行的回归分析就是多元线性回归分析。多元线性回归法的基本原理和基本计算过程与一元线性回归法相同，但由于自变量个数多，计算相当麻烦，一般在实际应用时都要借助统计软件。

多元线性回归预测模型为

$$\hat{y} = \beta_0 + \beta_1 x_1 + \beta_2 x_2 + \cdots + \beta_n x_n$$

系数 $\beta_0 \sim \beta_n$ 一般通过把因变量和自变量的观察值输入适当的统计软件而求得。多元线性回归模型与一元线性回归模型一样，在得到参数的估计值之后，也需要进行必要的检验与评价，以决定模型是否可以应用。

（一）拟合优度检验

与一元线性回归法中可决系数 R^2 相对应，多元线性回归法中也有多重可决系数 R^2，它是在因变量的总变化中，由回归方程解释的变动（回归平方和）所占的比重，R^2 越大，回归方程对样本数据点拟合的程度越强，所有自变量与因变量的关系越密切。它的计算公式同一元线性回归法，均为

$$R^2 = 1 - \frac{\sum (y - \hat{y})^2}{\sum (y - \bar{y})^2}$$

由于 R^2 是随着解释变量个数的增加而递增的增函数，这会出现问题：要使得模型拟合得好，只要增加解释变量即可，但是实际上由增加解释变量个数引起的 R^2 的增大与拟合好坏无关，因此需要调整 R^2：

$$\bar{R}^2 = 1 - \frac{\sum (y - \hat{y})^2 / n - k - 1}{\sum (y - \bar{y})^2 / n - 1} = 1 - (1 - R^2) \frac{n - 1}{n - k - 1}$$

（二）标准误差检验

估计标准误差，即因变量 y 的实际值与回归方程求出的估计值之间的标准误差，估计标准误差越小，回归方程拟合程度越好。它的计算公式为

$$SE = \sqrt{\frac{\sum (y - \hat{y})^2}{n - k - 1}}$$

式中，$n - k - 1$ 为自由度；k 为多元线性回归方程中自变量的个数。

（三）回归方程的显著性检验

回归方程的显著性检验，即检验整个回归方程的显著性，或者说评价所有自变量与因变量的线性关系是否密切。对回归方程的显著性检验可以采用 F 检验。它的计算公式为

$$F = \frac{\sum (\hat{y} - \bar{y})^2 / k}{\sum (y - \hat{y})^2 / (n - k - 1)}$$

根据给定的显著水平 α，自由度 $(k, n - k - 1)$，查 F 分布表，得到相应的临界值 F_α，若 $F > F_\alpha$，则回归方程具有显著意义，回归效果显著；$F < F_\alpha$，则回归方程无显著意义，回归效果不显著。

（四）回归系数的显著性检验

R^2 检验和 F 检验都是将所有的解释变量作为一个整体来检验它们与被解释变量 $\hat{y}$ 的相关程度以及回归效果，但对于多元回归模型，方程的总体显著性并不意味每个解释变量对被解释变量 $\hat{y}$ 的影响都是显著的。在多元线性回归中，t 检验是分别检验回归模型中各个回归系数是否具有显著性，以便使模型中只保留那些对因变量有显著影响的因素。

检验时先构造 t 统计量，然后根据给定的显著水平 α、自由度 $n - k - 1$，查 t 分布表，若 $|t_j| > t_{\frac{\alpha}{2}} (n - k - 1)$，说明解释变量 x_j 对被解释变量 $\hat{y}$ 有显著影响，是影响 $\hat{y}$ 的主要因素；反之，说明解释变量 x_j 对被解释变量 $\hat{y}$ 无显著影响，应删除该因素。

在进行多元线性回归时，常用到的是 F 检验和 t 检验。F 检验是用来检验整体方程系数是否显著异于零，如果 F 检验得出的 p 值小于 0.05，说明整体回归是显著的。然后再看各个系数的显著性，也就是 t 检验，计量经济学中常用的显著性水平为 0.05，如果 t 值大于 2 或 p 值小于 0.05，说明该变量前面的系数显著不为 0，选的这个变量是有用的。

（五）多重共线性检验

若某个回归系数的 t 检验通不过，可能是这个系数相对应的自变量对因变量的影响不显著所致，此时，应从回归模型中剔除这个自变量，重新建立更简单的回归模型或更换自变量；也可能是自变量之间有共线性所致，此时应设法降低共线性的影响。

多重共线性是指在多元线性回归方程中，自变量之间有较强的线性关系，这种关系若超过了因变量与自变量的线性关系，则回归模型的稳定性受到破坏，回归系数估计不准确。多重共线性可以利用相关系数矩阵和方差扩大因子来进行识别，可以使用主成分分析和岭回归进行减弱或者消除。需要指出的是，在多元回归模型中，多重共线性难以避免，只要多重共线性不太严重就可以。

（六）自相关检验——德宾－沃森（DW）检验

在回归分析法中，假设随机误差项在不同的样本点之间是不相关的，即回归模型中的剩余项 u_i 和 u_j $(i \neq j)$ 之间相互独立。但在实际问题中，经常出现与此相违背的情况，即 u_i 和

u_j（$i \neq j$）之间存在相关性，称为序列相关。若存在序列相关，则建立的回归模型就不能表述自变量与因变量之间的真实变动关系，必须重新建立回归模型。在序列相关中，最常见的是一阶自相关，即 u_i 和 u_{i+1} 相关，而对一阶自相关最常用的检验方法是德宾-沃森（DW）检验。定义 DW 统计量为

$$DW = \frac{\sum_{i=2}^{n}(u_i - u_{i-1})^2}{\sum_{i-1}^{n}u_i^2}$$

式中，$u_i = y_i - \hat{y}_i$。

对于给定的显著性水平 α 以及解释变量个数 k、样本个数 n，从 DW 检验表中查得相应的临界值 d_L 和 d_U，然后根据下列具体情况判别检验结论：

当 $4 - d_L < DW < 4$ 时，存在负自相关。

当 $0 < DW < d_L$ 时，存在正自相关。

当 $d_U < DW < 4 - d_U$ 时，不存在自相关。

当 $d_L < DW < d_U$ 或 $4 - d_U < DW < 4 - d_L$ 时，检验无结论，不能确定 u_i 是否有自相关。

在实际应用中，当 DW 统计量的值在 2（1.5 ~ 2.5）左右时，则无须查表检验即可判定回归模型不存在自相关，此时回归模型有效。DW 检验也适用于一元线性回归分析。

[**例 17**] 某大宗商品的供给数量不仅和其价格有关系，还和可替代商品的价格相关，见表 10-16，试用多元线性回归方程估算当该大宗商品价格为 18 美元时，可替代商品价格为 12 美元时，该商品的供给数量是多少？

表 10-16 某大宗商品的价格、某可替代商品价格和供给数量

价格 x_1（美元）	3	5	8	10	12
某可替代商品价格 x_2（美元）	4	5	7	9	10
供给数量 y（万 t）	4	6	8	11	13

解：

依题建立二元线性回归方程有

$$\hat{y} = \beta_0 + \beta_1 x_1 + \beta_2 x_2$$

利用 Stata 软件可得

$$\hat{y} = 0.2676 x_1 + 1.0422 x_2 - 0.9295$$

代入 $x_1 = 18$，$x_2 = 12$ 可得

$$\hat{y} = 16.418（万 t）$$

其中 F 检验量为 103.92，R^2 为 0.9905，$\overline{R}^2$ 为 0.9809。

三、非线性回归法

在社会经济现象中，很多变量之间的关系并不是线性关系，对这类现象的分析预测一般要应用非线性回归预测，选配适当类型的曲线以符合实际情况。变量间函数关系的类型有的可以根据理论或过去积累的经验，事前予以确定；事先不能确定变量之间函数关系时，可以根据实际资料做散点图，从散点图中的分布形状选择适当的曲线相匹配。常用的曲线类型有幂函数、指数函数、对数函数和 S 型函数等。对于这些曲线类型，如果能进行线性转化的，

可以先把变量之间的曲线关系转变为线性关系，建立线性回归方程，最后转回曲线方程再进行市场预测，见表10-17。

表 10-17　曲线方程转换情况

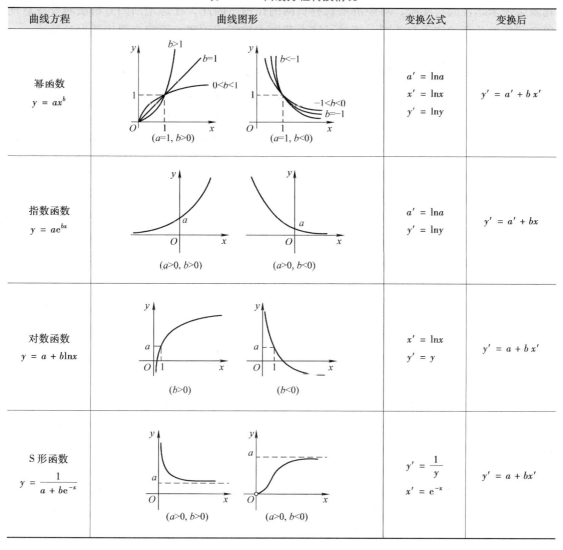

曲线方程	曲线图形	变换公式	变换后
幂函数 $y = ax^b$	$(a=1, b>0)$　　$(a=1, b<0)$	$a' = \ln a$ $x' = \ln x$ $y' = \ln y$	$y' = a' + bx'$
指数函数 $y = ae^{bx}$	$(a>0, b>0)$　　$(a>0, b<0)$	$a' = \ln a$ $y' = \ln y$	$y' = a' + bx$
对数函数 $y = a + b\ln x$	$(b>0)$　　$(b<0)$	$x' = \ln x$ $y' = y$	$y' = a + bx'$
S 形函数 $y = \dfrac{1}{a + be^{-x}}$	$(a>0, b>0)$　　$(a>0, b<0)$	$y' = \dfrac{1}{y}$ $x' = e^{-x}$	$y' = a + bx'$

四、应用回归分析法预测时应注意的问题

应用回归分析法应首先确定变量之间是否存在相关关系，如果变量之间不存在相关关系，对这些变量应用回归分析法进行预测就会得出错误的结果。正确应用回归分析法进行预测时应注意以下三个方面。

（一）用定性分析判断现象之间的相关关系

回归分析不能代替理论知识或实践经验对社会现象相互关系的质的分析，在建立预测模型之前，必须应用理论知识或实践经验等进行定性分析，只有明确了现象之间确实存在着一定的相关关系，才能用回归分析法对因变量进行预测。

在许多情况下，现象之间只是在一定的范围内才具有一定的相关关系，超出了这个范围，这种相关关系就可能发生质的变化。例如，在分析货币供给量时，要注意一定范围内的超量货币供给有利于较好的宏观经济流动性，对经济增长有正向的作用；但是货币供给严重超发会带来恶性通货膨胀，对经济增长有负向的作用。因此，在运用回归分析法时要注意现象之间相关关系的作用与范围，超过了这个范围去推断或预测，可能会得出错误的结论。

（二）避免回归预测的任意外推

在回归方程中，实际观察值 y 的偏差不仅与显著性水平和样本容量有关，也与观察值 x 有关。当 x 与 $\bar{x}$ 接近时，回归效果最好。如果对 x 任意外推，以 x 推算 y 时，误差就会变大，往往得出不正确的结论。由于原有资料只提供了一定范围内的数量关系，在此范围以外是否存在同样的关系并不清楚，因此进行预测时要注意外推不能离开原有范围太远，避免回归预测的任意外推。

（三）应用合适的数据资料

回归分析预测首先要根据数据资料建立回归模型，然后用所建立的模型进行预测，因此数据资料是建立预测模型的"原料"，如果所搜集的历史数据不能确切反映社会经济发展变化的规律，则由此所建立的预测模型就会失真，预测结果就会产生偏差，造成决策失误。只有所依据的数据是真实可靠的，才能据此做出比较可靠的预测和决策。同时还要注意数据所包含的经济内容、指标的口径、范围、计算方法和计量单位的一致性。

第五节　其他预测方法

一、马尔科夫预测法

马尔科夫预测法是应用概率论中马尔科夫链的理论和方法来研究随机事件变化并借此分析预测未来变化趋势的一种方法。当研究对象被作为一个过程来看待，能按时间顺序或空间特征来划分阶段时，可用此方法建模预测。

为了表征一个系统在变化过程中的特性（状态），可以用一组随时间进程而变化的变量来描述。如果系统在任何时刻上的状态是随机的，那么变化过程就是一个随机过程。一般而言，描述系统状态的随机变量序列不一定满足相互独立的条件，也就是说，系统将来的状态与过去时刻以及现在时刻的状态是有关系的。在实际情况中，也有具有这种性质的随机系统：系统在每一时刻上的状态，仅仅取决于前一时刻的状态，这个性质称为马尔科夫性或无后效性。具有这个性质的离散型随机过程称为马尔科夫过程。时间和状态都是离散的马尔科夫过程称为马尔可夫链。用数学语言可以描述为：设随机过程 $\{X_n, n \in T\}$，若对于任意的整数 $n \in T$ 和任意的 $i_0, i_1, \cdots, i_{n+1} \in I$，满足

$$P\{X_{n+1} = i_{n+1} \mid X_0 = i_0, X_1 = i_1, \cdots, X_n = i_n\} = P\{X_{n+1} = i_{n+1} \mid X_n = i_n\}$$

则称离散型随机过程 $\{X_n, n \in T\}$ 为马尔科夫链。

当系统由一种状态转变为另一种状态时，我们称之为状态转移。由于系统状态的变化是随机的，因此必须用概率描述状态转移的各种可能性的大小。我们称条件概率 $p_{ij}(n) = P\{X_{n+1} = j \mid X_n = i\}$ 为马尔科夫链 $\{X_n, n \in T\}$ 在时刻 n 的一步转移概率，其中 $i, j \in T$，简称为转移概率。设 P 表示一步转移概率 p_{ij} 所组成的矩阵，且状态空间 $I = \{1, 2, \cdots\}$，则系统状

态的一步转移概率矩阵为

$$\boldsymbol{P} = \begin{pmatrix} p_{11} & \cdots & p_{1n} \\ \vdots & & \vdots \\ p_{n1} & \cdots & p_{nn} \end{pmatrix}$$

式中，$p_{ij} \geq 0, i, j \in I; \sum_{j \in T} p_{ij} = 1, i \in I$。

我们称条件概率 $p_{ij}^{(n)} = P\{X_{m+n} = j \mid X_m = i\}$，$i, j \in I, m \geq 0, n \geq 1$ 为马尔科夫链 $\{X_n, n \in T\}$ 的 n 步转移概率，并称 $\boldsymbol{P}(n) = (p_{ij}^{(n)})$ 为马尔科夫链的 n 步转移矩阵，其中 $(p_{ij}^{(n)}) \geq 0$，$\sum_{j \in T} (p_{ij}^{(n)}) = 1$。

对于任意的行向量（或列向量），如果其每个元素均非负且综合等于1，那么称该向量为概率向量。由概率向量作为行向量所构成的方阵称为概率矩阵。设 t_0 为过程的开始时刻，则称 $\boldsymbol{P}(0) = (p_1(0), p_2(2), \cdots, p_n(n))$ 为初始状态概率向量。

如已知马尔科夫链的转移矩阵 P 以及初始状态概率向量 $\boldsymbol{P}(0)$，则任一时刻状态概率的递推公式为

$$\begin{cases} \boldsymbol{P}(1) = \boldsymbol{P}(0)\boldsymbol{P} \\ \boldsymbol{P}(2) = \boldsymbol{P}(1)\boldsymbol{P} = \boldsymbol{P}(0)\boldsymbol{P}^2 \\ \qquad \vdots \\ \boldsymbol{P}(n) = \boldsymbol{P}(n-1)\boldsymbol{P} = \boldsymbol{P}(0)\boldsymbol{P}^n \end{cases}$$

经过无穷多次状态转移后得到的状态概率称为终极状态概率，或称平稳状态概率。如果记终极状态概率向量为 $\boldsymbol{\pi} = (\pi_1, \pi_2, \cdots, \pi_n)$，则有

$$\lim_{n \to \infty} \pi_i(n) = \lim_{n \to \infty} \pi_i(n+1) = \boldsymbol{\pi}$$

代入一步转移概率矩阵，可得终极状态概率应满足的条件：

$$\boldsymbol{\pi} = \boldsymbol{\pi} P$$

式中，$0 \leq \pi_i \leq 1$；$i = 1, 2, \cdots n$；$\sum_{i=1}^{n} \pi_i = 1$。

[**例18**] 假设已知 A、B、C 三家主要厂商的产品出口销售额的市场占有率分别为 50%、30% 和 20%。由于 C 公司实行了改善销售与服务方针的经营管理决策，使其产品出口销售额逐期稳定上升，而 A 公司的产品出口销售额却在下降。通过市场调查发现三家公司的顾客流动情况见表 10-18。

表 10-18 A、B、C 三家公司的顾客流动情况 （周期：季度）

公司	基期顾客数量（名）	1期顾客数量（名）		
		A	B	C
A	5000	3500	500	1000
B	3000	300	2400	300
C	2000	100	100	1800
合计		3900	3000	3100

请问，如果按照目前的趋势发展下去，A 公司的产品出口销售额或客户转移的影响将严重到何种程度？三家公司的产品出口销售额的占有率将如何变化？

解：

由表 10-18 可知顾客流动的转移概率见表 10-19。

表 10-19　顾客流动的转移概率

公司	A	B	C
A	$3500 \div 5000 = 0.7$	$500 \div 5000 = 0.1$	$1000 \div 5000 = 0.2$
B	$300 \div 3000 = 0.1$	$2400 \div 3000 = 0.8$	$300 \div 3000 = 0.1$
C	$100 \div 2000 = 0.05$	$100 \div 2000 = 0.05$	$1800 \div 2000 = 0.9$

如用矩阵来表示表 10-19 的数据，可得状态转移矩阵：

$$P = \begin{pmatrix} 0.7 & 0.1 & 0.2 \\ 0.1 & 0.8 & 0.1 \\ 0.05 & 0.05 & 0.9 \end{pmatrix}$$

P 中数据表示一个随机挑选的某公司的顾客，到下一个周期购买该公司或另一公司产品的可能性或概率。例如，随机挑选一名 A 公司的顾客，他在下一周期仍购买 A 公司产品的概率为 0.7，购买 B 公司产品的概率为 0.1，购买 C 公司产品的概率为 0.2。

未来各周期市场占有率的计算：

以 A、B、C 公司作为要分析的系统的状态，那么状态概率向量就分别为三家公司的产品销售额的市场占有率。初始状态概率向量为：

$$P(0) = [0.5, 0.3, 0.2]$$

转移矩阵由一步转移概率矩阵给出，于是可用任一时刻状态概率的递推公式来计算未来各期的市场占有率。如状态转移一次后第 1 周期的市场占有率向量为

$$P(1) = P(0)P = (0.5 \quad 0.3 \quad 0.2) \begin{pmatrix} 0.7 & 0.1 & 0.2 \\ 0.1 & 0.8 & 0.1 \\ 0.05 & 0.05 & 0.9 \end{pmatrix} = (0.39 \quad 0.3 \quad 0.31)$$

若计算未来各期的市场占有率 $P(n)$ 可以看出，A 公司的市场占有率将逐期下降，而 C 公司的市场占有率则将逐期上升。从经营决策和管理的角度来看，希望了解各公司的市场占有率最终将达到什么样的水平，即平衡状态下的市场占有率或平稳状态概率，需解方程组：

$$\begin{cases} \begin{bmatrix} x_1 & x_2 & x_3 \end{bmatrix} \begin{pmatrix} 0.7 & 0.1 & 0.2 \\ 0.1 & 0.8 & 0.1 \\ 0.05 & 0.05 & 0.9 \end{pmatrix} = (x_1 \quad x_2 \quad x_1) \\ x_1 + x_2 + x_3 = 1 \end{cases}$$

解得

$$x_1 \approx 0.1765, x_2 \approx 0.2353, x_3 \approx 0.5882$$

即 A、B、C 三家公司的市场占有率最终将分别达到 17.65%、23.53% 和 58.82%。

二、灰色预测模型

灰色预测模型是灰色系统理论中的一个重要部分，由邓聚龙教授首先提出。一般称信息完全未确定的系统为黑色系统，称信息完全确定的系统为白色系统，灰色系统就是介于这二

者之间，一部分信息是已知的，另一部分信息是未知的，系统内各因素之间有不确定的关系。灰色预测模型就是通过少量的、不完全的信息，建立灰色微分预测模型，对事物发展规律做出模糊性的长期描述。

灰色预测模型可针对数量非常少、数据完整性和可靠性较低的数据序列进行预测，这一模型利用微分方程来充分挖掘数据的本质，建模所需信息少，运算简便，易于检验，也不用考虑分布规律或变化趋势等，更适用于短期预测。灰色预测模型有很多，其中 GM（1，1）模型使用较为广泛，预测时通常可分为以下五步。

第一步，进行级比值检验。

对于给定序列 $X^{(0)} = \{x(1), x(2), \cdots, x(n)\}$ 计算级比：

$$\sigma(k) = \frac{x(k-1)}{x(k)}$$

从而获得级比数列 $\sigma = \{\sigma(2), \sigma(3), \cdots, \sigma(n)\}$，接着检验级比 $\sigma(k)$ 是否有 $\sigma(k) \in (e^{\frac{-2}{n+1}}, e^{\frac{2}{n+1}})$，如成立，就可用 GM（1，1）建模和预测。对级比检验不合格的序列，可以作平移变换、对数变换或方根变换进行处理。这个步骤仅为初步检验，意义相对较小。

第二步，建模。

令 $X^{(0)}$ 为 GM（1，1）建模序列，即 $X^{(0)} = \{x^{(0)}(1), x^{(0)}(2), \cdots, x^{(0)}(n)\}$，对原始时序数据做一阶累加生成，得 $X^{(1)} = \{x^{(1)}(1), x^{(1)}(2), \cdots, x^{(1)}(n)\}$，其中，

$$x^{(1)}(k) = \sum_{i-1}^{k} x^{(0)}(i), k = 1, 2, \cdots, n$$

对 $X^{(1)}$ 做紧邻均值，生成序列 $Z^{(1)} = \{z^1(2), z^1(3), \cdots, z^1(n)\}$，其中，

$$z^{(1)}(k) = \frac{1}{2}\{x^{(1)}(k) + x^{(1)}(k-1)\}, k = 2, 3, \cdots, n$$

则灰色模型 GM（1，1）的微分方程为

$$x^{(0)}(k) + a z^{(1)}(k) = b$$

式中，a 为发展系数；b 为灰色作用量。

第三步，估参数 a，b。

设 $\hat{\alpha}$ 为待估参数向量，即 $\hat{\alpha} = (a, b)^T$，则灰色微分方程式的最小二乘估计参数满足：

$$\hat{\alpha} = (B^T B)^{-1} B^T Y$$

其中，

$$B = \begin{pmatrix} -z^{(1)}(2) & 1 \\ -z^{(2)}(3) & 1 \\ \vdots & \vdots \\ -z^{(n)}(n) & 1 \end{pmatrix}, Y = \begin{pmatrix} x^{(0)}(2) \\ x^{(0)}(3) \\ \vdots \\ x^{(0)}(n) \end{pmatrix}$$

则有 $\dfrac{dx^{(1)}}{dt} + ax^{(1)} = b$ 为灰色微分方程 $x^{(0)}(k) + az^{(1)}(k) = b$ 的白化方程，或称影子方程。

第四步，还原、预测。

$x^{(0)}(k) + az^{(1)}(k) = b$ 时间相应序列为

$$\hat{x}^{(1)}(k+1) = \left\{x^{(0)}(1) - \frac{b}{a}\right\}e^{-ak} + \frac{b}{a}, \quad k = 1,2,\cdots,n$$

由 $\hat{x}^{(1)}(k+1)$ 累减生成还原值系列：

$$\hat{X}^{(0)} = \{\hat{x}^{(0)}(1), \hat{x}^{(0)}(2), \cdots, \hat{x}^{(0)}(n)\}$$

第五步，模型精度检验。若符合精度要求，则可以进行预测；若不符合精度要求，则需要进行残差修正等处理。

[**例19**]　某大型企业 2015 年—2020 年的产品出口销售额见表 10-20，试建立 GM（1，1）预测模型，并预测 2021 年的产品出口销售额。

表 10-20　某大型企业 2015 年—2020 年的产品出口销售额　　（单位：亿元）

年份	2015	2016	2017	2018	2019	2020
销售额	2.67	3.13	3.25	3.36	3.56	3.72

解：

设 $X^{(0)} = \{2.67,\ 3.13,\ 3.25,\ 3.36,\ 3.56,\ 3.72\}$（级比检验略）。

构造累加生成序列

$$X^{(1)} = \{2.67, 5.80, 9.05, 12.41, 15.97, 19.69\}$$

构造数据矩阵 B 和数据向量 Y，并计算 $\hat{\alpha}$，得

$$a = -0.043879, b = 2.925663$$

根据得出的 $\hat{X}^{(1)}$，计算 $k = 7$，$\hat{x}^{(0)}(8) = \hat{x}^{(1)}(8) - \hat{x}^{(1)}(7) = 4.23$，即 2021 年的产品销售额预测值为 4.23 亿元。关于精度检验略。

三、投入产出模型

投入产出模型是对于经济系统的多部门的投入与产出进行研究，编制投入产出表，并建立其数学模型。这种将经济系统的投入产出关系编制成投入产出表，建立投入产出模型进行研究的方法叫作投入产出法。利用投入产出模型对经济活动进行分析和进行经济预测，称为投入产出分析。

投入产出表将各投入与产出量编制见表 10-21：

表 10-21　部门间投入产出表

项目		中间产品						合计	最终产品			合计	总产品
		1	2	…	j	…	n		消费	储蓄	出口		
物质消耗	1	X_{11}	X_{12}	…	X_{1j}	…	X_{1n}					Y_1	X_1
	2	X_{21}	X_{22}	…	X_{2j}	…	X_{2n}					Y_2	X_2
	⋮	⋮	⋮	（Ⅰ）	⋮	⋮	⋮				（Ⅱ）	⋮	⋮
	i	X_{i1}	X_{i2}	…	X_{ij}	…	X_{in}					Y_i	X_i
	⋮	⋮	⋮	⋮	⋮	⋮	⋮					⋮	⋮
	n	X_{n1}	X_{n2}	…	X_{nj}	…	X_{nn}					Y_n	X_n
	合计												

（续）

项目		中间产品							最终产品				总产品
		1	2	…	j	…	n	合计	消费	储蓄	出口	合计	
新创造价值	劳动报酬	V_1	V_2	…	V_j	…	V_n		（Ⅳ）				
	社会纯收入	M_1	M_2	…	M_j	…	M_n						
	合　计	Z_1	Z_2	（Ⅲ）	Z_j	…	Z_n						
	总产值	X_1	X_2	…	X_j	…	X_n						

注：为了讨论方便，表中未列入固定资产折旧。

用纵横两条粗线把整个表分作四部分，分别为第Ⅰ、Ⅱ、Ⅲ、Ⅳ象限，部门间投入产出关系主要反映在第Ⅰ、Ⅱ、Ⅲ象限。第Ⅰ象限是由 n 个物资生产部门纵横交错组成的，横行和纵列是对应的各相同生产部门组成的，反映国民经济各物质生产部门之间生产与分配的关系，即各物质生产部门之间的投入与产出的关系，如果横行的"2"代表石油部门，则纵列的"2"也代表石油部门。第Ⅱ象限是第Ⅰ象限在水平方向的延伸，主要是反映各物质生产部门的总产品中可供社会最终消费使用的最终产品及其使用情况。第Ⅲ象限是第Ⅰ象限在垂直方向的延伸，反映各物质生产部门新创造的价值，也反映了国民收入的初次分配构成。

从表10-21的横行看，每一生产部门分配给纵列各部门的产品加上最终产品等于该部门的总产品，则有产品分配平衡方程式：

$$\sum_{j=1}^{n} X_{ij} + Y_i = X_i, \ i = 1, 2, \cdots, n$$

从表10-21的纵列看，对纵列的每一生产部门来说，各生产部门对它提供的生产性消耗，即生产性投入，加上该部门新创造的价值等于它的总产品，则有消耗平衡方程式：

$$\sum_{i=1}^{n} X_{ij} + Z_j = X_j, \ j = 1, 2, \cdots, n$$

要定量掌握部门之间的相互联系，必须研究各部门间的直接消耗和完全消耗。直接消耗是指某部门的产品在生产过程中直接对另一部门产品的消耗。例如，炼钢过程中消耗的电力，就是钢对电力的直接消耗。直接消耗系数是用第 j 产品或产业部门的总投入 X_j 去除该产品或产业部门生产经营中所直接消耗的第 i 产品部门的货物或服务的价值量 X_{ij}，用公式表示为

$$a_{ij} = \frac{X_{ij}}{X_j}, \ i,j = 1, 2, \cdots, n$$

直接消耗系数 a_{ij} 值越大，说明 j 部门与 i 部门联系越密切；反之，说明 j 部门与 i 部门联系越松散；a_{ij} 等于零，说明 j 部门与 i 部门没有直接的生产与技术联系。直接消耗系数不是一成不变的，但具有相对的稳定性。直接消耗系数构成一个 n 阶方阵，称为直接消耗系数矩阵：

$$A = \begin{pmatrix} a_{11} & a_{12} & \cdots & a_{1n} \\ a_{21} & a_{22} & \cdots & a_{2n} \\ \vdots & \vdots & & \vdots \\ a_{n1} & a_{n2} & \cdots & a_{nn} \end{pmatrix}$$

各物质生产部门之间除存在直接消耗关系外，还存在着间接消耗。例如，炼钢同时还要消耗铁、焦炭、冶金设备等，而炼铁、炼焦、制造冶金设备也要消耗电力，这是钢对电力的一次间接消耗。继续分析下去，还可以找出钢对电力的二次、三次等多次间接消耗。显然，要掌握部门间的相互联系，必须研究总的消耗，即完全消耗。完全消耗系数是指增加某一个部门单位总产出需要完全消耗各部门产品和服务的数量，等于直接消耗系数和全部间接消耗系数之和。

完全消耗系数矩阵可以在直接消耗系数矩阵的基础上计算得到，利用直接消耗系数矩阵计算完全消耗系数矩阵的公式为

$$B = (I - A)^{-1} - I$$

式中，A 为直接消耗系数矩阵；I 为 n 阶单位矩；$(I-A)$ 为系数矩阵，或里昂剔夫矩阵；$(I-A)^{-1}$ 为系数逆矩阵，或里昂剔夫逆矩阵。

由直接消耗系数可得：

$$X_{ij} = a_{ij} X_j$$

将上式代入产品分配平衡关系式得

$$\sum_{j=1}^{n} a_{ij} X_j + Y_i = X_i, \ i = 1, 2, \cdots, n$$

写成矩阵形式为

$$AX + Y = X$$

式中，X 为总产品列向量；Y 为最终产品列向量。

由上式可得国民经济各部门的总产品和最终产品之间数量关系模型：

$$Y = (I - A)X$$

将直接消耗系数代入消耗平衡方程式得

$$\sum_{i=1}^{n} a_{ij} X_j + Z_j = X_j, \ j = 1, 2, \cdots$$

写成矩阵形式为

$$DX + Z = X$$

式中，D 称为中间投入系数矩阵；对角线上的元素 $\sum_{i=1}^{n} a_{ij}$, $j = 1, 2, \cdots, n$ 表示 j 部门的总产值中物质消耗所占的比重，见下式：

$$D = \begin{pmatrix} \sum_{i=1}^{n} a_{i1} & 0 & \cdots & 0 \\ 0 & \sum_{i=1}^{n} a_{i2} & \cdots & 0 \\ \vdots & \vdots & & \vdots \\ 0 & 0 & \cdots & \sum_{i=1}^{n} a_{in} \end{pmatrix}, \ Z = \begin{pmatrix} Z_1 \\ Z_2 \\ \vdots \\ Z_n \end{pmatrix}$$

因此，则有国民经济各部门净产值与总产值之间的数量关系模型：

$$Z = (I - D)X$$

利用投入产出分析可以进行许多方面的预测，例如在已知各部门生产计划 X 时，对各部门最终产品进行预测；在已知最终产品的条件下，预测部门生产计划的规模；在已知各部门总产值的情况下，预测国内生产总值；在各部门总产值已经确定或已知的条件下，通过投入产出表预测各部门的劳动报酬，如果已知计划期平均每年劳动力单位报酬时，就可以预测劳动力的需求量。

[**例20**] 假设某地区的国民经济分为重工业、轻工业和农业三个部门。2019 年三部门的投入产出见表10-22。假设2021 年重工业、轻工业和农业的生产计划分别为110 亿元、80 亿元、50 亿元，这三部门的最终产品将为多少？

表 10-22　2019 年三部门的投入产出表　　　　　（单位：亿元）

		中间产品				最终产品	总产值
		重工业	轻工业	农业	合计		
投入	重工业	30	20	10	60	40	100
	轻工业	20	5	6	31	29	60
	农 业	15	10	4	29	6	35
	合 计	65	35	20	120	75	195
	劳动报酬	25	19	10	54		
	社会纯收入	10	6	5	21		
总投入		100	60	35	195		

解：

设 X_1，X_2，X_3 分别表示重工业、轻工业和农业的总产品，Y_1，Y_2，Y_3 分别表示重工业、轻工业和农业的最终产品。根据 $AX + Y = X$，可计算直接消耗系数，并得出直接消耗系数矩阵为

$$A = \begin{pmatrix} \dfrac{30}{100} & \dfrac{20}{60} & \dfrac{10}{35} \\ \dfrac{20}{100} & \dfrac{5}{60} & \dfrac{6}{35} \\ \dfrac{15}{100} & \dfrac{10}{60} & \dfrac{4}{35} \end{pmatrix} = \begin{pmatrix} 0.3 & 0.333 & 0.286 \\ 0.2 & 0.083 & 0.171 \\ 0.15 & 0.167 & 0.114 \end{pmatrix}$$

$$I - A = \begin{pmatrix} 0.7 & -0.333 & -0.286 \\ -0.2 & 0.917 & -0.171 \\ -0.15 & -0.167 & 0.886 \end{pmatrix}$$

则有

$$\begin{pmatrix} Y_1 \\ Y_2 \\ Y_3 \end{pmatrix} = \begin{pmatrix} 0.7 & -0.333 & -0.286 \\ -0.2 & 0.917 & -0.171 \\ -0.15 & -0.167 & 0.886 \end{pmatrix} \begin{pmatrix} 110 \\ 80 \\ 50 \end{pmatrix} = \begin{pmatrix} 36.06 \\ 42.81 \\ 14.44 \end{pmatrix}$$

即三个部门的最终产品为：重工业 36.06 亿元，轻工业 42.81 亿元，农业 14.44 亿元。

第六节 预测方法的选择

在选择预测方法时，需要考虑至少三个问题：预测方法的适用性、预测时间要求和成本费用、精确性问题。任何一种预测方法都是建立在一定的假定条件之上的，而任何一种假定条件都无法囊括现实世界中错综复杂的关系，因此需要考虑具体的情况或条件，选择合适的预测方法进行分析。预测也是一项系统性工程，也要考虑时间要求和成本高低。如果要求在较短的时间内获得预测结果，就可以选择一些简便易行的预测方法；如果时间允许、有相应的预算，就可以选择精确度较高的方法进行预测。在精确性和费用方面，要权衡二者的轻重，在一定的预算内，选择精确性相对较高的方法进行预测。

随着大数据时代的到来，经济预测方法呈现多元化、组合式发展态势，快速便捷的计算手段使各类预测方法所得结论的稳健性和可解读性以及方法本身的简洁性与易用性有所增加。几乎实际用于决策参考的预测结果或结论都不是某一特定预测方法所得的单一结论，多数情况下都是各类方法所得结果的综合结论。本章仅从定性和定量两个维度对最基本的预测方法进行了简单介绍，很多复杂的方法都没有列出，例如在回归分析中的断点回归、分位数回归、空间计量方法、生存分析方法，结构方程方法类 DSGE 的 NK 模型和 RBC 模型，还有信号特征方法类中的卡尔曼滤波方法，与大数据挖掘和分析紧密相连的机器学习方法等，这些预测方法的详细介绍请见参考文献中的相关书籍或论文。

预测方法的多元性也让预测软件工具日益多样化，由此推动了经济预测工作，例如本章在进行一元线性回归和多元线性回归时应用了计量建模软件 Stata。此外，还有面向对象和用户交互的对话框计量建模软件（如 Eviews）、数据分析编程语言（如 Python）、已集成可被随时调用的软件包以及与第三方嵌入的应用开发语言（如 Java）、大数据处理工具（如 Apache Hadoop）以及商业化应用软件（如 SAS）等，这些软件工具在经济领域的应用促进了经济建模和预测的发展，提高了预测的精确度和正确性。在处理复杂系统或变量关系或对精确度要求高的预测时，可以选用适当的软件工具达到事半功倍的效果。

【关键词】

定量预测法　定性预测法　时间序列预测法　回归分析法　德尔菲法　移动平均法　趋势外推法　指数平滑法　一元线性回归法　多元线性回归法　马尔科夫法　投入产出法

【拓展阅读】

［1］张德存. 世界市场行情［M］. 北京：科学出版社，2009.

［2］萧浩辉. 决策科学辞典［M］. 北京：人民出版社，1995.

［3］李庆臻. 科学技术方法大辞典［M］. 北京：科学出版社，1999.

［4］肖祥鸿，卢长利. 国际市场营销学［M］. 广州：中山大学出版社，2009.

［5］陈修齐. 国际市场营销［M］. 北京：中国电力出版社，2009.

［6］袁晓莉，雷银生. 国际市场营销学［M］. 北京：清华大学出版社，2013.

［7］杜学森，苗玉树. 国际市场营销［M］. 北京：对外经济贸易大学出版社，2008.

［8］徐国祥．统计预测和决策［M］．上海：上海财经大学出版社，2012.

［9］陆雄文．管理学大辞典［M］．上海：上海辞书出版社，2013.

［10］彭代武，肖宪标．市场调查　商情预测　经营预测［M］．北京：经济管理出版社，2002.

［11］李向阳．动态随机一般均衡（DSGE）模型：理论、方法和 Dynare 实践［M］．北京：清华大学出版社，2018.

［12］安格里斯特，皮施克．基本无害的计量经济学［M］．郎金焕，李井奎，译．上海：格致出版社，2012.

［13］腾德祥．世界市场行情调研中的预测问题［J］．世界经济研究，1983（5）：49－53.

［14］何新华，陈秀英．经济预测方法简析及其应用［J］．世界经济，1998（3）：66－69.

［15］鞠雨宏，张焕伟．经济预测方法综述与选择［J］．财经观察，2020（1）：2－11.

［16］杨桂元．回归预测中应注意的问题［J］．统计与信息论坛，2001（9）：4－27.

［17］杨晓光，程建华．经济预测的认知与定量方法［J］．系统科学与数学，2019（10）：1553－1582.

［18］康有枢．世界市场行情［M］．北京：对外经济贸易大学出版社，1992.

【复习思考题】

1. 什么是定性预测法？常用的定性预测法有哪些？

2. 什么是定量预测法？常用的定量预测法有哪些？

3. 某公司开发了一种新产品，现聘请了 7 位专家对新产品投放市场 1 年的出口销售额进行预测。在专家预测前，公司将样品、特点、用途和用法等进行了相应的介绍，并将同类产品的价格、销售情况作为背景资料，书面发给专家参考。经过三次反馈之后，专家意见大体接近，预测结果见表 10-23，请根据专家预测意见计算该产品的预期出口销售额。

表 10-23　7 位专家的预测结果　　　　　　　（单位：百万元）

专家	第一次判断			第二次判断			第三次判断		
	最低销售额	最可能销售额	最高销售额	最低销售额	最可能销售额	最高销售额	最低销售额	最可能销售额	最高销售额
1	10	15	18	12	15	18	11	15	18
2	4	9	12	6	10	13	8	10	13
3	8	12	16	10	14	16	10	14	16
4	15	18	30	12	15	30	10	12	25
5	6	10	15	6	10	15	6	12	15
6	5	6	8	5	8	10	8	10	12
7	5	6	10	7	8	12	7	8	12

4. 某公司组织 3 位营销人员对某产品来年的出口销售量进行预测，并根据以往经验综合所得以下初步预测数据，见表 10-24，试求来年该产品的预期出口销售量。

表 10-24　3 位营销人员预测数据

预测专家	营销经理	策划人员	销售专家
相对重要度	1.5	1.0	2.0
最高销售量（件）（$P=0.3$）	1800	2400	2600
最可能销售量（件）（$P=0.4$）	1400	1900	2200
最低销售量（件）（$P=0.3$）	1200	1600	2000

5. 假设在世界市场上，近几年棉布的销售量见表 10-25，请分别用一次简单移动平均法、加权移动平均法和趋势移动平均法预测 2021 年的棉布销售量。设 $N=3$，$w_1=0.2$，$w_2=0.3$，$w_3=0.5$。

表 10-25　近几年棉布的销售量　　　　　　　　　　　　　（单位：万 m）

年份	2013	2014	2015	2016	2017	2018	2019	2020
销售量	990	1022	1040	1020	1032	1015	1010	1029

6. 假设在国际市场上，最近 6 个月煤炭的销售量见表 10-26，请用一次指数平滑法和直线趋势外推法预测下一个月的销售量。设加权系数 $\alpha=0.3$。

表 10-26　煤炭的销售量　　　　　　　　　　　　　（万 t）

月份	1	2	3	4	5	6
销售量	106	108	111	104	112	120

7. 根据市场调查，以家庭为单位，某地区猪肉的月需求量与价格的资料见表 10-27，请预测当价格为 32 元/斤时的需求量。

表 10-27　猪肉的月需求量与价格的资料

价格（元/斤）	15	18	20	22	25	28	30	35	40
需求量（斤）	50000	45000	41000	38000	36000	33000	30000	25000	20000

注：斤为非法定计量单位。1 斤 = 500g。

8. 根据例 20，若 2022 年重工业、轻工业和农业的生产计划分别为 120 亿元、90 亿元、60 亿元，请计算这三部门的最终产品将为多少？

参 考 文 献

[1] CHOI J J, RAJAN M . A joint test of market segmentation and exchange fisk factor in international capital market [J]. Journal of international business studies, 1997, 28 (1): 29 – 49.

[2] NITSCH V, SCHUMACHER D. Terrorism and international trade: an empirical investigation [J]. European journal of political economy, 2004, 20 (2): 423 – 433.

[3] 克斯里尔, 斯卡普. 股票期货市场预测指标 [M]. 冯睿, 译. 北京: 地震出版社, 2006.

[4] 鲍莫尔. 经济指标解读 [M]. 徐国兴, 申涛, 译. 北京: 中国人民大学出版社, 2005.

[5] 陈继勇, 彭斯达. 新经济条件下美国经济周期的演变趋势 [J]. 国际经济评论, 2003 (6): 38 – 44.

[6] 陈乐一, 李星. 国际经济周期理论研究新进展 [J]. 经济学动态, 2010 (3): 94 – 99.

[7] 陈修齐. 国际市场营销 [M]. 北京: 中国电力出版社, 2009.

[8] 杜学森, 苗玉树. 国际市场营销 [M]. 北京: 对外经济贸易大学出版社, 2008.

[9] 恩格斯. 反杜林论 [M]. 中共中央马克思恩格斯列宁斯大林著作编译局, 译. 北京: 人民出版社, 2015.

[10] 高鸿业. 西方经济学 [M]. 北京: 中国人民大学出版社, 2007.

[11] 高玲芬. 国民经济核算概论 [M]. 杭州: 浙江工商大学出版社, 2013.

[12] 管清友. 石油双重属性与国际油价波动分析: 一个国际政治经济的视角 [J]. 国际石油经济, 2007 (1), 44 – 49; 88.

[13] 哈伯勒. 繁荣与萧条 [M]. 朱应庚, 等译. 北京: 中央编译出版社, 2011.

[14] 韩世隆. 论世界市场与世界市场行情学 [J]. 四川大学学报, 1990 (3): 25 – 30.

[15] 杭言勇. 世界经济概论 [M]. 北京: 机械工业出版社, 2010.

[16] 何新华, 陈秀英. 经济预测方法简析及其应用 [J]. 世界经济, 1998 (3): 66 – 69.

[17] 黄力克. 马克思经济危机理论与西方经济周期理论的比较 [J]. 当代经济研究, 2006 (5): 18 – 21.

[18] 黄险峰. 真实经济周期理论 [M]. 北京: 中国人民大学出版社, 2003.

[19] 简泽. 技术冲击、资本积累与经济波动: 对实际经济周期理论的一个检验 [J]. 统计研究, 2005 (1) 1: 73 – 78.

[20] 姜波克. 国际金融新编 [M]. 上海: 复旦大学出版社, 2018.

[21] 鞠雨宏, 张焕伟. 经济预测方法综述与选择 [J]. 财金观察, 2020 (1): 2 – 11.

[22] 卡斯坦. 商情预测与经济周期 [M]. 沈学民, 等译. 长春: 吉林大学出版社, 1988.

[23] 凯恩斯. 就业、利息和货币通论 [M]. 郭武军, 张建炜, 译. 上海: 上海交通大学出版社, 2014.

[24] 李律阳、朱启贵. 基于微观经济基础的真实商业周期理论分析: 2004 年诺贝尔经济学奖对中国的启示 [J]. 统计研究, 2005 (3): 7 – 13.

[25] 李庆臻. 科学技术方法大辞典 [M]. 北京: 科学出版社, 1999.

[26] 李向阳. 动态随机一般均衡 (DSGE) 模型: 理论、方法和 Dynare 实践 [M]. 北京: 清华大学出版社, 2018.

[27] 李铮. 经济学面面观 [M]. 长春: 吉林出版集团, 2017.

[28] 梁军. 真实经济周期理论及其与传统经济周期理论的比较 [J]. 上海经济研究, 2005 (1): 57 – 62.

[29] 刘华军, 邵明吉, 王耀辉. 通货膨胀的国际传导网络研究 [J]. 当代经济科学, 2020 (6): 01 – 12.

[30] 刘舒年, 温晓芳. 国际金融学 [M]. 北京: 对外经济贸易大学出版社, 2017.

[31] 陆雄文. 管理学大辞典 [M]. 上海: 上海辞书出版社, 2013.

［32］中共中央马克思恩格斯列宁斯大林著作编译局．马克思恩格斯全集：第43卷［M］．北京：人民出版社，2016.

［33］孟文强．中美制造业采购经理人指数（PMI）的比较［J］．知识经济，2019（3）：23 – 24.

［34］倪红福，冀承．中国居民消费结构变迁及其趋势：基于中美投入产出表的分析［J］．消费经济，2020（1），3 – 12.

［35］彭代武，肖宪标．市场调查　商情预测　经营预测［M］．北京：经济管理出版社，2002.

［36］安格里斯特，皮施克．基本无害的计量经济学［M］．郎金焕，李井奎，译．上海：格致出版社，2012.

［37］石磊．证券投资学［M］．北京：对外经济贸易大学出版社，2014.

［38］腾德祥．世界市场行情调研中的预测问题［J］．世界经济研究，1983（5）：49 – 53.

［39］滕泰，羿伟强，赵虹，等．全球大宗商品供求价格弹性分析［J］．世界经济研究，2006（6）：59 – 64.

［40］王厚双，张东明．期货交易理论与实务研究［M］．北京：高等教育出版社，2003.

［41］《西方经济学》编写组．西方经济学：精编本［M］．北京：高等教育出版社，2013.

［42］萧浩辉．决策科学辞典［M］．北京：人民出版社，1995.

［43］肖祥鸿，卢长利．国际市场营销学［M］．广州：中山大学出版社，2009.

［44］徐国祥．统计预测和决策［M］．上海：上海财经大学出版社，2012.

［45］徐峥．国际金融学［M］．上海：华东理工大学出版社，2017.

［46］许宪春．国内生产总值价格和物量指数［J］．中国统计，2020（5）：10 – 11.

［47］杨逢华，林桂军．世界市场行情［M］．北京：中国人民大学出版社，2006.

［48］杨逢华，朱明侠．世界市场行情［M］．北京：中国商务出版社，2008.

［49］杨桂元．回归预测中应注意的问题［J］．统计与信息论坛，2001（9）：4 – 27.

［50］杨晓光，程建华．经济预测的认知与定量方法［J］．系统科学与数学，2019（10）：1553 – 1582.

［51］于德泉．影响经济波动的国际因素分析［J］．中国物价，2016（4）：16 – 18；65.

［52］余永定．西方发达国家的通货膨胀及其治理［J］．求是，1995，（17）：41 – 43.

［53］袁晓莉，雷银生．国际市场营销学［M］．北京：清华大学出版社，2007.

［54］张德存．世界市场行情分析［M］．北京：科学出版社，2009.

［55］张丽娟．全球化新阶段与贸易政策新挑战［J］．四川大学学报，2019（3）：73 – 80.

［56］张纬贤．2008年全球金融危机致因分析［J］．金融经济，2016（7）：127 – 128.

［57］赵春明．世界市场行情新编［M］．北京：机械工业出版社，2014.

［58］赵苏．商品学［M］．北京：清华大学出版社，2012.

［59］左新文，马友强．通货膨胀治理比较及启示［J］．中国发展观察，2013（1）：22 – 24.

［60］康有枢．世界市场行情［M］．北京：对外经济贸易大学出版社，1992.